Niklaus Meienberg Reportagen

Niklaus Meienberg

Reportagen aus der Schweiz

Vorwort von Peter Bichsel

Limmat Verlag
Zürich

Unveränderte Nachauflage der Ausgabe von 1974

© 1994 by Limmat Verlag, Zürich
ISBN 3 85791 227 8

Inhalt

Vorwort   7

Aufenthalt in St. Gallen. Eine Reportage aus der
Kindheit   13

Die Aufhebung der Gegensätze im Schoße des Volkes   29

Stille Tage in Chur   45

Gespräche mit Broger und Eindrücke aus den
Voralpen   91

Herr Engel in Seengen (Aargau) und seine
Akkumulation   107

Jo Siffert (1936–1971)   123

Fritzli und das Boxen   143

Ernst S., Landesverräter (1919–1942)   162

Erläuterungen   239

Peter Bichsel
Vorwort

Reportagen aus der Schweiz? – täusche ich mich und ist das
nur so, weil ich Schweizer bin, oder hat dieser Titel im Gegensatz etwa zu »Reportagen aus Deutschland« oder »Reportagen aus Frankreich« etwas Komisches an sich?

Ich täusche micht nicht, entlarvend ist das Wörtchen »aus«,
es würde wohl nicht verwendet für den Titel des entsprechenden deutschen oder französischen Buches. Reportagen
»aus« Bayern oder »aus« Westfalen wären zwar denkbar,
Reportagen aus Deutschland nicht.

Das »aus« hat etwas Antiquiertes, es spricht von einer Einheit, von einer exakten Grenze, die einem Gartenzäunchen
gleicht, etwas Niedliches, hinter dem »aus« versteckt sich das
»in«, »im« Gärtchen, »im« Bildchen, »in« der Idylle.

Um es vorwegzunehmen, mein patriotisches Herzchen
bäumt sich ein wenig auf, wenn das Ausland uns so behandelt, uns zwar nett findet, aber nicht gerade ernst nimmt. Wir
haben das nicht – haben wir das verdient?

Die Schweiz hat im Ausland das Image der Harmlosigkeit.
Nun ist wohl Harmlosigkeit, wenn auch verachtet, an und für
sich nichts Schlechtes, etwas von Harmlosigkeit mag auch bei
der Gründung des Rotes Kreuzes – unserem Renommier-
stück – mitgespielt haben, nur möchte wohl niemand ein
harmloses Rotes Kreuz, denn Harmlosigkeit würde dann
auch heißen, von nichts berührt sein, nichts ahnen.

Allerdings, daß *niemand* ein harmloses Rotes Kreuz will, entspricht nicht der Wahrheit. Der Schweizer, der Durchschnitt-
schweizer will es. Er würde es zwar nicht so formulieren, er
würde sagen, er wolle ein unpolitisches Rotes Kreuz, denn
nichts gilt in diesem Lande so viel wie der unsinnige Ausdruck »unpolitisch«.

7

Dies in einem Lande, das Stolz ist auf seine alte Demokratie, dies in einem Lande, wo der Bürger, wie nirgends sonst, direkt an der Politik beteiligt ist. Würde unsere Verfassung ernst genommen, wir müßten das politisierteste Land der Welt sein.

In einer deutschen Zeitung habe ich kürzlich im Zusammenhang mit einem aktiven Politiker, der sich in die Verwaltung zurückziehen wollte oder sollte, gelesen, daß das so wäre, »wie wenn ein Politiker in die Schweiz ginge«, also weg von der Politik, weg in die Schweiz, in das Land, in dem keine Politik stattfindet.

Über diese Einschätzung unseres Landes habe ich mich geärgert. Wir haben sie nicht – haben wir sie verdient?

Berichte aus der Schweiz – ich habe es mündlich bei meinen Freunden in Deutschland schon oft versucht. Ich habe erzählt von unsern Problemen mit Zivildienst und Armee, mit Neutralität und Waffenausfuhr, mit Verletzung der Menschenrechte (administrative Versorgung z.B.), es hat alles nichts genützt. So schlimm kann es doch nicht sein, sonst müßte man von Unruhen gehört haben.

Meine Freunde wissen zwar, daß jeder Schweizer sein Gewehr zu Hause aufbewahrt, aber sie wollen nicht wissen, daß wir eine Armee haben. Sie wissen zwar, daß es in der Schweiz kein Frauenstimmrecht gibt (obwohl es schon längere Zeit eines gibt), aber das scheint ihnen nur der Beweis dafür, daß es bei uns keine Politik gibt, und keineswegs etwa der Beweis dafür, daß es eine ganz starke Politik gibt, nämlich eine konservative.

Nun, ich käme mir dumm vor, wenn ich hinginge und meinen deutschen Freunden sagen würde: »Interessiert Euch doch endlich für uns.« Was soll das, wir sind zwar ein aufgeblähtes, aber doch kleines Land.

Und ein politisch Interessierter schaut auch bei uns das deutsche Fernsehen und nicht das schweizerische, auch er ist über deutsche Politik mehr orientiert als über die eigene, er weiß nicht, wer gegenwärtig unser Bundespräsident ist, von der deutschen Regierung könnte er bestimmt einige Minister nennen.

Wenn ich sage, daß auch unser Freund die Tendenz zum Unpolitischen hat, dann sage ich das für einmal ohne jeden Vorwurf, es läßt sich offensichtlich aus unserer Politik nichts Politisches machen. Die Demokratie hat es in der Konfliktbeschwichtigung soweit gebracht, daß sie sich selbst auflöst.

Unsere Beziehungen zum Ausland sind daran nicht unschuldig, und ich meine damit nicht unsere Neutralität, sondern unsere wirtschaftlichen Absichten. Ruhe und Ordnung ist bei uns nicht einfach eine innenpolitische Forderung, sondern das Markenzeichen unseres Außenhandels. Wir verkaufen nicht nur Qualität, die in ganz Europa zu haben wäre, wir verkaufen politische Stabilität. Dem Ausländer, der sein Geld bei uns hat, wird versprochen, daß hier keine Politik stattfinden werde. Er bewahrt sein Geld also sozusagen außerhalb dieser Welt auf, also sozusagen im Himmel, niemand wird ihn fragen, woher er sein Geld hat, und die Bestohlenen werden es nicht »zurückstehlen«. (Ich mache hier Propaganda für die Schweizer Wirtschaft und werbe um neue Anleger. Ihnen sei auch gesagt, daß in diesem Land nie eine Mitbestimmung der Arbeiter stattfinden wird, in diesem Land, in dem sie die Arbeiter auf legalem Weg fordern und genehmigen könnten.)

Ja, sicher, die Argumente sind in Deutschland und hier dieselben. »Die Arbeiter wollen die Mitbestimmung gar nicht«, sagt man, und bei uns ist es offensichtlich, daß sie sie nicht wollen, denn wir sind eine direkte Demokratie.

Aber wer sagt ihnen, was sie wollen?

Sie wollen, so sagt man ihnen, Freiheit. Und das wäre doch keine Freiheit mehr, wenn sogar ein Unternehmer keine Freiheit hätte. in diesem Land sind zwar nicht alle Unternehmer, aber alle wollen es werden – wer verbaut sich schon seine

Zukunft? Es gibt in der Schweiz zwei heilige Freiheiten: erstens die Freiheit des Reichen und zweitens die Freiheit, ein Reicher zu werden. Der Lottozettel am Freitag ist die Hoffnung auf den Montag. So gesehen, ist die Freiheit zwar garantiert, aber sie ist ein Zufall (siehe Jo Siffert).

Die Schweiz – ich sage das ohne Ironie – ist eine echte und direkte Demokratie, sie wird vom Volk regiert, d. h. sie wird nicht von Reichen regiert, sondern von denen, die Reiche werden wollen.

Ist die Demokratie deshalb ein Irrtum? Das wäre ein falscher Schluß.

Und überhaupt kann ja alles nicht so schlimm sein, werden meine deutschen Freunde sagen, und sie fühlen sich wohl im Tessin, und das mit Recht, denn es ist ja von uns auch so gedacht, daß sie sich wohl fühlen sollen – keine Politik bitte.

Alles nicht als schlimm erscheinen lassen, die Tendenz zum Harmlosen. Meienberg übertreibt, wird man sagen, weil er entharmlost und zurückführt in den Ernst. Was wäre, fragt er, wenn das, was hier geschieht, in einer Schweiz geschehen würde, die etwas mehr wäre als ihre harmlose Selbstdarstellung? Wenn man bereit wäre, einen Fall nicht als Zufall zu nehmen, und wenn schon Zufall, wenn man sich entscheiden würde, wo er liegt? Ist nun der Ernst S. der Zufall oder ist es das vollstreckte Todesurteil?

Meienberg plädiert gegen den Zufall. Ohne Zufall gibt es Schuldige, und das im Land der Unschuldigen.

Alles im Zusammenhang sehen, gilt als naiv. Dieser Vorwurf wird Meienberg gemacht werden. In seinem Bericht über Ernst S. nähert sich Meienberg seinem Ton – Salut et Fraternité, Ernst S. Ernst's Wut schimmert durch, über was ärgert er sich denn, und an wen hat er verraten?

Ich war sieben als er starb, und ich kannte das Wort »Landesverräter« mit sieben. Ich habe es zu Hause von meinem Vater gehört, und ich habe gehört, daß Landesverräter erschossen werden. Beides hat mich – mit sieben – beeindruckt, Abscheu und Ekel. Mit sieben – ein Patriot, der hinter Militärmusik herlief – die ersten Träume, erschossen zu werden. Ich hätte ihn gehaßt, diesen Ernst S. und noch mehr hätte ich mit ihm gelitten. Mit den überlebenden Landesverrätern – sie wären mit Namen zu nennen – braucht niemand zu leiden.

Eigenartig übrigens, dass man ein politisch und militärisch neutrales Land immer nur nach einer Seite verraten kann. Den Amerikanern verrät keiner etwas – die armen Amerikaner!

Spott? – Es liegt mir fern, dieses Land zu verspotten. Der ehemals Siebenjährige, der hinter Militärmusik herlief, möchte – welch kindlicher Wunsch – daß sein Land ernstgenommen wird, möchte, daß die andern wissen, daß auch wir Probleme haben und mitunter dieselben. Aber wer mit dem Markenzeichen Schweiz sein Geld verdient, der möchte eben, daß man sich nur an eisgekühlte Berge, Qualität und politische Stabilität erinnert, wenn man von der Schweiz spricht. Wer hat nun denn etwas gegen die Schweiz?

Meienbergs Reportagen handeln von Unschuldigen, von Unschuldigen in einem unschuldigen Land – in Wagenhausen, einem Wohnwagen-Campingplatz, entsteht die Schweiz ein weiteres Mal. Wer andere Maßstäbe gewohnt ist, wird die Leute von Wagenhausen als unschuldig und unpolitisch empfinden, die Politik von Wagenhausen gleicht aber der unsern aufs Haar – ich glaube nicht, daß es keine ist.

Meienbergs Reportagen handeln von Opfern. Opfer der Zeit? Opfer der Welt? Oder Opfer der Schweiz?

Der Schweiz wohl nicht, denn um noch einmal auf Ernst S. zurückzukommen, an wen hat er verraten, an jene, die Tausende umgebracht haben. Also –

Unser Militärstrafgesetz ist in Revision. Die Todesstrafe gibt es in der Schweiz nicht, schon zur Zeit von Ernst S. gab es sie nicht mehr. In der Schweiz nicht, aber im Militär.

17 wurden hingerichtet. 17 gegen Tausende, die Rechnung

geht zu unseren Gunsten aus. Ernst S. war ein ganz kleiner, und es ist nicht so, daß man die Grossen nicht auch hätte, aber die hat man nicht erwischt, und der Militärrichter ist nur für das Verurteilen verantwortlich, nicht für das Erwischen. Wer erwischt wird, darüber entscheiden andere. So ist – und das muß so sein in einem Rechtsstaat – mit der Kompetenz auch die Unschuld verteilt.

Unschuldiger Seppi Siffert, unschuldiger Fritzli Chervet, unschuldiges Chur und unschuldiges St. Gallen, unschuldiger Raymond Broger, Salut und Fraternité!

Ich weiss, daß ich nichts verbessern kann, wenn ich sage, daß ich das ohne Spott meine.

Lieber Niklaus Meienberg, ein Gruß auch Dir, dem Schuldigen, der dieses Buch verschuldet hat, einen Kommafehler zum mindesten wird man Dir nachweisen können, denn jene, welche die Wahrheit nicht mögen, nehmen es mit der Wahrheit genau und werden nachweisen, daß es sie nicht gibt.

Der größte Feind der Unschuld jedenfalls ist die Wahrheit, und dieses Land, lieber Niklaus, ist das Land der Unschuldigen...

Aufenthalt in St. Gallen (670 m ü. M.)
Eine Reportage aus der Kindheit

Aus wirtschaftlichen Überlegungen in die Schweiz getrieben, unter anderem nach St. Gallen, wo ich aufgewachsen bin, denn ein Motorrad kostet in der Schweiz ein Drittel weniger als in Frankreich, weil die Mehrwertsteuer wegfällt, aber wirklich nur gekommen, um diese Maschine zu kaufen und dann sehr schnell zu verzischen hinunter ins Pariserbecken, wurde ich im vergangenen April durch die anhaltend schlechte Witterung und ein für die Jahreszeit unverhältnismäßig heftiges Schneetreiben in meiner Vaterstadt länger als geplant zurückgehalten, so daß der knirschend akzeptierte Aufenthalt ein Wiedersehn mit den Gespenstern der Kindheit ermöglichte.

*

Im Vaterhaus noch die Uhren und das alte Holz, die gedrechselten Lampen, ehemalige Ochsenjoche und Spinnräder, die der Vater zu Beleuchtungskörpern umgebaut hatte, drunten in seinem Reich der Drechslerwerkstatt neben der Zentralheizung, wo er auch die Uhren reparierte. Der Vater ist vor zwei Jahren gestorben auf seine stille Art, liegt jetzt auf dem Ostfriedhof unter einem schmiedeisernen Kreuz, von Maler Stecher leicht aufgefrischt. Wenn die Russen dann in St. Gallen einmarschieren, werden sie mit ihren Stiefeln nicht über die Gräber des Ostfriedhofs zu trampeln vergessen, denn sie haben keine Pietät. Das hatten wir in der Schule gelernt beim Lehrer Ziegler zur Zeit des Koreakrieges, im Krontalschulhaus bei den Kastanienbäumen. Die Russen wollten St. Gallen als Einfallstor benutzen, wie schon Hitler. St. Gallen ist ein unübertreffliches Einfallstor, das war ja auch den Hunnen aufgefallen. Der Vater hatte im Hinblick auf seinen Tod schon jahrelang Grabkreuze gesammelt, die nicht benützten hängen jetzt im Keller neben der Waschküche. So hat er vorgesorgt für seine ganze zahlreiche Familie, die jetzt in der Welt draußen zerstreut ist. In St. Gallen geblieben ist keines.

Der Vater war nicht nur ein Grabkreuzsammler, sondern ein Uhrensammler, in erster Linie. Die Uhren haben ihn überlebt und ticken auf ihre verschiedenen Arten. Die getriebenen Zifferblätter mit ihrem Kupferschimmer, die Bleigewichte, Uhrenschlüssel, die Unruhen in den Uhren, ziselierte Gehäuse, mannigfaltige Töne beim Viertelstundenschlag, mit Samt unterlegte allegorische Figuren, die grünlich getönten Summiswalder, auch zwei seltene Zappeler und eine vom Hofuhrenmacher Ludwig XIV., Louis Martinot, und die vielen Perpendikel. Es tickte, knackte, tönte aus allen Ecken, es schlich auf vielen Zifferblättern, es ging ringsum, ringsum. Den Vater hatte es schon früh gepackt, so daß er überall im Ausland Uhren suchen mußte, aus Wien und vom Flohmarkt in Paris kam er mit barocken Stücken heim. Einmal kam er mit einer Orgeluhr nach Hause die zwölf verschiedene Volksweisen pfiff, für jede Stunde eine andere. »Jetzt gang i ans Brünnele trink aber net«, war die Einuhrmelodie. Diese Uhr war hörbar bis zur Tramhaltestelle St. Fiden wo die Leute aufhorchten wenn es hinausdrang in die Mittagsstille. Eine andere Uhr hat er heimgebracht mit einem ovalen kupfernen Zifferblatt, darauf war ein Lustgarten eingraviert, in der Mitte des Gartens ein Brunnen mit Frauenstatue, die Wasser aus ihren Brüsten spritzte, zwei Sprutz Liebfrauenmilch ins Becken, dem sich höfisch gekleidete Männer näherten, die ihren Frauen unter die Röcke griffen, ca. 1730, aus dem süddeutschen Raum. Wohin sie griffen, habe ich erst in der Pubertät begriffen, vorher war es für mich einfach ein golden schimmerndes Zifferblatt, aber in der Pubertät

stand ich oft vor dieser Uhr und spürte meinen Schwengel
wachsen. So hat mein Vater die Zeit gesammelt, die ihm
sonst viel schneller verrieselt wäre, und hat die Zeit
konzentriert in seinem Haus eingeschlossen, die vergangene
höfische Weltzeit aus Frankreich und der Donaumonar-
chie. In dem verwunschenen Haus war alles gerichtet für
den Empfang des Kaisers, vergilbte Stiche und Zinnplatten
und alte halbblinde Florentinerspiegel und Intarsien-
schränke und Meißnerporzellan und die Uhr des Hofuhr-
renmachers Louis Martinot und Silberbesteck, aber der
Kaiser ist nicht gekommen, also füllte der Vater den
Rahmen mit den nächstbesten Leuten, die zu haben waren,
zu denen er nicht gehörte, zu denen er aber aufschaute, der
Vater war nämlich dem Kleinbürgertum zugehörig, christ-
lichsozial gestimmt sein Leben lang, war Revisor bei der
Darlehenskasse System Raiffeisen, beruflich gesehen hätte
er Umgang haben müssen mit Prokuristen und Kassierern.
Doch der gediegene Rahmen schrie nach einem gediegenen
Bild, und darum haben uns die Uhren einen leibhaftigen
Bundesrat ins Haus getickt, Holenbein oder Holenstein oder
Holbein, ich weiß nicht mehr genau, auch päpstliche Haus-
prälaten und Gardekapläne und sogar die Witwe Saurer,
die Lastwagenerbin aus Schloß Eugensberg. Diese war sehr
herablassend. So pendelte der Vater zwischen den Klassen,
ein ewiger Perpendikel. Jetzt gang i ans Brünnele trink aber
net. In den Vater war eine Unruhe eingebaut.
Wenn man aus dem Haus nach Norden geht, ist man sofort
beim Primarschulhaus. Noch immer die Gerüche aus der
Kindheit, die Bodenwichse und der Kiesplatz, nur der
Abwart Merz ist nicht mehr da. Und dort hinter der Tür
im ersten Stock das Pissoir, schwarz gestrichen, wo der
Lehrer Tagwerker, der immer von Müllern und Mühlstei-
nen und Mühlrädern vorlas, jeden Tag pünktlich um fünf
nach zehn brünzelte, es klappert die Mühle am rauschen-
den Bach klippklapp, man konnte seine Uhr danach rich-

ten, wenn man schon eine geschenkt bekommen hatte zur Firmung oder Konfirmation. Wir wurden angehalten, ebenso pünktlich zu brünzeln in der Pause. Nicht alle haben es gelernt, Seppli Allenspach, der immer in löchrigen Strümpfen und mit seiner Schnudernase in die Schule kam vom Hagenbuchquartier herunter und der später in der Nähe des Gaskessels wohnte, hat es nie kapiert, streckte mitten in der Geschichte vom Grafen Eichenfels seinen Arm auf und wollte hinaus, mußte sein Wasser zur Strafe dann einige Minuten zurückbehalten. Er ist dann auch in der dritten Klasse sitzen geblieben. Der Lehrer war kein Tyrann, nur sehr ordentlich, er galt als Reform-Lehrer, hatte viele neue pädagogische Ideen, Tatzen haben wir selten bekommen. Bei ihm haben wir auch gelernt, daß man die Tätigkeit des Scheißens nicht Scheißen nennen darf, sondern: ein Geschäft machen, äs Gschäft, auch seichen durften wir nicht mehr, sondern nur noch brünzeln oder brünnele. Sehr jung haben wir gelernt in St. Fiden-St. Gallen, daß ein Geschäft etwas Selbstloses ist, man gibt das Liebste her das man hat und verspürt Erleichterung dabei. Oder war damit etwas Schmutziges, aber Naturnotwendiges gemeint? Jedenfalls war Geben und nicht Nehmen gemeint. Rolf Ehrenzeller, der Sohn des Tramkondukteurs, und Seppli Allenspach haben weiterhin geschissen bis weit in die dritte Klasse hinauf, vielleicht machen sie auch heute noch keine Geschäfte, sie hatten Schwierigkeiten mit der neuen Sprache, durften die altvertraute Tätigkeit plötzlich nicht mehr beim Namen nennen. Dem Lehrer Tagwerker bin ich viel später einmal im Trolleybus begegnet und habe ihm seine Krawatte öffentlich straffgezogen, die mir unordentlich gebunden schien. Da wurde er ganz blaß in seinem zeitlosen Gesicht, das unverändert in die Welt hinaus glänzt.

Wenn man vom Vaterhaus weg in den Süden geht, kommt man über eine lange Stiege zur Speicherstraße, die ins

Appenzellische führt, hat einen weiten Ausblick über den
Bodensee bis ans deutsche Ufer. Zuerst eine Anstrengung
auf der langen Stiege, dann der schöne Weitblick. Der
Vater nannte das einen lohnenden Spaziergang. Ich war
etwa vier Jahre alt, da haben sich die St. Galler in lauen
Kriegsnächten dort oben versammelt und nach Friedrichs-
hafen geglotzt, wo ein Feuerwerk abgebrannt wurde bei
den Dornier-Flugzeugwerken. Mir schien dort drüben ein
besonders lohnender Erstaugust gefeiert zu werden,
Geräusche wie von Raketen und Knallfröschen und ein
Feuer wie das Bundesfeuer auf dem Freudenberg, manchmal bebte auch die Erde wie beim Vorbeifahren der Spei-
cherbahn und lustige Feuergarben und Leuchtkugeln standen am süddeutschen Himmel, und über unsern Köpfen
war ein dumpfes Rollen, ein Tram fuhr den Himmel
entlang. Am nächsten Sonntag predigte der Vikar Hugenmatter in der Kirche von St. Fiden, der sanfte Hugenmatter
mit den Haselnußaugen und dem welligen Haar, nahm
Bezug auf den Feuerschein, sagte, der Hl. Landesvater Bruder Klaus habe die Heimat wieder einmal gnädig behütet,
nach der Predigt singen wir das Lied: »O Zier der Heimat
Bruder Klaus o Vorbild aller Eidgenossen.« Seit dieser Zeit
hat der Vater eine Abneigung gegen die Schwaben gehabt,
die er in zwei Aktivdiensten bekämpfte, zuletzt als Brük-
kenwache in Gonten/Al. Der Gefreite Alois M. hat seine
militärischen Effekten immer in einwandfreiem Zustand
gehalten, die Schwaben sind dann auch wirklich nicht bis
nach St. Gallen vorgedrungen, dieser Hitler, der dank dem
Frauenstimmrecht an die Macht gekommen ist, wie der
Vater immer mit einem triumphierenden Lächeln zur Mutter sagte, wenn die Rede aufs Frauenstimmrecht kam oder
auf Hitler. Nachdem der Abwehrkampf nach außen erfolgreich verlaufen war und die Deutschen 15 km vor St.
Gallen gestoppt werden konnten, auf der Linie Buchs/St.
Margrethen-Rorschach, hat es der Vater sehr empfunden,

daß ich ihm lange nach Kriegsende eine Deutsche in die Familie einschleppte, die Byrgit aus Hamburg, die ich vor der Verlobung, die dann nicht zustandekam, einige Tage in St. Gallen akklimatisieren wollte. Aber obwohl Byrgit großes Interesse für seine Uhren entwickelte, hat der Vater all die Tage kaum ein Wort mit ihr gewechselt. Ich habe damals nicht viel gehabt von der Byrgit und ihren Zitterbrüsten, ihren steifen Wärzchen und flaumig-schwäbischen Schenkeln, wir wurden getrennt untergebracht im ersten und im dritten Stock, der Vater wollte den Lustgarten nur auf Zifferblättern dulden. Es war ein bitterkalter Winter, und wir versuchten auf einen Heustock auszuweichen ins Appenzellische hinauf, verkrochen uns in einen Stall in der Nähe von Trogen, wo damals die Maul- und Klauenseuche herrschte, und alle Ställe mit einem Sägemehlkreis umgeben waren, zum Zeichen, daß man nicht eindringen dürfe wegen Ansteckungsgefahr. Aber wir durchbrachen den Sägemehlkreis, bestiegen den Heustock, schälten uns aus den Kleidern, die Halme stachen ins Fleisch, wegen der Kälte ging es zuerst nicht richtig, als ich endlich in die Byrgit eindringen konnte, tönte ein Hundegebell vor dem Stall, knarrend ging die Tür auf und ein Appenzellerbauer mit seinem Bläß rief: was treibt ihr dort oben? Die Kleider zusammenraffend sagte ich: wir machen ein Picknick, es ist kalt draußen. Der Bauer eskortierte uns auf den Polizeiposten nach Trogen, wo die Personalien überprüft und wir auf die Symptome der Maul- und Klauenseuche aufmerksam gemacht wurden, die wir vielleicht jetzt mit uns herumtrügen. Wer weiß, sagte der Kantonspolizist, denn sie sei auch auf Menschen übertragbar.

St. Gallen und sein Hinterland, Gallen- und Nierenstadt, eine Gegend, wo die Liebe reglementiert war und die Blasen reguliert wurden und die Eingeborenen den wöchentlich einmal stattfindenden Geschlechtsverkehr *mörgele* nannten. Dieser fand im allgemeinen am Sonntagmorgen früh statt. Die Woche über war die Liebe zugunsten der Geschäfte unterdrückt, die Stickereiblüte war mit werktäglichem mörgele nicht vereinbar. Die Liebe überall zurückgebunden, sogar im Freudenbergwald sah ich die St. Galler immer nur spazieren. Die Lust hatte sich in Ortsbezeichnungen hineingeflüchtet, und dort bleibt sie auch, Lustmühle, Nest, Freudenberg. Der Freudenberg hat seinen Namen von der Freude, welche die spazierenden St. Galler empfinden, wenn sie auf den gegenüberliegenden Rosenberg blicken, der herrschaftlich überbaut ist durch die Residenzen der reichen Mitbürger, die es durch *ihre* Tüchtigkeit zu einer Villa gebracht haben, während es die meisten St. Galler nur zu einem lohnenden Spaziergang bringen, etwa durch das Tal der Demut zum Wenigerweiher. Sie konnten auch aufblicken zur Handelshochschule welche den Rosenberg krönend abschließt, oder den Blick verweilen lassen in der Niederung bei der Strafanstalt St. Jakob, welche den Rosenberg unten säumt. Soweit ich mich zurückerinnern kann, hat man in St. Gallen das Gefängnis nie Gefängnis genannt, sondern immer: Strafanstalt. Nur die Großmutter, die im ländlichen Thurgau aufgewachsen war und sich nicht gerade genierte, sprach in ihrer unkultivierten Art vom »Chäfig«.

Spazieren, bewundern, aufschauen, Erholung für das Volk: spazierend am Sonntag den Reichtum der Reichen betrachten, welchen es werktags geschaffen hatte. Monumente bewundern, über den Klosterplatz, der ins Sonntagnachmittagslicht gebadet war, Sonnenschein am Boden sehen wir und trockenen Staub, nicht jeder kann eine Villa haben, hatten sie in der Schule gelernt, es muß auch Straßenputzer geben, wohin geht sonst der Staub und das Fettpapier, es gibt keine schmutzigen Berufe und jeder Beruf hat seinen Stolz, lieber ein guter Straßenwischer als ein schlechter Doktor. Sie hatten es nie andersherum gehört: lieber ein guter Doktor als ein schlechter Straßenputzer. Bald aber wird, wie ein Hund, umgehn in der Hitze meine Stimme auf den Gassen. Hat einer gewohnt in der Nähe von St. Gallen, war Hauslehrer in Hauptwil im Landhaus eines St. Gallischen Industriellen, mit einem Straßenputzerlohn, nur zehn Kilometer nördlich im Thurgau, gehörte zur Dienerschaft, kam dem Industriellen billig zu stehen, aß am Katzentisch, hieß Hölderlin Friedrich. Rauscht so um der Türme Kronen/Sanfter Schwalben Geschrei. Wer die Primarschule überlebt hatte, nicht sitzengeblieben und nicht in die Förderklasse oder die siebte Klasse gekommen war, wurde, wenn er nicht ein katholischer St. Galler war, normalerweise im Schatten der Klostertürme versorgt, wo die Kath. Sekundarschule liegt, gleich neben der Sparkasse des Kath. Administrationsrates, Mädchen und Buben getrennt, nur in der Schulmesse und für den Lateinunterricht im gleichen Raum. Latein durfte nehmen, wer für einen höheren Bildungsgang vorgesehen war, und das waren zu meiner Zeit wie durch Zufall oft solche, deren Väter auch schon Latein gehabt hatten. Gut so, da konnte der Vater bei den Lateinaufgaben helfen. Latein war ja sehr streng, da konnte man nur die Besten brauchen, es war auch sehr viel Wille verlangt für die fremdartigen Vokabeln, ein gutes Elternhaus zur Unterstützung des Schülerwillens war notwendig. Der Lateinlehrer wurde Präfekt genannt, da waren wir gleich ins alte Rom versetzt. War ein bleicher Kobold, spitz und bleich, hatte es auf der Galle, hatte viel aus den stalinistischen Schauprozessen gelernt, hatte wieder dieses zeitlos pergamentene Lehrergesicht, hatte schon nach der Schlacht von Bibracte den Helvetiern die a-Konjugation eingebläut. Der unvergeßliche Präfekt! Nicht daß er ungerecht gewesen wäre, er bewertete streng nach Leistungen, ganz wie Stalin. Beim Zurückgeben der Lateinklausuren hatte er eine Art, seine Teilnahme zu steigern, je weiter die Noten sanken. Je schlechter die Leistung eines Zöglings war, desto genußvoller wurde sie besprochen, gegeißelt, wie ein amputiertes Organ kunstvoll präpariert und herumgezeigt, mit wonnigem Schmatzen ins rechte Licht gestellt. Es waren ungemein scharfsinnige Rezensionen, die uns das zapplige Priesterlein dort bereitete, und bald war der anfängliche Bestand an Lateinschülern auf die Hälfte zusammengeschrumpft. Da ich den Unterschied zwischen Akkusativ und Ablativ immer als pervers empfand und die reinen i-Stämme sitis turris puppis vis febris Neapolis Tiberis kaum von den unreinen unterscheiden konnte und überhaupt am römischen Getue wenig Freude empfand, hatte ich bald Anrecht auf die längsten und kunstvollsten Ansprachen des Präfekten, stand fortwährend als oberster akkreditierter Lateintrottel im Mittelpunkt der Aufmerksamkeit. Davon bekam ich eine dicke Haut und hätte mich wohl klaglos mit den Geißelungen abgefunden, *suum cuique*, jedem das Seine, da ich das Latein nicht kapierte, mußte ich von niederer Intelligenz sein und hatte die Kasteiungen verdient. Und hätte auch den Lateinunterricht längst quittiert, wäre er nicht in dieser Schule die einzige Möglichkeit gewesen, Cécile E. aus der Nähe zu betrachten, nachdem für alle übrigen Fächer eine strikte Geschlechtertrennung herrschte; in welche Cécile ich mich sehr verliebte. Vielleicht war es nicht nur die Person, sondern auch ihre hervorragenden Leistungen auf dem Lateinsektor, welche die Liebe erzeugten, die unerreichbaren Sechser und Fünf-bis-sechser, zu welchen ich bewundernd aufschauen konnte, denn ihre Leistungen waren monumental. Es war eine ausweglos-tragische Situation. Ging ich weiter ins Latein, so wurde ich regelmäßig im Angesicht der still verehrten Cécile E., welcher meine Liebe nicht bekannt war, gedemütigt. Gab ich das Latein auf, so wurde mir der Anblick des sanften Mädchens entzogen. Es war ja damals noch nicht so, daß man sich in der Freizeit treffen, umarmen und lieben durfte, das war in jener Zeit auch den freisinnigen ausgewachsenen St. Gallern kaum gestattet, viel weniger noch den konservativen Halbwüchsigen. Blieb nur die Möglichkeit des stillen Verschmachtens während des Unterrichts, und nach dem Latein konnte man ihr durch den St. Galler Herbstnebel nachschleichen, sah die geliebten Konturen von weitem und ihren Atem in der harten Luft gefrieren. Bald stellte sich heraus, daß sie am Rosenberg wohnte, droben bei den Dichtern, welche die Reichen konfisziert hatten: Lessingstraße, Hölderlinstraße, Goethestraße. Und es kam auch an den Tag, daß ihr Vater Direktor war in derselben Bank, wo mein Vater Prokurist war. Der Abstand zwischen ihrem Vater und meinem war so groß wie die Kluft zwischen meinen Lateinkenntnissen und den ihrigen. Ach, die ferne unerreichbare Cécile dort am Rosenberg, wo Geld, Latein, deutsche Dichter und höhere Töchter den Abhang besetzt halten! Eine ungeheure Gier und Hemmungslosigkeit wären nötig gewesen, um diese Schranke zu überspringen, ein großer ungezügelter Appetit.

Daß dieser schöne Appetit nicht aufloderte, dafür war der Rektor der Kath. Sekundarschule besorgt, aus ganzer Seele, ganzem Herzen und all seinen Kräften, welche beträchtlich waren. Er hatte immer irgend eine Kampagne gegen die Erotik laufen, ob es nun die Anti-Familienbad-Kampagne war, die Kampagne für eine angemessene Länge der kurzen Hosen, die Kampagne gegen schüchterne Ansätze von Paarbildung auf dem Schulweg, die Kampagne gegen die tödlichen Gefahren des Onanierens. Bei der Anti-Familienbad-Kampagne gelang es ihm, ganz Katholisch St. Gallen einzuspannen, vom aufstrebenden christlich-sozialen Politiker namens Fu. bis zu Jungwachtführern und Müttervereinspräsidentinnen. Um die Vermischung der Geschlechter zu verhindern und jeden fehlbaren Zögling sofort im Griff zu haben, hatte dieser Rektor besonders abgehärtete und gegenüber den Verlockungen des Fleisches wider-

standsfähige Burschen (oder Porschten, wie man in St. Gallen sagt) in den verschiedenen sanktgallischen Familien-
bädern postiert, wo sie die Namen der Fehlbaren notieren
mußten, welche sodann hinter den gepolsterten Türen des
Rektorats einer postbalnearen Massage unterzogen wurden. Es waren dick gepolsterte Türen, aber sie waren nicht
undurchlässig genug für die herausdringenden Schreie,
wobei es sich in den wenigsten Fällen um Lust-Schreie
handelte. Unvergeßlicher Rektor, unvergessene Schreie!
Ausschweifender, lasziver Rokokobau, im ersten Stock die
Stiftsbibliothek mit den alten Manuskripten und der ägyptischen Mumie, der Heilige Gallus hat das Christentum aus
Irland eingeschleppt, und gleich anschließend im zweiten
Stock des Kabinett des Rektors. Dieser, im Gegensatz zum
spitzig-bleichen Präfekten, war ein kolossal wuchtiges
Mannsbild mit blauen Porzellanaugen, ein schwitzender
Koloss voll unerlöster Männlichkeit, wußte genau, in wel-
chem Glied der Teufel hockte, hat die Höllenpein geschildert, die auf alle Pörschtli wartet, die fahrlässig mit dem
Glied spielten. Der Heilige Gallus hatte das Christentum
seinerzeit gebracht ohne lange zu fackeln, hatte es den
Alemannen aufgehalst, die mit ihren heidnischen Faunen
eigentlich gut gefahren waren. Als Medizin gegen die teuf-
lischen Verlockungen empfahl der Rektor kalte Duschen,
Abhärtung durch Langlauf und Weitsprung, in besonders
hartnäckigen Fällen den Verzehr von Gemüse und, falls
unsere Schwänze trotzdem nicht stillhalten wollten und der
Saft nach einer gelungenen Abreibung hervorspritzte, einen
sofortigen Gang zum Beichtvater, damit er uns die Todsünde nachließe. Wer nämlich sofort anschließend an die
Todsünde starb ohne beichtväterliche Nachlassung, der
fuhr stracks zur Hölle, so stand es in den Beichtspiegeln.
Den Genuß von Gemüse hat er übrigens nicht mehr
empfohlen, nachdem einst zur schwülen Sommerszeit, als
die Mädchenbrüste besonders lustig an der Kath. Sekundar-

23

schule vorbeiwippten und es überall nach Fruchtbarkeit
roch, ein Zögling mit brünstiger Stimme in den Pausenhof
hinunterschrie: Gemüüüse, Gemüüüse!

So war das im Schatten der Klostertürme, im Herzen St.
Gallens, dort beim Steinachwasserfall, wo Gallus gestolpert
und dann auf die Idee gekommen war, die Gegend mit
Christentum zu überziehen. So war das in dieser Schule. It
seems so long ago, wie Leonard Cohen sagen würde. So
weit entfernt und abseits scheint diese Zeit zu liegen,
obwohl es erst 18 Jahre her sind, daß man sie nur noch als
Archäologe und Paläontologe der eigenen Vergangenheit
erfassen kann, so eingeschrumpft und verdorrt wie die
Mumie der ägyptischen Königstochter in der Stiftsbibliothek. Und doch steht die Kathedrale noch im alten Glanz,
wurde sogar restauriert, wo wir immer zur Schulmesse gingen, wo die vielen geilen Barockengel herumflattern und
Maria Magdalena in ihrer Brunst die Hände verwirft und
der sinnliche Stuck uns Zöglingen den Kopf verdrehte. Und
dann die Kuppel mit der hemmungslosen Durcheinander-
mischung verzückter Frauen und Männer, besonders
schöne Leistung des Barockmalers Joseph Wannenmacher
aus Tomerdingen bei Ulm, eine richtige Seelenbadewanne,
wenn man sich die Kuppel umgekehrt vorstellte, das
schamlose Familienbad mitten im Sakralraum. Manchmal
haben wir uns die Kathedrale während langen Hochämtern
oder Maiandachten auch als spanische Reithalle vorgestellt,
ein vorzüglicher Rahmen für die internationalen St. Galler
Pferdesporttage. Erst wenn man die enthemmte Sinnlichkeit dieser Kathedrale kennt, wird man die Leistung des
Rektors vollumfänglich würdigen: uns mitten in dieser
lüsternen Architektur zur Enthaltsamkeit vergattern, das
wäre nicht jedem gelungen. Aber wenn mans richtig
bedenkt, lag es eventuell doch in der Natur der Sache. Der
Barock stachelte unsere Sinnlichkeit an, und weil die Sinnlichkeit nirgendwo anders herauskonnte, mußten wir sie

24

voyeurhaft am Barock befriedigen. Der Präfekt hätte gesagt: diese Kunst ist terminus a quo und terminus ad quem. Der Barock biß sich in den Schwanz, wie man vielleicht sagen könnte. Die Brunst konnte aber nicht nur zu den Augen hinaus, sondern auch über die Stimmbänder entweichen, indem die Zöglinge dem Domchor beitraten. Der Domchor war weiterum berühmt für die Qualität seiner Aufführungen.

Die nächste Anstalt in St. Gallen, in die ich gesteckt wurde, war die Kaserne auf der Kreuzbleiche. Es war noch nicht die Zeit der Dienstverweigerer und auch nicht die Zeit der Aufrührer, die gerne in der Rekrutenschule ausharren, weil man dort schießen lernt. Die Kaserne war überhaupt nicht mehr barock, sondern im klassizistischen Stil gehalten, wie das Schlachthaus und die Kantonsschule. Der Klassizismus entspricht dem aufblühenden Bundesstaat, so wie der Barock dem absterbenden ancien régime der sanktgallischen Äbte entspricht. Das Schweizerkreuz auf den Militärwolldecken mußte sich immer genau im Zentrum der eisernen Betten befinden. Das sanktgallische Liktorenbündel, die sogenannten fasces, war hier nirgends zu erblicken. Neue Manieren wurden eingeführt, eine Steigerung der Sekundarschulmanieren fand statt. Man mußte den Vorgesetzten, welche an ihrem feinen Tuch erkennbar waren, seinen Namen über fünfzig Meter weit lauthals entgegenschreien. Sie nannten es grüßen oder melden. Ärschlings mußte man sich eine große Verkniffenheit und Straffung angewöhnen. Sie nannten es strammstehen. Der Feldweibel prüfte die Strammheit der Arschmuskeln. Sollte ich einst liegen bleiben in der blutüberfüllten Schlacht, sollt ihr mir ein Kreuzlein schneiden auf den dunklen tiefen Schacht. Die Armee dient sowohl der Abwehr von Angriffen von außen, als auch der Aufrechterhaltung von Ruhe und Ordnung nach innen. Die Ordnung des Lehrers Tagwerker wurde in letzter Instanz auf der Kreuzbleiche garantiert, ebenso die Ordnung am Rosenberg. In der dritten Woche war Bajonettexerzieren. Parade vor, Parade rückwärts, Leiche abstreifen hieß der Befehl, dazu wird eine Bewegung mit dem aufgepflanzten Bajonett ausgeführt, indem man zuerst horizontal in den Feindkörper hineinsticht, der vorläufig noch imaginär war, und sodann den Leichnam mit dem linken Fuß abstreift, dabei mit dem rechten Fuß Posten fassend. Nachdenklich geworden, weil uns in der Kath. Sekundarschule die Liebe zum Feind eingeflößt worden war, auch das Hinhalten der linken Wange, wenn der Rektor auf die rechte geschlagen hatte, und weil wir die Feindesliebe so weit getrieben hatten, sogar dem Rektor und Präfekten zu lieben, ließ ich mich bei Leutnant R. für die Sprechstunde vormerken, die immer nach dem Hauptverlesen stattfand. Kommt nur zu mir, wenn ihr ein Problem habt, hatte er gesagt. Leutnant R. hörte sich mein Problem an: warum sollten wir einen abstrakten Feind abstechen, wenn wir bisher unsere konkreten Peiniger in der Schule hatten lieben müssen?

Er lächelte kurz und sagte: Sie sind doch Katholik, oder? Also dann. Die schweizerischen Bischöfe haben erklärt, daß die Ableistung des Militärdienstes mit dem christlichen Gewissen vereinbar ist. Ich hoffe, damit auf ihre Frage geantwortet zu haben.

Seit diesem Gespräch hatte es mir in der Rekrutenschule, obwohl man dort viel Nützliches über den Umgang mit Sprengkörpern lernt, nicht mehr richtig gefallen wollen, und nach insgesamt drei Wochen Aufenthalt in dem langgestreckten klassizistischen Gebäude war der Dienst für mich zu Ende. Ich hatte ein altes Röntgenbild finden können, welches unerträgliche Schmerzen an der Wirbelsäule nachwies, einen alten Scheuermann. Mein Vater schaute bitter auf den dienstuntauglichen Sohn, als ich in Zivil nach Hause kam. Jetzt mußt du Militärersatz zahlen, sagte er, und das Militär hätte dir gut getan.

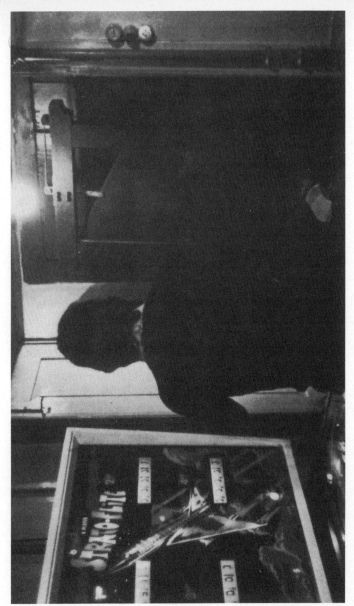

Restaurant »Alt-Sankt-Gallen« – Blick auf die ›Güllotine‹

Als das Wetter aufhellte und die Gespenster im Schneetreiben untergegangen waren und das Motorrad strotzend bereitstand für die Fahrt in eine mildere Stadt, schlenderte ich mit B. noch ein wenig durch die Altstadt, Metzgergasse, Goliathgasse, Augustinergasse. Vieles hat sich geändert seit jenen Zeiten, sagte B., eine gewisse Humanisierung hat auch hier stattgefunden, wollen jetzt abschließend eins trinken. Wir tranken Rotwein im Restaurant Alt-Sankt-Gallen, an der Augustinergasse. Das ist eine freundliche Pinte mit falschem Renaissancetäfer und falschen Butzenscheiben, wodurch der Eindruck des Alten entsteht. Rentner und Arbeiter, auch ausrangierte Huren verkehren hier. Die Wirtsstube mit niedriger Decke und gemütlich, Stumpenrauch, Sangallerschöblig, Bratwörscht, Bierflecken, Stimmen. Und die Sanktgaller Freisinnigen, welche jetzt die Wiedereinführung der Todesstrafe verlangen? Nach einiger Zeit sagte er, zur Serviertochter gewandt: Fräulein, könnten Sie uns einmal den Schrank dort öffnen? Das Fräulein öffnete den Schrank für eine Gebühr von 20 Rappen. Eine Guillotine kam zum Vorschein, kein nachgebautes Modell, sondern eine richtige Guillotine aus dem Anfang des 19. Jahrhunderts, ein fahrbares Stück, das in Süddeutschland auf den Dörfern gedient hatte. Die Serviertochter nannte sie Güllotine. Früher sei sie offen im Restaurant gestanden, sagte das Fräulein, aber weil die Leute sie immer betätigen wollten und das Fallbeil heruntertätschen ließen, habe man die Güllotine einschließen müssen, sie sei außerordentlich heikel, und man könne sie nicht versichern. Wo normalerweise der Nacken liegt, ist jetzt ein Holzscheit mit einer tiefen Kerbe zu sehen.

Die Aufhebung der Gegensätze im Schoße des Volkes
Die Wochenendgesellschaft von Wagenhausen am Rhein

Da wird der Wolf zu Gast sein bei dem Lamme
und der Panther bei dem Böcklein lagern. Kalb
und Löwe weiden beieinander, und ein kleiner
Knabe leitet sie. Kuh und Bärin werden sich
befreunden, und ihre Jungen werden zusammen
lagern, der Löwe wird Stroh fressen wie das
Rind. Der Säugling wird spielen an dem Loch der Otter,
und nach der Höhle der Natter streckt
das kleine Kind die Hand aus.

Isaias 11, 6–8: Das kommende Friedensreich

Wagenhausen bei Stein am Rhein. Vier Hektaren Wiesland, leicht abfallend von der Landstraße zum Rhein
hinunter, links und rechts begrenzt von zwei Bächen.
Oben beim Haupteingang eine Schweizer Fahne im Sonn-
tagmorgenwind, die erste von ungezählten Schweizer Fah-
nen auf diesem Gelände. Drei Ellen gute Bannerseide.
Dann gleich links der erste Wohnwagen mit angebauter
Gartenlaube. Hin und wieder ein Apfelbäumchen, barm-
herzige Natur, aber insgesamt mehr Wohnwagen als Bäu-
me. Eine Barriere, die nachts geschlossen wird, auch in den
Landesfarben gehalten. Immer mehr Wohnwagen mit Vor-
zelten, Anbauten, Überdachungen, Verzierungen. Familien
beim Aperitif in Gärtchen, die peinlich streng eingefriedet
sind. Erinnerungen an Lebewesen, die ihr Territorium mit
Duftmarken abstecken. Die Wohnwagen haben etwa fünf
Meter Abstand vom Nachbarn, vielleicht sechs Meter. Der
Rasen akkurat geschoren in der englischen Manier. Kein

Papierchen am Boden, aber hochglanzpolierte Autos in den knapp bemessenen Gärtchen. Wie Haustiere lagern die Autos in den Gärtlein, die Kargheit der Häuslein wird durch die glänzende Autopracht eklatant. Grillierende Familienväter in kurzen Hosen. Auch recht viele Gartenzwerge, die fast immer lachen. Eine wunderbare Gartenzwergvermehrung den Abhang hinunter. Die Räder bei manchem Wohnwagen schamhaft verdeckt: seßhaft gewordene Wagen. Hufeisen und Rehgeweihe an den Wänden, Hollywoodschaukeln in den Gärtchen-Gärtlein-Gärtli, Geranien von Autopneus eingefaßt, Rosenrabatten und manchmal ein Staubsauger zum Auslüften vor die Tür gestellt. Lockenwickler in den Haaren mancher Frau, überall Dackel und Kanarienvögel. Und alles so eng aufeinander, auf vier Hektaren 250 Behausungen, in der Hochsaison vielleicht tausend Menschen. Und gerade deshalb keine Gleichheit, sondern jedes Eigenheim scharf individuell tätowiert und unverwechselbar gemacht, hier eine Klosettschüssel vor dem Haus, worin Geranien blühen, dort eine elektrifizierte Sturmlaterne oder eine verschnörkelte Inschrift an der Wand: »Die Leute sagen immer / die Zeiten werden schlimmer / ich sage aber nein / denn es trifft viel besser ein / die Zeiten bleiben immer / nur die Leute werden schlimmer.« Auch die Straßen und Wege dieser Puppenstadt haben ihre Individualität: Bahnhofstraße, Am Wasser, Hohenklingensteig; es sind richtige Straßenschilder, die in der Außenwelt gestohlen wurden. Unten am Rhein die Bootsstege. Nach soviel Miniatur an Land erwartet man auch auf dem Wasser ein paar Diminutivbötlein. Aber nein, es gibt richtige Flußkreuzer, größer als die Häuslein an Land, und normale Außenbordmotoren. Planschende Kinder im Wasser, Hundegebell und ein Duft von gebratenem Fleisch. Manchmal fährt ein Dampfer langsam den Rhein hinauf, der Reiseführer erklärt über den Lautsprecher die Gegend: »Hier haben wir den schönstgelegenen und saubersten Wohnwagenplatz im Bodenseegebiet.« Die Leute auf dem Platz freuen sich.

⁎

Herr Näf freut sich auch. Herr Näf ist das Scharnier zwischen Außenwelt und Innenwelt, der Besitzer dieser vier dichtbesiedelten Hektaren. Zugleich eingewurzelt in der alten Gemeinde Wagenhausen, wo er im Gemeinderat sitzt (Abteilung Flurkommission), und Monarch im neuen Dorf Wohnwagenhausen. Das alte Dorf hat etwa 500 Einwohner, das neue Dorf doppelt soviel, wenigstens übers Wochenende und in der Hochsaison. Herr Näf hat die vier Hektaren nach und nach zusammengestoppelt und seinen Besitz in listiger Kleinarbeit all die Jahre hindurch abgerundet. Von Beruf ursprünglich Metzger, hat er vor fünfzehn Jahren zuerst eine Tankstelle an der Straße droben gebaut, hat dann einen kleinen Zeltplatz eröffnet, hat seinen Besitz ölfleckenartig zum Rhein hinunter ausgedehnt. Die Bauern hätten ihm das Land von sich aus angetragen, sagt er. Was er nicht kaufen konnte, hat er von der Gemeinde gepachtet. Mitten im Platz steht ein Bunker, hübsch unter Sträuchern versteckt, aber früher im weiten Umkreis von Stacheldraht umgeben. Da ging Näf einmal nach Bern zum Oberst von Wattenwyl, den er aus dem Aktivdienst kannte, und bat ihn, seinen Einfluß geltend zu machen. Der Stacheldraht ist dann bald verschwunden. Herr Näf hat viel auf dem Platz investiert, hat ein Restaurant gebaut und zwei Toilettentrakte, hat eine Kläranlage improvisiert und am Ufer eine Verbauung errichtet, so daß auch bei Hochwasser die Rheinanstößer nicht mehr überschwemmt werden. Manchmal kommt ein Regierungsrat auf den Platz und kontrolliert, ob alles mit rechten Dingen zugeht, ob die Natur genügend geschützt wird und ob der Status des Campingplatzes auch nicht verletzt wird. Offiziell handelt es sich immer noch um einen Campingplatz,

31

obwohl nur noch ganz wenige Zelte da sind und die meisten Wohnwagen vom April bis zum Oktober ihren festen Platz haben, manche auch den Winter hindurch. Aber solange keine Fundamente gelegt und keine Dächer mit Ziegeln gedeckt werden, bleibt es ein Campingplatz, müssen keine Baubewilligungen eingeholt werden. Herr Näf dringt darauf, daß die Häuslein einstöckig bleiben und eine gewisse Höhen- und Breitennorm respektiert wird. Es gibt nämlich auch Häuslein auf dem Platz, die sich selbständig gemacht haben und nicht mehr bloß Wohnwagenanbau sind.

Herr Näf liefert nicht nur die Infrastruktur, sondern auch den gedanklichen Überbau für seine Kolonie. »Wenn es die großen Städte längst nicht mehr gibt, wenn Zürich im nächsten Krieg untergegangen ist, so wird man hier immer noch leben können«, sagt er. Von diesen Städten wird bleiben: der durch sie hindurchging, der Wind. Wenn es in den Städten immer unmenschlicher wird, haben wir in Wagenhausen immer mehr Menschlichkeit. Irgendwo muß der einfache Mann das Gefühl haben, etwas Eigenes zu besitzen, muß er seine privaten Blumen und seinen Garten haben. Ein eigenes Ferienhaus mit Seeanstoß oder Alpenblick kann nicht jeder haben, der Boden ist zu knapp und zu teuer, und die individuellen Verbauungen zersiedeln die Landschaft weit mehr als eine dichtgedrängte Wohnwagenkolonie. Wenn man also dem einfachen Mann etwas bieten will, den Arbeitern und Angestellten, dann ist die Kolonie von Wagenhausen die beste Lösung. Die Leute zahlen zwischen 400 und 800 Franken für ihren Standplatz vom April bis zum Oktober, das macht für Herrn Näf etwa 120 000 Franken im Jahr. Allerdings, er hätte noch mehr profitieren können, wenn er den Platz als Bauland verkauft hätte. Der Verkauf hätte ihm aber nicht dieselbe seelische Befriedigung gebracht wie seine Gouverneurstätigkeit in der Kolonie. Herr Näf beklagt sich über die Umweltschützer, die seine Kolonie verwünschen und den privaten Grundbesitz an Bodensee und Rhein natürlich finden. Sein Platz ist am Rhein nicht abgesperrt, er hat im Gegenteil noch einen Uferweg für die Öffentlichkeit gebaut. Abfallprobleme gibt es auch nicht, die Leute bringen ihren Kehricht jeden Tag selbst in Plastiksäcken zu den zwei Sammelplätzen. Herr Näf reibt sich auf für seine Gäste, hat vor zwei Jahren den ersten Gehirnschlag erlitten. Er ist wie ein Vater zu ihnen: streng, aber gerecht. Die gleichmäßige Strenge des Herrn Näf ist wie ein Schmelztiegel, wo Klassenunterschiede eingeschmolzen werden. Seinen Anordnungen ist unbedingt Folge zu leisten. Vor allem die Reinlichkeit ist zu beachten, die allgemeine Hygiene, dann die Einhaltung der Nachtruhe von 22 bis 7 Uhr und die Mittagsstille von 12 bis 14 Uhr. Herr Näf patrouilliert als Nachtwächter auf seinem Areal, klopft unerbittlich auch bei reichen und befreundeten Gästen an die Fenster, wenn die Zimmerlautstärke nicht respektiert wird. Geld verschafft in dieser Hinsicht keine Privilegien. Die Leute sehnen sich danach, gleich behandelt zu werden wie der Nachbar, sie streben nach Gleichheit und Brüderlichkeit, weil sie im Leben draußen nur Ungleichheit und Rücksichtslosigkeit erfahren haben. »Ist das nicht schön?«, sagt Herr Näf.

*

Auf der Ufermauer sitzt Herr Kaspar, von Beruf Magaziner und Chauffeur, aber hier vor allem anwesend als Mensch, und beaufsichtigt die Kinder im Wasser. Manchmal ertrinkt eins, aber das kommt überall vor. Herr Kaspar sagt, daß man hier keinem Menschen den Direktor oder Akademiker anmerke, jeder sei hier ganz einfach, aber auch nicht übertrieben leutselig. Eine große Hilfsbereitschaft sei zu erleben, gegenseitige Hilfe beim Legen von Wasserleitungen, wenn ein neuer Wohnwagen angeschlossen werde, und überhaupt jede Art von Handreichung. Herr Kaspar hat in der Kolonie einen zweiten Haushalt, der Wagen ist seit acht Jahren fest auf dem Platz, jedes Wochenende vom März bis in den Oktober hinein verbringt Familie Kaspar in Wagenhausen, bei jedem Wetter, daneben machen sie auch noch Ferien an andern Orten. Am ersten August war hier wunderbar bekränzt, sagt er, Las Vegas war ein Dreck dagegen. Wo soll eine Familie mit vier Kindern heute noch gemeinsame Ferien machen? Hier ist ein kinderfreundlicher und billiger Platz, und die Leute sind nicht eingebildet. Zu Hause hat er eine Zweieinhalb-Zimmer-Wohnung, hat mit den Leuten im Haus kaum Kontakt, obwohl er schon jahrelang am gleichen Ort wohnt. Am Sonntagabend freut er sich schon wieder auf den nächsten Samstag, er lebt mit Pausen von Wochenende zu Wochenende. Hier im Wohnwagen besorgt er alle Küchenarbeiten, während die Frau Ordnung macht. Man kann hier fischen, Pilze sammeln und Velotouren machen, auch sehr schöne Wanderungen. Für die besseren Leute sei es auch schön, hier auf dem Platz mit einfachen Büezern zu verkehren. Oder was meinst du, Johnny, sagt er zu einem älteren Herrn mit Kapitänsmütze, unter der Mütze ein nachdenkliches Eulengesicht.

Wie es der Zufall so bringt, ist Johnny im Berufsleben bei der Polizei tätig, in Zürich als Kripowachtmeister, Wachtmeister Kindlimann für die Verbrecher. Aber in Wagenhausen ist er als Mensch, hier ist er der Johnny. Über den Beruf mag er hier nicht sprechen, obwohl er auch dort immer versuche, Mensch zu sein. Über Johnny wird manches gemunkelt, er will nämlich nicht verraten, was genau er bei der Polizei zu tun hat. Manche sagen, er sei Chef oder Sous-Chef der Sittenpolizei, andere behaupten, er leite den Spezialdienst an der Stampfenbachstraße, so eine Art politische Polizei, und sei ein ganz Hoher. In der Kolonie ist er Spezialist für Härdöpfelsalat, den er überall rüstet, wo man ihn braucht. Auch Pilzgerichte kocht er vorzüglich, während es andern gegeben ist, die giftigen von den ungiftigen Pilzen zu unterscheiden. Johnny sagt: »Bei den eingesessenen Leuten in Alt-Wagenhausen hat es anfänglich saure Reaktionen gegeben, als sich die ersten Wohnwagen installierten, die Bauern im Dorf meinten, es seien Vaganten, merkten aber bald, daß es sich um anständige Menschen handelte.« Johnny hat seinen Wohnwagen als Occasion gekauft, für 3000 Franken, dazu ein Stoffvorzelt für 2000 Franken. Johnny mußte »tüüf unedure« in den dreißiger Jahren, als er noch Koch war mit einem Monatslohn von 80 Franken; damals gab es keine Ferien, den bescheidenen Wohlstand und die Muße heute schätzt er darum besonders; er ist mit Staat und Gesellschaft ganz zufrieden. Der Vater war Eisenbahner, Grütlianer, das heißt kämpferischer Sozialdemokrat vor dem Ersten Weltkrieg, trotzdem aber guter Schweizer, und habe keiner fremden Ideologie angehangen. Wenn er es noch hätte erleben können, zu welchem Wohlstand die einfachen Leute es heute gebracht haben, wenn er die Wochenendresidenzen hier unten hätte sehen können: dann hätte sein Vater gesehen, daß er als Sozialdemokrat nicht vergeblich kämpfte, daß seine sozialdemokratischen Wunschträume Wirklichkeit geworden sind. Schade, daß der Vater es nicht mehr erleben konnte.

Johnny, seine Frau (eine Buchhalterin) und ihr Ferienbub haben jetzt Hunger, laden mich zu Risotto und Pilzen. An Blumenrabatten und rasenmähenden Vätern vorbei führt der Weg zu Kindlimanns Wohnwagen. Ein bescheidener Einachser, mobiles Gartenhäuschen mit ein wenig Komfort, Kühlschrank, Waschtrog, gemütliche Ecke, Herrgottswinkel, Kleiderschrank, Bettstatt, alles in einem Raum. Eine Vergrößerung wurde erzielt durch den Anbau des Vorzeltes. Kindlimanns gehören zu den wenigen Leuten, die noch kein Fernsehen haben. Gerade genügend

Platz, um sich einmal umzudrehen, auch ziemlich niedere Decke. Im Garten neben dem Auto wird gegessen, Klapptisch mit Chromhintergrund. Autos könnte man zwar auch oben auf dem Parkplatz stehenlassen, aber so ein Auto hat für Johnny eine andere Bedeutung als für die Jungen, er kann sich noch erinnern, wie er 1960 das Geld fünf- und zehnfrankenweise gespart hat, um seinen ersten VW zu kaufen. Es war ein grüner mit rotem Polster. Jetzt hat er einen hübschen japanischen Wagen, wenn ich mich recht erinnere. Das Pilzgericht wird gelobt, ist auch ganz trefflich gelungen. Die Sortierequipe hat alle giftigen Pilze eliminiert. Sobald im Tischgespräch eine Spur von Kontroverse aufblitzt, wird die Diskussion abgebogen. Man will den Frieden haben hier im Grünen, nebst der guten Luft und der Ruhe, die eine ewige ist, so andauernd penetrant still bleibt es hier. Die Leute sind ja mit dem festen Vorsatz gekommen, einen Kontrast zum normalen Leben zu finden, und den suchen sie angespannt, manchmal fast krampfhaft.

Ein Freund taucht auf, Herr Husistein aus Neuhausen, der große Sportler. Es gibt ständig Einladungen, hinüber und herüber, man bittet in die gute Stube oder ins gepflegte Gärtlein. Dabei wolle man aber nicht protzen oder hervorstechen mit einer besonders schönen Einrichtung; Protze würden nicht geduldet; wenn einer die andern mit seiner teuren Ausstattung übertrumpfen will oder mehr sein will als die andern, so wird er vom Platz geekelt, wie das auch schon vorgekommen ist. Es gibt eine demokratische Norm und ein Mittelmaß in dieser überschaubaren Gemeinschaft (manche sagen: in dieser Familie), man kann sich nicht darum foutieren. »Eine gute Charakterschulung«, nennt Herr Husistein das. Als Belohnung für die Rücksichtnahme die schöne Hilfsbereitschaft der andern, der Fernsehtechniker richtet die Gemeinschaftsantenne ein, der Automechaniker repariert kleine Defekte, der Elektriker zieht Leitungen. Die Arbeitskraft wird nicht verkauft wie im gewöhnlichen Leben, sondern gegen eine andere ausgetauscht oder einfach aus Freundschaft angeboten. Da hat ein Arbeiter zum Beispiel ein Schiff, das ihm auf dem Bodensee abgesoffen ist, nachdem er die Ersparnisse darin investiert hat. Herr Husistein hat sich um die Bergung bemüht, und als gelernter Schreiner das Schiff wieder flott gemacht, ringsum war große Freude. »Soll ich etwa nach Spanien in die Ferien, zu Franco, dem Verbrecher, wenn ich es hier schön und freundlich haben kann?«, sagt Husistein und lädt uns zum schwarzen Kaffee ein. Hier ist er glücklich, nur vielleicht die Erotik ist vernachlässigt, wo so viele Leute aufeinander leben und dabei die Wohlanständigkeit pflegen müssen (oder wollen?). Husistein bringt das auf die kurze Formel: »Wenn ich ein Eunuch wäre, würde ich Vielweiberei betreiben.«

Von Husisteins weiter zu Kramers, eine Feier aus Anlaß des 51. Geburtstags von Hauswart Kramer. Bei Herrn Kramers Behausung ist nicht einmal ein Anschein der Mobilität mehr vorhanden, kein stillstehender Wohnwagen, sondern ein putziges Gartenhäuschen, komplett mit der ganzen Einrichtung für 27 000 Franken gebaut. Man könnte das Häuslein zwar in kürzester Zeit abbrechen, das ist Vorschrift, aber an Abbruch denkt niemand. Auch bei Kramer der Wille zur Ruhe, politische Diskussionen auf gar keinen Fall, höchstens »wenn so ein paar Flegel ein Botschaftsgebäude besetzen, dann reden wir natürlich darüber«. Kramer kommt von sich aus plötzlich auf »den Gruppensex« zu sprechen, den es hier selbstverständlich nicht gebe. Dafür gibt es Witze, die auf erotische Verklemmung und Abtötung deuten, völlig unlustige Witze, ziemlich traurig. Eine Flasche Wein wird geöffnet, die hat Kramer zum letzten Geburtstag geschenkt bekommen, vier Fremdarbeiter, denen er zu Hause ein Lokal zum Musizieren überlassen hat, wollten ihm eine Freude machen. Zum letzten Geburtstag wurde ihm vor seinem Häuschen ein Ständchen vom Männerchor Albisrieden dargebracht, »Die alten Straßen noch« haben sie gesungen. Getrunken wird anscheinend ziemlich viel in der Kolonie Wagenhausen, auch kräftig gefressen, Johnny ist schon wieder unterwegs für einen neuen Härdöpfelsalat. Zur Feier erscheinen auch ein Rasenmähervertreter und ein Bauführer. Die vierzig Arbeiter, die er »unter sich hat«, wie seine Frau sagt, und die er »in den Fingern haben muß«, haben vorzeitige Ermüdungserscheinungen bewirkt; er ist erst fünfunddreißig Jahre alt und doch schon sehr überreizt, hat einen schlechten Schlaf, dirigiert die Arbeiter noch im Schlaf herum. Jetzt sitzt er zum Ausgleich oft still am Rhein und schaut aufs Wasser.

Vom Tonband unaufhörlich Musik, ein Schlager-Potpourri. Ein Prosit, ein Prosit der Gemütlichkeit. Vor dem Nachbarhaus die Halbwüchsigen, in Mickymaus-Heftchen vertieft, ganz absorbiert. Dieses bandwurmartige Potpourri taucht alles in Melancholie, obwohl die Leute aufgeräumt sind. Freut euch des Lebens, ein Befehl. Aufgeräumt wie die reinlichen Gärtchen, die sauberen Wege. Nicht die kleinste Unordentlichkeit. Woher kommt angesichts des stillvergnügten Lebens plötzlich der Eindruck, es stünden da nicht Wohnwagen, sondern lauter kleine Mausoleen und Totendenkmäler auf dem Gelände, Totenhäuslein wie auf alten französischen Friedhöfen? Vielleicht kommt das von der weißen Farbe. Und die stille Hoffnungslosigkeit, welche durch alle Ritzen dieser Ordnung dringt, sie ist nicht auf diesem entrückten Hang gewachsen, sie grüßt herüber aus der Arbeitswelt, der man wieder einmal für zwei Tage entkommen ist. »Weg aus dem Zeug« heißt der Refrain, fort aus der verdreckten Stadt, fort aus der Vereinzelung, hinein in die Solidarität beim Mäuerchenbauen, Rasenmähen, Aufräumen. Am Samstag fängt das Leben an, am Montagmorgen hört es auf. Melan-

cholie, weil alles so definitiv ist, weil man sich dauernd in der Wochenendkompensation einrichten muß, die Eigenheimchen sehen so unverrückbar aus, früher zog man sie mit dem Auto noch über die Straßen, wechselte den Platz, aber bei dem heutigen Verkehr ist das den meisten vergangen. Jetzt ist man seßhaft geworden, der Horizont hat sich geschlossen, viel Neues wird sich nicht mehr ereignen. Ein Prosit, ein Prosit der Gemütlichkeit.

*

Ein Tagesablauf in der Kolonie. Späte Tagwacht, kein Lärm weckt die Schläfer. Sich erheben, ein bißchen Ordnung machen, Rasen mähen, Boden wischen, spazieren, sinnieren, grillieren, schwatzen, fernsehen, aus. Es gibt sehr wenige junge Leute, denen dieser Rhythmus paßt, kaum ein Paar unter dreißig auf dem Platz. Der Hauptharst zwischen vierzig und sechzig, aber auch siebzigjährige Witwen, die hier mehr Anschluß finden als im Wohnblock. Halbwüchsige, die mit ihren Eltern hier sind und am Strand unten ihre eigene Gruppe bilden, auch nachts bis um 11 Uhr im Jugendkeller von Stein am Rhein bleiben können. Früher gab es am Sonntag einen protestantischen Feldgottesdienst in der Natur, das hat jetzt aufgehört. Was die Jungen wohl am meisten stört: daß die Alten nicht richtig ausspannen können oder auf eine angespannte Art ausspannen. Immer wieder hört man von älteren Leuten, die im Garten »krampfen«, die einen »Krampf« hatten mit ihrem Blumenbeet und dafür auch wünschen, daß ihre Blumen geschützt werden; daher vielleicht die Sehnsucht nach Einfriedigungen. Oder die ständige Betriebsamkeit, ständig »läuft« etwas. Einfach gammeln, das gibt es nicht, das ist für die Moral nicht gut, und Ausschweifungen sind verpönt, außer die vom kleinbürgerlichen Moralkodex stillschweigend akzeptierten, Räusche werden toleriert; die Toilettenfrau weiß etwas davon zu erzählen, weil sie nämlich die verschmutzten Toiletten reinigen muß. Die Toilettenfrau sagt: »Im ganzen Lager gibt es nicht einen einzigen Wohnwagen, wo man sagen könnte: Da sind zwei drin, die nicht zusammengehören. Da ist Herr Näf sehr streng. Wenn einer hierherkommt, um etwas zu erleben, der rennt sich die Nase ein, da spielt sich nichts ab.« Ledige unter sechzehn Jahren dürfen das Restaurant auf dem Platz nicht allein besuchen, sagt die Toilettenfrau. Junge Mädchen, die vorübergehend von ihren Eltern allein auf dem Platz gelassen werden, sind der Obhut des Herrn Näf empfohlen, der sie denn auch nachdrücklich in seinen Schutz nimmt. Wenn sie etwa Flausen hätten, schickt Näf sie vom Platz. Noch nie hat sich jemand seinen Anordnungen widersetzt; Herr Näf hat eine absolute Autorität. Der Chef ist wie ein Vater für alle. Es ist ein friedlicher, familiärer Platz, von hinten bis vorn. Die Toilettenfrau wird von den Leuten verwöhnt, kaum ein Aufrichtfest eines Wohnwagens geht vorbei, ohne daß sie eingeladen wird. Obwohl sie Deutsche sei, habe man sie nach anfänglichem Zögern gut aufgenommen. Vom Chef werde sie »gehalten wie ein Eigenes«. »Wo gibt es das im normalen Leben, daß eine Toilettenfrau von ihren Kunden eingeladen wird«, sagt sie. Die Tochter kommt mit ihrem Mann zu Besuch, der verfolgt ab 1 Uhr nachmittags das Nürburgring-Rennen am Fernsehen, während ringsum die Autos poliert werden. Vom nahen Schießstand knallt es lustig durch die Natur. Herr Näf hat das jährliche Kleinkaliberschießen für die Bewohner der Kolonie organisiert. Die Frauen machen begeistert mit, an vielen Brüsten sieht man ein Schützenabzeichen baumeln. Die Gleichberechtigung am Gewehr ist in Wagenhausen eingeführt, auch in den Wohnwagen funktioniert sie besser als zu Hause.

»Nach der Pensionierung werde ich die meiste Zeit hier unten verbringen, in der gesunden Luft am Rhein«, sagt der Werkmeister Schäfer aus Oerlikon, von dessen Balkon

aus man die Lärchen, Weiden, Buchen, Tannen schön vor Augen hat. Der Balkoneffekt entsteht, weil der Vorplatz auf einer Anhöhe liegt. Man sieht auch die Schwäne und Möwen am Rhein von hier aus sehr deutlich, und gegenüber die Rebberge. Herr Schäfer und seine Frau, beide ihrer Firma seit je vierzig Jahren treu und kurz vor der Pensionierung stehend, gehen einen Schritt weiter als die Wochenendurlauber oder die Ferienaufenthalter in Neu-Wagenhausen, sie denken daran, hier ihre Hauptresidenz aufzuschlagen. Sie finden die Gegend hier schöner als in Oerlikon, auch billiger. Sie zählen auf, was man hier treiben kann. Den silbergrauen Fischreihern zuschauen, die majestätisch lauernd auf den Bäumen hocken. Den Schiffen zuschauen die majestätisch den Rhein befahren. Beeren suchen im Wald. Die Ruhe genießen, keine lauten Radios, keine herumkrähenden Kinder, obwohl man die Kinder hier gern hat, sind doch alle wohlerzogen, sauber, hinterlassen keine Unordnung. Schiffchen fahren, gratis, weil sie einen Freund haben, der Aktien bei der Rheinschiffahrtsgesellschaft hat, der schenkt ihnen Abonnements. Gute Beziehungen zu den Nachbarn haben, die alle ungefähr gleich sind, denn »geistig Minderbemittelte können wir hier nicht brauchen«. Sich in die Hollywoodschaukel setzen und schaukelnd die Landschaft genießen. Mit dem Staubsauger saugen, im Backofen backen, die Bechergarnitur abstauben, die Stofftierlein auf den Schränken in Reih und Glied rücken, sechs Fernsehprogramme sich leisten. Die Vorhänge ziehen und ruhig schlafen. Am Samstag- und Sonntagmorgen die frischen Gipfeli; Herr Näf karrt sie aus Diessenhofen heran. Große Einladungen und Pouletbratereien für Dutzende von Gästen. Und im kleinen Umfang Gartenbau betreiben. Die Schäfers brauchen keine Platzmiete zu bezahlen, weil Frau Schäfer Herrn Näf unentgeltlich die Buchhaltung besorgt.
Seit die Frau regelmäßig nach Wagenhausen kommt, hat

sie kaum mehr mit dem Herzen zu tun, hat keine Krämpfe mehr in der bekömmlichen Luft. Auch Herr Schäfer hofft auf eine endgültige Ruhe hier unten, denn auch er hat »einen Haufen Arbeiter unter sich gehabt«, das ging nicht spurlos an diesem Werkmeister vorbei. Im Garten wartet der Opel Kapitän, mit dem sie zwischen Oerlikon und Wagenhausen pendeln. So ist für alles gesorgt, nur wenn Herr Näf stirbt, wird die Lage schwierig. Alles hier unten ruht auf den Schultern von Herrn Näf, eine Pyramide, die auf dem Kopf steht. Er kann wegsterben oder den Platz verkaufen, einen langfristigen Vertrag haben die Mieter nicht. Vielleicht gibt es auch plötzlich größere Schwierigkeiten mit den Behörden, wer weiß. Jedenfalls eine breite Basis hat Wagenhausen vorläufig nicht. Deshalb reden einige Mieter von der Genossenschaft, die jetzt zu gründen wäre. Aber wie soll man die Monarchie in eine Demokratie verwandeln, ohne daß die künstliche Ruhe kaputtgeht? Da müßte plötzlich heftig diskutiert werden, die Gegensätze könnten aufeinanderprallen wie im gewöhnlichen Leben, man wäre nicht mehr in Watte verpackt, und der Reiz von Wagenhausen schmölze dahin. Wagenhausen wäre keine Gegenwelt mehr.

*

Man zögert bei jedem ironischen Wort, das man über Wagenhausen sagt, und doch kann man nicht anders. Man zögert, weil man das abgeschirmte Wochenendglück und Ferienglück der Leute am Rhein nicht verletzen möchte und weil die Leute hier erst richtig leben und den alten Menschen abstreifen können, weil viele hier zum erstenmal einen Anflug von Brüderlichkeit erleben, zum Beispiel auch physisch und mental behinderte Kinder, die man besonders gut aufnimmt. Und man kann nicht anders als bitter ironisch werden, weil sich die Brüderlichkeit auf einen Feriennationalpark beschränken muß, weil alle

Sehnsucht aus der Arbeit weg ins Wochenende verlagert wird, wie die Sehnsucht aber auch am Wochenende hängenbleibt im Gestrüpp der häßlichen Gewohnheiten, die einer haben muß, wenn er außerhalb von Neu-Wagenhausen nicht sofort vertrampt werden möchte.

Stille Tage in Chur
Erinnerungen an eine Kantonsschule

Wenn einer immer nur geschrieben hat, so mag ihn nach jahrelanger Schreibarbeit die Lust ankommen, etwas anderes zu tun. Wenn er es dann getan hat, spürt er vielleicht Lust, über das andere zu schreiben. Ich habe an dieser Schule nicht gearbeitet, um einen Rohstoff für das Schreiben zu finden. Erst nachträglich, zwei Jahre später, notierte ich einiges, das mir haften blieb.

*

Auf Ende August 1972 kam der Brief, signiert mit vorzüglicher Hochachtung von M., Rektor der Bündner Kantonsschule, Chur. »Nach Rücksprache mit Herrn Dr. O. C. bestätigen wir Ihnen, daß wir Ihnen die Stellvertretung für den Genannten in der Zeit vom 4. September bis 18. November übertragen. Pensum: 28 Lektionen Geschichte gemäß beiliegendem Stundenplan. Die Entschädigung beträgt Fr. 34.– pro erteilte Lektion. Der Unterricht beginnt am 4. September. Am 2. September findet gemäß beiliegender Einladung eine Eröffnungskonferenz statt. Es wird uns freuen, wenn Sie dabei anwesend sein könnten. Wir wünschen Ihnen eine erfolgreiche Tätigkeit an unserer Schule und begrüßen Sie . . .«
Am 2. September morgens Ankunft in Chur gemäß Einladung, aus einer ganz andern Stadt, aus einem ganz andern Beruf, mit dem Billet Paris–Chur, einfach. In Paris, das ich in der Nacht verlassen hatte, herrschte damals Georges Pompidou, ein Freund der klassischen Bildung. In der Bündner Kantonsschule, wie ich gleich erfahren würde, herrschte der Rektor M., ein gelernter Altphilologe. Als Rektor kommt in Chur traditionsgemäß nur ein klassischer

Altphilologe in Frage, ein Kenner des Griechischen und Lateinischen. Der Vorgänger von Rektor M. war ein derart gerissener Altphilologe gewesen, daß er »Max und Moritz« ins Lateinische übersetzt hatte. Wenn der Rektor protestantisch ist, muß der Vizerektor katholisch sein und umgekehrt, im Sinne einer Wahrung des Proporzes.

Droben am Hang in der neuen Betonschule hinter der Kathedrale strebten an diesem Herbstmorgen die Lehrer in die Eröffnungskonferenz, welche im Lehrerzimmer auf einprägsame Weise stattfand. Es war kühl. Vorne stand der Rektor an einem Pult, hinten saß der Lehrkörper, so wie in der Schule die Schüler vor dem Lehrer sitzen. Es wurde still, als der Rektor anhub. In seiner breitschädeligen, stämmig-kurzbeinigen Art war M. eine Erscheinung, welche dem Bündner Wappentier glich und Stille verbreitete. M.'s Monolog, der in kunstreich verschachtelten, hoch aufgetürmten Perioden vorgebracht wurde, vermutlich eine Übersetzung aus dem Lateinischen, ließ die Gewißheit entstehen, daß in dieser Schule alle grundsätzlichen Fragen der Pädagogik bereits geregelt waren, weil keine mehr erwähnt wurden, und daß nur noch materielle Einzelheiten ins Aug gefaßt werden mußten. Vermutlich war ich in eine Schule geraten, die alle Erkenntnisse der Erziehungswissenschaft von Rousseau bis Summerhill und Illitch aufgesogen und verwertet hatte. Ich durfte mich freuen. Da die Schule neu erbaut worden war, legte Rektor M. in seiner Rede besonderen Nachdruck auf die einheitliche Beschlüsselung der Schulzimmer. Diese Art von Beschlüsselung würde es den Kollegen ersparen, Nachbohrungen auf ihren Schlüsseln durchführen zu lassen. Auch war die Rede von einer Schulbesichtigung durch den Großen Rat des Kantons Graubünden, die bald stattfinden solle. Diese Körperschaft wollte die Schule in Augenschein nehmen, das heißt, die Schul*gebäude*, nicht den Schul*inhalt*, damit ersichtlich würde, wohin die Steuerbatzen gingen. So mußten sich einige Lehrer ernennen lassen, die am schulfreien Nachmittag den Großen Rat durch die Gebäulichkeiten führten. Dann wurden diejenigen Kollegen vorgestellt, die neu zum Lehrkörper gestoßen waren. Die Neuen mußten sich kurz erheben, ihren Namen nennen, sich betrachten lassen, sich wieder setzen. Ein weiteres Traktandum war den Resultaten der Arbeit einer Studienkommission vorbehalten, die sich seit einiger Zeit mit der Vorverlegung der Aufnahmeprüfungen befaßte. Collega X. bemerkte, es wäre menschenfreundlicher, wenn man die Aufnahmeprüfungen vor den Sommerferien abhielte, damit die Schüler unbeschwert in die Ferien gehen und sich nicht den ganzen Sommer mit dem Aufnahmeprüfungsstoff versauern müßten. Collega X. wurde vom Rektor klar und barsch zurechtgewiesen in einem Ton, in dem ich als Schüler nicht hätte abgeputzt werden mögen: die Frage sei nicht so einfach zu lösen, die Meinung des Collega X. sei hinlänglich bekannt, man müsse das Traktandum weiter vertiefen. Es erhob sich keine Stimme zur Unterstützung von Collega X.

Als die Eröffnungskonferenz sich auflöste, nahm mich der sommerbraune Collega C. beiseite, den ich zweieinhalb Monate vertreten sollte, weil er wissenschaftlichen Urlaub bekommen hatte, um eine Arbeit über die Dorfgeschichte von Thusis zu schreiben. Er hatte ein Papier vorbereitet, auf dem verschiedene Lehrmittel, Klassenbezeichnungen und Seitenzahlen vermerkt waren. Ich hatte etwa 170 Schüler stellvertretend zu unterrichten, quer durch alle Klassen von der 1. bis zur 7.: Handelsklassen, technische Klassen, klassische Klassen, dreizehn- bis zwanzigjährige Zöglinge beiderlei Geschlechts, dazu einen Stoff, der von den alten Griechen bis zu Hitler reichte, und hatte dabei fünf bis sieben verschiedene Lehrbücher zu benutzen. Ich brauchte nur dort weiterzufahren, wo Collega C. vor den Ferien aufgehört hatte. Da ich fast nur moderne Geschichte und Zeitgeschichte studiert habe und lediglich in der

47

Periode notdürftig beschlagen bin, die sich von der Französischen Revolution bis heute erstreckt, mußte ich Collega C. bewundern, den man als letztes freilebendes Universalgenie unter den Historikern bezeichnen darf, weil er die Geschichte von den Anfängen bis zur Gegenwart in ihrer Totalität beherrscht. Pro Monat und Klasse sollte ich eine schriftliche Prüfung durchführen und auch öfters mündlich abfragen. Die Benotung der Leistungen habe nach meinem besten Wissen und Gewissen zu erfolgen. Jedoch sei empfehlenswert, mit einiger Milde vorzugehen und die Noten nicht unter ein gewisses Niveau sinken zu lassen. Dann verabschiedete sich Collega C. und wünschte mir eine erfolgreiche Tätigkeit an der Schule. Vorher hatte er mir noch eingeschärft, bis zu welcher Seite ich in den verschiedenen Lehrmitteln vordringen sollte während meiner zweieinhalbmonatigen Stellvertretertätigkeit.

Zunächst aber mußte eine Unterkunft gefunden werden, damit ich dem Rektorat vorschriftsmäßig Adresse, Telefonnummer und AHV-Nummer mitteilen konnte. In der »Neuen Bündner Zeitung« stand ein Inserat: »Freundl. Zimmer in der Altstadt zu vermieten, fl. Wasser, 150,– Fr. monatl.« Ich telefonierte. Eine Frauenstimme sagte ja, das Zimmer sei noch frei, ich möge doch heute zur Besichtigung vorbeikommen, und was ich denn von Beruf sei, wenn sie fragen dürfe? Vorübergehend Lehrer an der Kantonsschule, sagte ich, und ledig. Dann muß ich Ihnen leider sagen, daß unser Zimmer für Sie nicht in Frage kommt, sagte die Frauenstimme, es tut uns leid, das Zimmer ist so einfach und eher für einen Arbeiter gedacht, ich kann einem Professor das Zimmer nicht zumuten. Nach einigem Suchen konnte ich mich vorläufig bei Collega K., dem zartgliedrigen Historiker und Germanisten, einmieten, der knapp unterhalb des Industriequartiers im fünfzehnten Stock eines Wohnturms lebt, der zu einer Gruppe von andern Wohntürmen gehört, so daß die Churer Landschaft aussieht, als ob die Vorstädte von Paris hier beginnen würden. Morgens beim Augenöffnen sah man einen dicken Berg und mußte ans Volkslied denken: Wo Berge sich erheben / Wie Bretter vor dem Kopf.

Der erste Schultag, ein vierter September, war morgens dunstig und kühl, hellte dann leicht auf und ließ die Berge, welche Chur einkesseln, im Herbstglanz schimmern. Der Weg führte vom Außenquartier unweit des Rheins, der einen großen Bogen um Chur macht, in die Altstadt. Kleinere und immer größere Rinnsale von Schülern vereinigten sich zu Bächen, die Bäche mündeten in den Strom, der bergauf floß, sich verzweigte, entweder links um die Martinskirche bog und über den »Hof« weiterlief, wo Vonderach, der Bischof, residiert, oder unten beim Käfigturm entlangrann, in dem heute noch die Tunichtgute und Taugenichtse eingesperrt sitzen, überall Schüler über Schüler, aus der Vazerolgasse, Rabengasse, Brändligasse, aus der Rigastraße, Tittwiesenstraße, Aquasanastraße, Malixerstraße, Mansanerstraße, vom Calandaweg, Plantaweg, alles von einem Schülergeschwür bedeckt frühmorgens in dieser Stadt, Aspermontstraße, Pulvermühlestraße, Heroldstraße, Arlibonstraße, eine große Blutung immer am Morgen, das junge Blut wird in die Höhe gesaugt, pulsiert den Berg hinauf, Schlag acht beginnt der Unterricht dort auf der Höhe in der Kantonsschule, der Vampir saugt und saugt, und eine Vielzahl von anderen Schulen saugt morgens den Lebenssaft aus den Churerhäusern: Primarschulen, Kinderschulen, Berufsschulen, Seminar, Internate, so daß man in dem übersichtlichen Städtchen den Eindruck hat, es gehe hauptsächlich zur Schule. Und mit diesem Strom werden die Lehrer hinaufgeschwemmt.

Der erste Morgen ist mir nur in nebelhafter Erinnerung geblieben. Dutzende von Köpfen waren einzuprägen, dann waren die Köpfe mit den Namen zu verknüpfen, die Lehrmittel nicht zu verwechseln, das entsprechende Schulbuch

auf die richtige Klasse anzuwenden, die akkurate Seite aufzuschlagen und dann weiterzufahren, wo Collega C. aufgehört hatte. Der Geschichtsunterricht wird generell im Konvikt erteilt, welches den auswärtigen Zöglingen Atzung und Schlafstatt bietet, ein fahles Gehäuse im Stil der tibetanischen Klöster, abgesondert und noch höher liegend als die übrige Kantonsschule, ein Weg führt durch des Bischofs Weinberg vom Graubeton der Kantonsschule zur Betongräue des Konvikts. Hier oben wird neben der Geschichte noch ein wenig Religion erteilt, von einem Herrn Dr. Sp., Konviktvorsteher, Religionsspezialist und Geschichtslehrer in einer Person, der lange Zeit in Angola als protestantischer Missionar wirkte und große Erfahrung im Umgang mit Negern hat, wie er sagt. Was in den linken Zeitungen über Angola steht, ist alles erlogen, behauptet er, von einer Unterdrückung der Neger durch die Portugiesen kann nicht die Rede sein, im Gegenteil kann ich bezeugen, daß ein großes zivilisatorisches Werk geleistet wurde von ebendenselben Portugiesen. Wie sich später zeigte, hatte Dr. Sp. nicht nur große Erfahrung im Umgang mit Negern, sondern auch in der Handhabung von Zöglingen.
Fünf Lektionen zu je 45 Minuten am ersten Morgen, in den Fünf-Minuten-Pausen ein gemütliches Beisammensein mit Collega Dr. Sp. und Collega Dr. Sch. im Lehrerzimmer, Reden über das Wetter und die Schüler, in der großen Pause ein Nescafé. Ein oder zwei Stück Zucker? Dann wieder eingetaucht in neue Klassen, die Gesichter verschmelzen zu *einem* großen Schülergesicht. Wie viele Seiten müssen wir lernen aufs nächste Mal, Herr Professor? Wann gibt es die erste Prüfung, Herr Professor? Wie lange bleiben Sie bei uns, Herr Professor? Ich versuche zu erläutern, daß sogar an den Universitäten normale Dozenten sich nicht mehr mit »Herr Professor« anreden lassen, um so weniger ein Kantonsschullehrer, und noch weniger einer wie ich, der nur ein vorübergehender ist. Und ob sie mich nicht mit

dem Familiennamen anreden könnten? Aber es nutzt nicht viel, noch wochenlang werde ich mit diesem wunderlichen Übernamen tituliert. Später erfahre ich, welche Bewandtnis es mit dem Professorentitel in Chur hat. Gegen Ende des 19. Jahrhunderts verlangten die Lehrer eine kräftige Lohnaufbesserung, welche abschlägig beschieden wurde. Statt dessen gewährte man ihnen den Professorentitel, an dem sie heute noch hängen.

Die Schüler erwarten vom Professor, daß er ständig redet oder vorliest. Der Professor steht vor den Schülern wie der Rektor vor den Lehrern. Sie erwarten am ersten Schultag von mir, und manche noch am letzten, daß ich sie füttere wie die Amselmutter die Amselkinder; mit dem Unterschied, daß sie nicht einmal zu piepsen brauchen, bevor ich ihnen das Material in den Schnabel stupse. Bei dieser Art von Schule wird man heiser, und die Schüler begnügen sich mit dem kunstvollen Verschränken ihrer Arme, und nach der fünften Stunde tritt eine rechte Erschlaffung ein. Ich war nicht stark gefördert worden von den Schülern am ersten Schultag in der Einbahnschule. Fast übergangslos war von der altrömischen Christenverfolgung, von Luther, vom Ersten Weltkrieg, von der französischen Aufklärung und von sonst noch irgendwas die Rede gewesen. Zwischen der Christenverfolgung und dem Ersten Weltkrieg fünf Minuten Pause, und fünf Minuten nach der Marneschlacht bereits ein Schluck Voltaire. Wie Kasperlefiguren mußte ich den Kaiser Diokletian, Martin Luther und den General Ludendorff nach dreiviertelstündigem Auftritt in der Rumpelkammer verstecken und eine neue Figur hervorkramen. Liebe Kinder, seid ihr alle wieder da? Ja.

Abgeschlafft und ausgetrocknet ist man nach der fünften Lektion, will sich über die Mittagszeit ein wenig ausstrekken, der Heimweg ins Hochhaus lohnt nicht, weil es um zwei Uhr wieder losgeht, man sucht eine Wiese oder einen Park, um sich hinzulegen, aber die Parks in Chur sind nicht zum Liegen gedacht, der Rasen unbetretbar, als Entschädigung gibt's die Kriegshelden, die man in der Schule behandelt, gleich gegenständlich aus Erz gegossen im Park, der Bündnerheld Benedikt Fontana aus der Kalvenschlacht steht auf dem Sockel und hält mit der einen Hand die Kutteln zurück, die aus seinem spießdurchbohrten Unterleib quellen. Wäre nur der Durchstich ein bißchen tiefer, bei den Eiern, erfolgt, er würde nicht so heroisch die Nüstern blähen. Kann man sich auf einer Bank ausstrecken im Park unter den Blicken des heftig schnaubenden Fontana? Das macht hier niemand. Um zwei Uhr wieder hinauf ins Bergwerk, Einfahrt in den Stollen, scharren, graben, Reden in stille Gesichter hinein, ins große allgemeine Schulgesicht. Wie spricht man die Schüler an? Du oder Sie? Wenn man »du« sagt, sollten sie den Lehrer auch duzen dürfen. Daran werden sich die Schüler in Chur niemals gewöhnen. Also siezt man die Pargätzis, Giovanolis, Calonders, Masügers, Decaspers, Pitschen, Derungsen, Padrutts, Menghinis, Speschas, Polteras, Boners und wie sie alle heißen aus den romanischen, deutsch- und italienischzüngigen Tälern Graubündens. Dabei muß man konsequent sein, auch ganz junge Wuschelköpfe sollen gesiezt werden, damit keine Diskriminierung entsteht gegenüber älter wirkenden Herren, die in der gleichen Klasse sitzen und bei denen das »Sie« nicht schwerfällt.

Am nächsten Schultag geht es nahtlos weiter. Mäuler aufgesperrt, Geschichtstrichter hineingestopft, Geschichte einflößen, Trichter entfernen, Mäuler zu, fünf Minuten Pause, ein oder zwei Zucker, Herr Collega?, neue Vorstellung. In der ersten Lektion schlafen die meisten, in der letzten warten sie aufs Mittagessen. Dazwischen starren sie mich an: Ich bin ihr Fernsehapparat, welcher BEN HUR oder QUO VADIS laufen läßt oder sonst ein Historiengemälde. Einen Dialog mit dem Fernsehapparat gibt es nicht. Wer nicht anfangs döst, konsumiert behaglich und läßt sich in

Bündnerische Geschichte zu Erz geronnen: der Bündner Kriegs-
held Benedikt Fontana

der dritten Viertelstunde einlullen. Die Fleißigen haben ihren mentalen Video-Recorder eingeschaltet, lassen in der nächsten Stunde abspulen, was sie aufgenommen haben. Man nennt es Fleiß: wörtlich den Geschichtsbuchtext herunterschnurren. Das läuft so weiter eine halbe Woche, eine ganze Woche, trüb und eingeschliffen, die Berge sind auch noch da vor dem Fenster, dann reißt mir plötzlich der Film, und eines Morgens, bei klarem Herbstwetter, führe ich eine Publikumsbeschimpfung durch. Ich fordere sie auf, die Geschichtsbücher zu verstecken, ihre Köpfe zu benutzen und bei Androhung von sehr schlechten Noten nichts mehr auswendig zu rezitieren, sondern nur noch zu *denken*, was ihnen selbst einleuchtet. (Dabei fällt mir das Paradoxe auf: ich will die Leute mit Feldweibelgetue zum persönlichen Denken zwingen.) Und jetzt, meine Herrschaften, möchte ich einmal wissen, weshalb ihr eigentlich Geschichte studiert?

Die meisten wissen es nicht, aber einige Köpfe beginnen nach kurzer Pause zu arbeiten, man sieht es deutlich. In einer Handelsklasse kommt die unvergeßliche Antwort: Weil wir müssen. Ein Mädchen in der 7 G, Tochter eines sehr begüterten Advokaten, sagt: Weil ich einen Überblick haben möchte. Auf welcher Höhe befindet sich das Mädchen, daß es an einen Überblick denken kann? Steht sie auf einem fixen Aussichtspunkt und betrachtet den »Strom der Zeiten« (so heißt ein Geschichtsbuch, das in Chur gebraucht wird), der ohne Bezug auf ihr Leben dahinfließt? Das Mädchen sieht nicht, daß sie selbst zur Geschichte gehört, obwohl ihr Vater in Chur seit Jahren Finanzgeschichte macht. In einer fünften Klasse antwortet der äußerst emsige E., welcher manchmal fehlt, denn er hilft dem Vater beim Heuen: Weil ich mitreden möchte. Wo möchte er mitreden? Wenn von Geschichte die Rede ist. In einer technischen Klasse sagt der Maturand R.: Damit wir wissen, wie es weitergeht. Warum kann man das aus der

Geschichte ablesen? Weil sich immer alles wiederholt, sagt der Maturand R. Und die tschechische Emigrantentochter P. antwortet auf die Frage nach dem Sinn der geschichtlichen Studien: Damit wir wissen, wie es die Väter hatten. Die meisten jedoch sagen nichts, schauen verstockt an den Wänden empor, und wenn man ihnen vielleicht doch eine Äußerung wie mit der Geburtszange entrissen hat, dann tönt es so: Weshalb die seltsame Frage? Wenn wir überall fragen wollten, warum wir etwas lernen, hätten wir noch mehr zu tun. Dabei sind wir doch mit Aufgaben schon ganz überlastet.

Nach Abschluß dieser Meditation werden die Schüler gebeten, in den Schulbüchern dort weiterzufahren, wo sie das letzte Mal stehengeblieben sind, und mir in der folgenden Stunde mitzuteilen, ob ihnen der nächste Abschnitt gefällt; sich auch Gedanken zu machen über die Entstehung der Schulbücher, und ob man ihnen vertrauen könne? Der Erfolg war ganz verschieden. Eine sechste Klasse wird aggressiv, will ihr Buch nicht kritisieren, sagt: Dann kommen wir nicht mehr vorwärts mit dem Stoff, wohin führt das, wenn man den Büchern nicht mehr glauben kann? Die dreizehn- und vierzehnjährigen aber von der ersten Gymnasialklasse (oder war es die zweite?), denen der Saft noch nicht abgezapft worden ist, von denen die Hellsten kaum bis zur Matura gelangen, wenn sie weiter so zügellos denken, haben ihren Leitfaden für »Urzeit und Altertum« aufgebröselt, den Text hinterfragt und umgestülpt. Sie begnügen sich nicht mit dem nächsten Abschnitt, haben hinten und vorn das Buch ausgeweidet und bringen ihre Beute in die Schule. Da steht auf Seite 69 unter der Überschrift: »Der Alltag in Athen«, Abschnitt: »Die Handwerker«: »Die Handwerker erhoben sich zeitig, ›denn das macht den Menschen gesund, wohlhabend und geistesfrisch‹ (Aristoteles).« Nun hat es in dieser Klasse Handwerker- und Arbeiterkinder, deren Väter sich immer zeitig erheben und trotzdem nicht wohlhabend geworden sind, in einigen Fällen auch nicht gesund und geistesfrisch geblieben sind, vor allem frühmorgens. Die Schüler selbst, welche oft einen weiten Schulweg haben und um halb sieben aufstehen, weil die Schule um acht beginnt, können an ihrer eigenen Person beobachten, daß die Geistesfrischheit in der ersten Stunde nicht vorhanden ist. Deshalb kommen sie auf die Idee, daß Aristoteles lügt oder mit seinem Spruch eine schmutzige Absicht verfolgt. Vielleicht wollte er die ärmeren Leute in Athen, die notgedrungen schon in der Frühe arbeiten mußten, mit diesem Satz vertrösten? Denn es steht doch fest, daß die Reichen in Athen ausgeschlafen haben und bei ihrer gemütlichen Lebensart gesund, wohlhabend und geistesfrisch waren. Und den Schülern ist auch klar, weshalb der Schulbuchautor Aristoteles zitiert: Damit sie heute in Chur in der Frühe gern aufstehen wie angeblich die alten Griechen.

Die lustige Schlachtung der Philosophen macht nicht bei Aristoteles halt, auch Sokrates wird berücksichtigt, von dem es auf Seite 78 heißt: »Seine Freunde wollten ihm zur Flucht aus dem Gefängnis verhelfen. Aber er wies sie zurecht: Die erste Pflicht des Bürgers sei es, dem Gesetz zu gehorchen. Selbst wer Unrecht leide, sei nicht befugt, das Gesetz zu übertreten. So zeigte er sich bis zum Tode als echter Bürger der Polis. Mit den Worten: ›Die ihr mich rufet, ihr Götter, verleihet mir eine glückliche Reise!‹ trank er ruhig und heiter den Giftbecher aus.« Den Schülern leuchtet nicht ein, warum Sokrates »rufet« und »verleihet« sagte anstatt »ruft« und »verleiht« wie die gewöhnlichen Menschen, vielleicht war er schon betrunken vom Schierlingssaft? Ich muß erklären, daß manche Leute mit Gott in einer besonders feierlichen Sprache reden, weshalb, weiß Gott. Die meisten finden Sokrates ziemlich blöd, im Schulbuch steht, daß er kein Verbrechen begangen hat und auf ungerechte Weise zum Tod verurteilt wurde, warum sollte er also den Gesetzen sich beugen, die von Menschen gemacht sind? Sie lehnen das ab und sagen: Wenn einer so unpraktisch stirbt, muß man seine Philosophie mit Vorsicht anfassen. Ein normaler Mensch macht einen Ausbruchversuch, wenn er im Gefängnis sitzt und auf den Tod wartet, Gesetz hin oder her. Das ist die einstimmige Meinung. Großes Aufsehen erregt auch der Satz von Plato auf Seite 78: »Die rechten Gesetze kümmern sich nicht um das Wohl einer bestimmten Klasse, sondern um das der Gesamtheit der Bürger . . . Dienst am Gesetz aber ist Gottesdienst.« Der Schüler Z., ein Frühzünder und heller Kopf, mit vierzehn schon ein rechter Mann, erzählt, daß sein Vater als Fremdarbeiter von Italien eingewandert ist und jahrelang in der Schweiz keine Bürgerrechte genoß, z. B. kein Wahl- und Stimmrecht hatte, woraus er folgert, daß sein Vater nicht zur Gesamtheit der Bürger gehörte, woraus man wieder folgern könne, daß die Gesetze in Chur nicht recht sind. Ein anderer betont, daß Gottesdienst Gottesdienst und Gesetz Gesetz ist und Dienst Dienst, aber wie Plato darauf verfallen könne, daß Dienst am Gesetz Gottesdienst sei, bleibe ihm durchaus schleierhaft. Das kann auch ich nicht entschleiern. Andere Stellen finden Anklang, wenn auch mit Vorbehalt, so der Hinweis auf den »Sport« auf Seite 80: »Der Sport wurde mit dem Rückgang des Götterglaubens immer mehr zu einem Tummelplatz berufsmäßiger Muskelprotzen. Der anständige Sportsgeist edlen Wettstreits aller Bürger schwand.« Weil eben die Olympiade in München begonnen hat, verstehen die Schüler diesen Satz von den berufsmäßigen Muskelprotzen recht gut. Unerklärlich bleibt jedoch den meisten die Beziehung zwischen Abnahme des Götterglaubens und Zunahme der Muskelprotzen. Ich ergänze, daß nach den neuesten Erkenntnissen der Sportgeschichte in der griechischen Antike nie ein »Sportsgeist edlen Wettstreits aller Bürger« existiert hat, daß die alten olympischen Spiele ganz brutal verliefen,

Augen und Zähne herausgeschlagen wurden und die Konkurrenten sich würgten bis zum Tod, und daß schon die alten Griechen für Geld kämpften, die Sieger mit einer Rente auf Lebenszeit bedacht wurden. Da wird den Schülern die Antike viel begreiflicher, weil sie schon etwas von den Summen gehört haben, welche die Olympiade von München verschlang.

Die Textkritik und der Empiriokritizismus führte in derselben Stunde noch von der griechischen zur römischen Antike, auf Seite 102 fiel den Schülern der Satz auf: »Seit es keine Könige mehr gab, leitete der Adel den Staat. Das übrige Volk wirkte dabei mit.« Was hatte das Volk noch mitzuwirken, wenn der Adel den Staat leitete? wurde gefragt. Wer war zahlreicher, der Adel oder das übrige Volk? fragte ich zurück. War das Volk trotzdem übrig? Gehörte der Adel auch zum Volk, war er ein Teil vom Volk, wie man aus dem Adjektiv »übrig« schließen kann? Wenn tatsächlich beide, Adel und Volk, den Staat leiteten, müßte der Satz umkehrbar sein: »... Leitete das Volk den Staat. Der übrige Adel wirkte dabei mit.« Da mußten viele Schüler lachen, und das Schulbuch war entlarvt.

Einer fand, das Buch namens »Urzeit und Altertum«, Kletts Geschichtliches Unterrichtswerk für die Mittelklassen, Ausgabe C., bearbeitet von O. Seis und E. Stöckl, halte einer näheren Überprüfung nicht stand, und man wolle hinfort auf seine Benutzung verzichten. Damit konnte ich mich nicht einverstanden erklären, enthält doch das Werklein vorzügliches Bildmaterial, welches ich zur Betrachtung weiterempfahl. Justament auf S. 79, wo die oben geschilderten Philosophen behandelt werden, ist eine Philosophenschule abgebildet, der zugehörige Text berichtet: »In der Philosophenschule erklärt ein Mathematiker die Geheimnisse der Kugel, mit denen sich besonders Pythagoras und seine Schüler befaßt haben. Beachte die Perspektive des Hintergrundes!« Beachtet die lockere Haltung der Philosophen, wie sie halb liegen, halb sitzen auf ihren bequemen Polstern, sagte ich den Schülern, in dieser Stellung kann man am besten denken, nur entspannte Leute können richtig denken. Die Schüler der ersten Gymnasialklasse (oder war es die zweite?) erzählen, daß ihr Mathematikunterricht in kaum gelockerter Pose über sie erginge, wobei dann die Geheimnisse der Kugel und anderer Gegenstände ihnen oft verborgen blieben. Seit der Betrachtung dieser Philosophenschule sind sie ein wenig entspannter auf ihren Stühlen gesessen. Um das alte Griechenland und seine Philosophen nicht ganz aus ihren Köpfen zu entfernen, lesen wir miteinander Brechts Geschichte ›Der verwundete Sokrates‹, die folgendermaßen beginnt: »Sokrates, der Sohn der Hebamme, der in seinen Zwiegesprächen so gut und leicht und unter so kräftigen Scherzen seine Freunde wohlgestalteter Gedanken entbinden konnte und sie so mit eigenen Kindern versorgte, anstatt wie andere Lehrer ihnen Bastarde aufzuhängen . . .« Die Geschichte hat großen Erfolg, jede Stunde ein paar Seiten vorgelesen und diskutiert, man muß die Leute nicht zum Lesen zwingen, sie machen sich lustvoll dahinter, und dabei lernen sie ganz ungezwungen wichtige Fakten der Landesverteidigung kennen: ». . . Es war richtig, daß man die Stadt verteidigen mußte, wenn sie angegriffen wurde, da man sonst dort großen Ungelegenheiten ausgesetzt war, aber warum wurde die Stadt angegriffen? Weil die Reeder, Weinbergbesitzer und Sklavenhändler in Kleinasien den persischen Reedern, Weinbergbesitzern und Sklavenhändlern ins Gehege gekommen waren! Ein schöner Grund!« Wir können an Hand dieses sokratischen Textes auch ungezwungen in die Gegenwart abschweifen, das heißt einschweifen, etwa über die Waffenausfuhrverbot-Initiative debattieren, welche in ein paar Monaten zur Abstimmung kommt, und dabei die Interessen der schweizerischen Waffenfabrikbesitzer ein wenig beleuchten. Außerdem lassen sich Funktion und Wert des Kriegsmaterials bei derselben Gelegenheit untersuchen: ». . . Aus dem Nebel sah Sokrates eine kleine Eisenstange geflogen kommen. Ein Wurfspeer! Und dann tauchten, undeutlich im Dunst, vorn massive Gestalten auf: die Feinde. Sokrates, unter dem überwältigenden Eindruck, daß er vielleicht schon zu lange gewartet hatte, wandte sich schwerfällig um und begann zu laufen. Der Brustpanzer und die schweren Beinschienen hinderten ihn beträchtlich. Sie waren viel gefährlicher als Schilde, da man sie nicht wegwerfen konnte.«

So geht das einige Zeit. Immer im Lehrmittel fortgefahren, aber kritisch, die Sätze gewendet und gedreht nach allen Richtungen, den Unsinn herausgeklopft wie Staub aus dem Teppich, das andere benutzt, und daneben Kalendergeschichten von Brecht, schöne Gedichte von Brecht gelesen, in manchen Klassen auch einheimische Schriftsteller herangezogen. Der unverwüstliche Ueli Bräker und seine Beschreibung der Schlacht von Lowositz, wo der arme Mann aus dem Tockenburg das Heer des Preußenkönigs verläßt, weil es ihm nicht gefällt, findet leider nicht halb so viel Anklang wie der verwundete Sokrates von Brecht, vielleicht ist die altertümliche Sprache dran schuld? Oder liegt es am Herausgeber, der alle wüsten Ausdrücke und Kraftwörter aus dem Urtext entfernt hat, weil er ein Puritaner war? Bräkers Text eignet sich weniger gut zur Beleuchtung der Armee als Brechts Geschichte. Einige Schüler können sagen: aus der Preußischen Schlacht davonlaufen ist keine Schande, aber in einem vaterländischen Krieg hätte Ueli Bräker sicher tapfer gekämpft, oder, Herr Professor? Ich bin durch die Frage verunsichert, kann nur darauf hinweisen, daß Bräker nie in die Lage kam, fürs Vaterland zu kämpfen. Ob Bräker als aufgeklärter Weber gegen die französische Armee gekämpft hätte, welche die Revolution ins Land brachte, muß ich allerdings bezweifeln. Etwa die Hälfte, vielleicht zwei Drittel meiner 170 Schüler findet allmählich Geschmack an dieser Art von Geschichte, fängt an zu debattieren, wird aufgekratzt. Ein starkes Drittel bleibt apathisch, will lieber die abgeschmackten Geschichtsbuchtexte serviert bekommen und weiterfahren, wo man stehengeblieben war, um dann wieder stehenzubleiben und im Kreise weiterzufahren. Je älter sie sind, je näher die Matura rückt, desto unreifer werden diese, und sie werden ihre Matura als Höhepunkt der Vergreisung erleben. Sie sehen die Matura, welcher Ausdruck etwas mit »reif« zu tun hat, also mit Denken auf eigenen Beinen, eher als »Abitur«, wie man es in Deutschland nennt, und das bedeutet: »es-wird-weggegangen«, nämlich vom Gymnasium, und dieser Weggang ist das einzige, was sie interessiert, gerade noch durchschlüpfen bei der Matura, damit sie auf die Universität können, und dort wieder möglichst schnell »abschließen«, eine abgeschlossene Bildung haben, um schnell viel Geld zu verdienen. Kann man ihnen verargen, daß sie nur ihre Diplome im Sinn haben, wenn sie auf Diplome dressiert werden und ihnen die Schule so schulisch vergällt wird? Diese siebte Gymnasialklasse zum Beispiel, immer brav und ruhig, fleißig und keimfrei, die Saftigen wurden in den untern Klassen ausgejätet. Die Mädchen aus der Churer herrschenden Klasse, man geht aufs Gymnasium weil es sich gehört, die dort in der zweiten Bank links, ihr Fleisch immer in knapp sitzenden Blue jeans verpackt, und insofern adrett, wird zum achtzehnten Geburtstag ein Pferd geschenkt bekommen, oder die kindergesichtige rechts hinten, hat zum letzten Geburtstag ein Maiensäß erhalten, oder die hübsch Zuversichtliche mit den braunen Haaren, ihr Blick geht an mir vorbei durchs Fenster in die Bergwälder, die wird eine Weltreise machen dürfen, vom Vater bezahlt, wenn sie die Matura besteht. Kein Zweifel, sie werden die Matura bestehen, und ihre Advokatenväter, Ärzteväter, Ingenieurväter, Chefärzteväter, Verwaltungsväter, Treuhandväter, Immobilienväter, Verwaltungsratsväter, Parteiväter werden sie beglückwünschen. Bei denen gehört das Gymnasium zum Alltag, selbstverständlich wie das Zähneputzen. Was weit hinten in Vietnam geschieht, warum Nixon wieder zugeschlagen hat, daß Völker dezimiert und Städte vernichtet werden, läßt sie unbeteiligt, gehört nicht zum Stoff, an ihren langen Schulohren rinnen die Gedanken von Ho Chi Minh und General Giap außen herunter, man könnte ihnen sagen: in der nächsten Viertelstunde wird die Kantonsschule von amerikanischen Phantomdüsenjägern bombardiert, sie würden fragen (wenn sie überhaupt fragten): müssen wir das aufschreiben und aufs nächste Mal auswendig lernen? Nur zwei sind in dieser Klasse, die kommen aus bürgerlichem Haus, haben jedoch mit ihren Vätern gebrochen und sind isoliert. Anders verhält es sich mit der technisch ausgerichteten siebten Klasse, die große Ausnahme unter den älteren Jahrgängen, 7 T, da wird konkret gedacht, ständig gefragt und hinterfragt, Bücher in die Stunde geschleppt, welche sie debattiert haben wollen. Als wir den Landesstreik behandeln (der im Schulbuch nicht vorgesehen ist: es gibt nur eine »Weltgeschichte« von Bösch, welche die Schweizergeschichte ausklammert), bringt Tsch. unaufgefordert Grimms »Geschichte der Schweiz in ihren Klassenkämpfen«. Andere erforschen in alten Jahrgängen der Bündner Zeitungen, ob bei der Rhätischen Bahn auch gestreikt wurde, damals. Es zeigt sich, daß der Landesstreik in Graubünden keine großen Wellen gemacht hat und die Bündner Zeitungen sehr spät über ihn berichteten und sehr gouvernemental. Eine sozialistische Zeitung gab es in Graubünden nicht, gibt es auch heute nicht. Diese siebte technische Klasse ist bei vielen Lehrern unbeliebt. Sie fragt zuviel.

*

In der zweiten oder dritten Woche sind morgens Strömungen und Stromschnellen auf dem Schulweg im bisher ruhigen Schülerfluß zu notieren. Haben Sie schon gehört, Herr Professor, in München die arabischen Gauner, die Olympischen Spiele müssen abgebrochen werden, können wir das in der Schule behandeln? Es wird in der Schule behandelt. Große Empörung über die Halunken, hohe Temperatur wie noch nie bei der Diskussion, das Problem reduziert sich auf die Frage: wird die Münchner Polizei genügend präzise Zielfernrohre haben, um die Palästinenser sauber abzuknallen? Andere Perspektiven tauchen nicht auf, die Schüler lesen den »Freien Rhätier« (freisinnig), das »Bündner Tagblatt« (katholisch-konservativ) und die »Neue Bündner Zeitung« (demokratisch), die sind alle zionistisch bis aufs Blut, am schweizerischen Radio und Fernsehen werden auch keine Hintergründe gezeigt. Die arabische Welt ist den Schülern unbekannt, die jüdische aber nicht, viele haben die Bibel und die Romane von Leon Uris gelesen, manche auch den Film »Exodus« gesehen, er hat ihnen gut gefallen, danke, Paul Newman war rassig, und zeigt nicht der Film bereits, daß die Araber kleine Kinder metzeln? Die Araber werden immer metzeln. Ich höre zu und werde ganz von zionistischer Propaganda begraben, frage dann, ob wir nicht die Geschichte der Staatengründung Israels etwas ausführlicher behandeln wollen? Schon, aber nicht aus einem arabischen Buch, sagt ein Mädchen. Ich kaufe dementsprechend in der Buchhandlung Schuler ein jüdisches Buch, »Israel – Väter und Söhne«, von Amos Elon, der ein Jude, aber kein Hurra-Zionist ist, beschaffe mir auch die Reportagen über den Sechstagekrieg 1967 von den französischen Journalisten Lacouture/Held/Rouleau, erinnere mich an das Buch von Uri Avnery, denke an Amos Oz und andere nichtzionistische Juden, lese ein weniges von Herzl, dem Großvater des Zionismus, und dann sind wir für die nächsten Lektionen gerüstet. In vier Klassen untersuchen wir fortan regelmäßig den Zionismus. Ein wenig Universitätsbetrieb: kurze Vorlesung aus den Büchern, dann Seminararbeiten, Debatte, Kritik an der Vorlesung. Es wird nie langweilig, man muß kaum Aufgaben verordnen. Die Geschichtslektion wird zum Laboratorium. Um die arabische Welt zu erklären, lassen wir die französischen Islamologen Maxime Rodinson und Jacques Bercque zu Wort kommen. Die Reaktion der Araber auf den Zionismus wird den Schülern begreiflich, als wir die Verhältnisse in ihre Heimat übertragen: wie hätten die Bündner reagiert, wenn anfangs des 19. Jahrhunderts jüdische Siedler Land in Graubünden gekauft, kleine jüdische Inseln auf dem Gebiet der drei Bünde eingerichtet, allmählich diese Inseln miteinander verbunden hätten, dann massiv eingewandert wären ab 1944 und einen jüdischen Staat mit jüdischer Staatsreligion aufgerichtet hätten, in welchem die Bündner zu Bürgern zweiter Klasse geworden wären? Der Vergleich hinkt, erwiderte der Schüler M., denn Israel war immer die Heimat der Juden, sie hatten einen Anspruch auf Israel, aber nicht auf Graubünden. In diesem Fall haben die Bündner einen Anspruch auf das Veltlin, welches sie einmal besaßen, das Sie erst zur Zeit Napoleons und nicht zu römischen Zeiten verloren. Aber M. ist hartnäckig, das freut mich, und erwidert: Die Juden haben Israel fruchtbar gemacht, das Land war wüst und leer, als sie kamen, und es soll dem gehören, der es bebaut. Und die bündnerischen Täler, gibt es da nicht Bergbauernhöfe und halbe Täler, welche die Bündner verlassen haben, und trotzdem: würden die eingeborenen Bündner eine jüdische Einwanderung dulden? Sie hatten die Juden, die früher noch hie und da in Graubünden als Hausierer durchzogen, nicht gern gesehen, gaben ihnen kein Niederlassungsrecht im alten Bünden. Wir finden einen historischen Text aus dem 17. Jahrhundert, der den bündnerischen Antisemitismus dokumentiert. Es fallen den Schülern seltsame Verquickungen auf: früher waren die Bündner antisemitisch, heute sind sie zionistisch. Der klassische Antisemitismus wünscht die Juden weit weg von Graubünden, der Zionismus wünscht sie nach Israel, also vielleicht zwei Seiten derselben Medaille?

Auch im Lehrerzimmer kommen die Ereignisse von München zur Sprache. Collega Sp., der ehemalige Missionar aus Angola, kann seiner Empörung nicht genügend Luft machen, wäre daran beinahe erstickt. Collega Sch., an welchem ein catholisch-conservativer Stallgeruch haftet, ist entsetzt über die Schlagzeile einer bündnerischen Zeitung, welche schrieb: »RÜCKFALL INS FINSTERSTE MITTELALTER«. Das ist eine Verunglimpfung des Mittelalters, welches nicht finster war, sagt er. Die Ergebnisse unserer Zionismus-Forschungen kann ich im Lehrerzimmer nicht mitteilen, die Pause ist zu kurz, der Nescafé erkaltet, und Collega Sp. wäre darob noch ganz erstickt. Unter Kollegen muß man sich zurückhalten, bei den Schülern darf man forschen. Auch der Ausdruck »Amerikanische Kriegsmaschinerie«, den eine bündnerische Zeitung gebraucht hatte, ohne dabei die Amerikaner zu kritisieren, gefällt Collega Sch. nicht, dieser Ausdruck verrate eine antiamerikanische Voreingenommenheit. Sch. hat seinerzeit zügig studiert, mit einer Dissertation über ein Barockthema sein Studium »abgeschlossen«, wie der Fachausdruck lautet, und ob er seither noch zeitgeschichtliche Bücher über Vietnam, die Schweiz, den Zionismus oder die Arbeiterbewegung gelesen hat, ist unsicher. Man darf ihm keinen Vorwurf machen. Wenn einer 29 oder 26 Geschichtslektionen in der Woche erteilen muß, bleibt für die Weiterbildung keine Zeit übrig: pro erteilte Lektion eine Stunde Vorbereitung, das ergibt eine 58-Stunden-Woche. Collega Sch. wird übrigens von den Schülern geschätzt, sie finden ihn rassig, man käme vorwärts bei ihm, wisse auch, woran man sei, Sch. gebe sich keine Blöße, habe auf alle Fragen eine Antwort parat. Ein beschlagener Professor. Sch. ist wie viele seiner Kollegen Offizier, vermutlich Hauptmann, vielleicht auch Major wie der Germanist P., man könnte ein wackeres Offizierskorps rekrutieren in der Bündner Kantonsschule, das strategisch außerordentlich heikel gelegene Gymnasium ist im Kriegsfall gut verteidigt, die Schüler-Kadetten werden unter Anführung ihrer Offiziers-Lehrer eine Schulwehr bilden können, obwohl der gegenwärtige Rektor M. weniger kriegerisch sich gebärdet als sein Vorgänger während des Zweiten Weltkrieges. Von diesem erzählen sich die alten Jahrgänge in Chur, er sei nicht selten mit seinem Ordonnanzgewehr am Fenster des Rektoratszimmers gestanden und habe Zielübungen an die gegenüberliegenden Berge vollführt, ohne jedoch zu schießen, und wenn man bei ihm anklopfte, habe man zuerst den Gewehrverschluß knacken hören sowie das Geräusch des Gewehr-Einschließens im Schrank. Das wurde mir von Schülern, welche im Rahmen unserer zeitgeschichtlichen Forschungen die Geschichte der Kantonsschule von Chur behandelten, zu Ohren gebracht. Dabei stützten sich die jungen Historiker auf mündliche Quellen, ein Beleg in den Jahresberichten der Kantonsschule war partout nicht zu finden.

Mündliche Quellen flossen auch zur Geschichte des Zionismus, in der fünften Klasse, wenn meine Erinnerung nicht getrübt ist. Wir wollten je einen Juden und einen Araber aus Chur einladen, damit jeder seinen Standpunkt darlege. Ein niedergelassener Araber konnte in Chur aber nicht gefunden werden, der arabische Krankenpfleger, welcher im Kantonsspital gearbeitet hatte, war weggezogen. Den einheimischen Juden fanden wir in der Person des Herrn David K., welcher im Telefonbuch zwischen Killias und Kind figuriert:

K. David, Berufs- u. Herrenkleider
s'klina Lädali
Montag ganzer Tag geöffnet,
Samstag geschl., Maltesergasse 1
Wenn keine Antwort Whg. Tivolistraße 7

David K., mit einem Hütchen bedeckt, kam eines Morgens durch des Bischofs Weinberg hinaufspaziert ins Konvikt, ein gedrungener Mann bündnerischen Schlags, der sich zur Wandtafel gesellte und historische Sachen ankreidete. Er malte einen Penis an die Tafel, erläuterte die Beschneidung. Er sprach einen körnigen Bündnerdialekt, schien ganz assimiliert und eingebündnert, abgesehen vom Hütchen, das man jedoch als Jägerhütchen und Bündnerhütchen interpretieren konnte. Er sprach enorm viel von Gott und Religion, auf der alle Autorität im Leben beruhe, und wie die Zeitläufte schwierig geworden seien, weil keine Autoritäten mehr herrschen und die Jungen verwildern. Das machte den Zuhörern keinen günstigen Eindruck, weil die Autorität an ihrer Schule noch kräftig blüht, Herr K. schien die Zustände im Gymnasium nicht zu kennen. Herrn K.'s Ansprache brachte mich in nicht geringe Verlegenheit, hatte ich doch versucht, meine Autorität bei den Schülern auszuhöhlen und sie auf die eigenen Beine zu stellen, ihre Autoritätskrücken zu zerbrechen, und jetzt leimte Herr K. sie wieder zusammen und die Schüler sahen mich zweifelnd an. Wem sollten sie glauben, Herrn K., der vom Glauben sprach und in Chur als Rabbiner fungierte, oder mir, der immer vom Wissen sprach? Herr K. erläuterte, weshalb »s' klina Lädali« am Samstag-Sabbath »geschl.« bleibt, und erzählte von den Gebeten, die er als orthodoxer Jude in jeder Lage aufsagt, sogar bei den bescheidensten Verrichtungen wie Stuhlgang usw., das ganze Leben von Gebeten durchwirkt, Herr, der Du die Höhlungen meines Leibes gnädig entleeren willst usw., auch vor jeder Reise ein Gebet, nichts ohne Gebet. Die Schüler kicherten ein wenig, hätten gern etwas gefragt, wagten es augenscheinlich nicht, erst nach der Stunde wurde ich an Stelle von David K. konsultiert: ob die Gebete den Stuhlgang im positiven Sinne beeinflussen? K. sprach auch von der kleinen Churer Judengemeinde, die ohne Synagoge leben muß, ein paar

Dutzend, die sich zum Gottesdienst in den Häusern treffen, und wie der Antisemitismus in dieser Stadt ausgetrocknet sei, abgesehen von wenigen Entgleisungen, und daß ein nicht religiöser Jude kein richtiger Jude mehr sei. Und wie ist es mit Maxime Rodinson, fragte ich, ein berühmter Jude, der sich als Jude fühlt, nicht in die Synagoge geht, marxistisch denkt, den Islam erforscht, den Zionismus bekämpft, die Palästinenser begreift. K. kannte Maxime Rodinson nicht, meinte aber, einen solchen Juden könne er sich nicht vorstellen. Und wie ist es mit Karl Marx, der auch ein Jude war, fragte ein Schüler unverfroren. Wir müssen auch unsere jüdischen Schweinehunde haben, so wie ihr Christen eure Schweinehunde habt, in jeder Religion gibt es schlechte Menschen, antwortete David K. Die Schüler waren verblüfft. Dann war noch die Rede vom Geld, das K. für's gelobte Land sammelt, eine Art von Steuer, welche der Staat Israel bei den Churer Juden einzieht, auch wenn sie nicht dorthin auswandern, und von den verbrecherischen Palästinensern war auch die Rede. Ob es denn kein Verbrechen gewesen sei, als die jüdische Untergrundarmee das Hotel King David in Jerusalem in die Luft sprengte und dabei Dutzende von Unschuldigen starben, ob das weniger kriminell sei als die Entführung von Flugzeugen durch die Palästinenser, und wie es sich mit der blutigen Vertreibung der Araber durch die Israeli verhalten habe, wurde von informierten Schülern gefragt, und Herr K. antwortete: Nein, von Verbrechen könne da nicht gesprochen werden, die Juden hätten sich im Krieg befunden und im eigenen Land . . .
Nachdem Herr K., der in Chur bei ökumenischen Veranstaltungen mit Pfarrern und Pastoren auftritt, im Zeichen der Verbrüderung aller Religionen, gegangen war, stellte sich heraus, daß auch kibbuzbegeisterte, israeltrunkene Schüler nachdenklich geworden waren, viele begriffen jetzt die Araber zum ersten Mal, und die antizionistischen

Äußerungen wurden so heftig, daß ich sie dämpfen mußte. Auch verstand niemand den Gebetsdrang und die fromme Art von Herrn K., und ich mußte erklären, daß David K. und Leute seines Schlags in Israel die Minderheit bilden, daß es in jeder Religion Formalisten gibt, daß Herr K. viel mehr autoritäre Bündnerhaftigkeit an sich hat als klassisches Judentum, weil er so gut in Chur assimiliert ist, kurzum, ich mußte das Judentum vor Herrn K. in Schutz nehmen. Ich erzählte von meinen jüdischen Freunden in Paris, die jüdisch sind auf andere Art, und für Herrn K.'s Ansichten wenig Verständnis hätten. Wenn ich mir den Revolutionär Krivine vorstelle, oder den rotschöpfigen Cohn-Bendit, nicht auszudenken, sagte ich, wie sie in dieser Schulstunde reagiert hätten. Aber die Schüler kannten weder Alain Krivine noch Daniel Cohn-Bendit.

*

Spazieren in Chur, Einkehren in Wirtschaften, welch schülerstrotzende Stadt, man entgeht den Schülern nicht, die Schüler beobachten die Lehrer, die Lehrer beobachten die Schüler, die Stadt als Fortsatz der Schule, Grüß Gott Herr Professor! Das Privatleben und die Familienverhältnisse der Lehrer sind den Schülern nicht verborgen, Scheidungsgeschichten machen die Runde, Bettgeschichten, Ehedramen, die Kommentare sind unbarmherzig. Die Schüler bemitleiden die Lehrer, die Lehrer beargwöhnen die Schüler. Chur ist übersichtlich. Wenn man abends um neun Uhr aus dem Wochenende in Chur einfährt, ist Chur tot. Gespenstisch sauber gefegte Straßen, die Churer in die Häuser gefegt, Familienleben hinter die Mauern gekehrt. Auf den Trottoirs gelbe Fußstapfen von Kinderfüßen, hingemalt vom Verkehrsverein Chur, wenn man den Füßchen nachgeht, erlebt man einen Rundgang an die bedeutendsten Punkte der Stadt. Um diese Zeit gibt es nur noch Denkmäler und Monumente auf den Plätzen und einen steifen

Herbstwind, der nach Schnee riecht. Die Berge, schwarz und aggressiv, drücken nachts auf die Stadt, die Einkesselung ist ihnen gelungen, die Churer warten auf den Bergsturz, bald wird Gras über die Stadt wachsen, die Churer proben die große Stille, und nachts ist es jetzt schon so still wie im bergellischen Städtchen Plurs, das vom Berg zugedeckt wurde im sechzehnten oder siebzehnten Jahrhundert. Die Archäologen werden Chur ausgraben, durch tiefe Geröllfelder hindurchstechen, unter den Gesteinsmassen kommen die Wirtschaften und ihr Inhalt zum Vorschein, im Restaurant Süßwinkel eine Runde Kantonsschüler, in Säuferpose erstarrt, gefrorenes Bier in der Gurgel, im gediegenen »Sternen« das Hinterzimmer im Stil eines Bündnerstübchens, darin ein Rudel von Lehrern, die Germanistiker-und-Historiker-Fachschaft, welche den Bildungswert des Lateinischen hochhält, eine Flasche Veltliner auf dem Tisch. Als ich sie dort eines Abends in der Zeit vor dem Bergsturz reden hörte, tönten sie wie Mumien in längst verschollenen Sprachen. Der erste lobte das Latein und seinen Ewigkeitswert, den kein anderes Bildungsinstrument ersetzen könne, und wenn die Schüler nach siebenjähriger Lateintränke nicht fähig sind, den einfachsten Text spontan zu genießen, weil sie über die Grammatik stolpern, aber auch über das Vokabular, so spricht das nicht gegen das Latein, sondern gegen die Schüler. Wohin kämen wir, wenn wir es drauf ankommen ließen, ob die Schüler Lust an der Sprache haben, sagte der zweite, das Latein ist nicht zum Genießen da, sondern zum Erziehen. Und der dritte sprach von Amerika, das so tief heruntergekommen ist, weil dort das Latein in den Gymnasien nicht mehr herrscht, die bringen auch keine rechten Wissenschaftler mehr hervor, müssen Europäer importieren, die noch lateinisch gebildet sind, und auch die Kulturlosigkeit in Amerika rührt vom Lateinmangel. Der vierte brachte das Gespräch auf jene Churer Schüler, die mit dem »American Field

Service« für ein Austauschjahr in Amerika die Mittelschule besuchten und von dort, wie er sagt, sehr frech zurückgekommen sind, man sollte keine mehr nach Amerika schikken, ach das lateinlose schreckliche Land, wo man den Respekt vor Schulautoritäten verliert, da sieht man, wohin man kommt mit dieser Art von Erziehung. Die da so sprachen, waren noch nie in Amerika und wissen alles über Amerika. An Amerika stört sie die Lateinlosigkeit, nicht der Imperialismus oder Nixons Vietnamkrieg. Der fünfte sagte: Kennt ihr den *Tages-Anzeiger* und das *Tages-Anzeiger-Magazin*? Die Woche über anständig und gemäßigt, aber am Wochenende wird die Zeitung rot, dann schreiben alle linken Vögel dort drin, wißt ihr, in dieser Wochenendbeilage, die mit den Bildern. So sprachen die Mumien und tranken Veltliner in kleinen Schlucken.

Mit etwas Glück werden die Archäologen auch das Betriebsreglement einer zweiten Gymnasialklasse ausgraben, das in den siebziger Jahren des zwanzigsten Jahrhunderts im Gebrauch war, und werden sich fragen, ob vielleicht das Gymnasium der Kaserne gegenüber lag, und ein Reglementsaustausch über die Gasse stattfand, obwohl alte Stadtpläne die Kaserne weit entfernt in Richtung Domat-Ems verzeichnen:

Wichtiges zum Deutschunterricht:
Merkblatt

1. Heftführung
   a) Jede Heftseite (und jedes Arbeitsblatt) hat innen (bzw. links) einen schmalen und außen (bzw. rechts) einen breiten Rand.
   b) Überschrift: links oben, allg. Aufgabe: rechts oben: Datum, nächste Zeile Mitte: Titel. – Bei Einzelblättern steht der eigentliche Titel links, Name und Klasse unter dem Dat.

c) für jedes Kapitel und jeden Aufsatz beginnen wir eine neue Seite.

d) Korrekturen: Ungültiges 1 x mit dem Lineal durchstreichen und am breiten Rand richtig schreiben, Ergänzungen größeren Umfangs am Schluß der Arbeit anbringen (entsprechende Nummer dorthin setzen, wo die Ergänzung hingehörte).

2. Verbesserung

Fehler am schmalen Rand numerieren.

Immer den vollständigen Satz schreiben. Zu Beginn des Satzes die Nummern der in diesem Satz vorkommenden Fehler hinsetzen. Die korrigierte Stelle unterstreichen (Lineal!) Für jede Zeile neuen Satz beginnen. Am Schluß jedes Satzes die vernachlässigten Satzzeichenregeln in Stichworten vermerken. Diese Stichworte einklammern ... usw.

Ein Blick auf die Personalakte des Lehrers wird den Archäologen weiterhelfen: er war Offizier und hat seine Kasernenerfahrung organisch ins schulische Betriebsreglement übertragen. Vielleicht wird von den Altertumsspezialisten auch erforscht werden, wie es um die Bildung und Weiterbildung der Lehrer im alten Chur bestellt war, und man wird herausfinden: die Lehrer machen eine erste große Anstrengung an den Universitäten, um den Doktorgrad zu erlangen, eine zweite Anstrengung, bis sie definitiv an der Schule installiert sind (man nannte das »gewählt werden«), gewählt aber wurden sie nur, wenn sie dem Schulgeist sich anpaßten, und nach der Wahl waren sie von ihren Stellen nicht mehr entfernbar ein Leben lang; eine Leistungsprüfung für Lehrer oder einen Ansporn für Weiterbildung hatten sie nicht, die Besoldung entwickelte sich auch unabhängig von ihren Fähigkeiten. Im antiken Chur ging das Sprichwort um: Ein Professor müßte direkt die Frau des

Rektors vögeln und/oder ein Flugzeug entführen, damit er seine Stelle verlöre, einen andern Entlassungsgrund gibt es nicht. Darüber wird ein Staunen unter den Archäologen sein: daß die Lehrer dieser Schule, wo die Schüler so unnachsichtig benotet wurden, keinem qualitativen Leistungszwang unterlagen und keine Fortbildung ihnen abverlangt wurde, und niemand sie benotete.

✻

Im Konvikt oben wurde unser Geschichts-Labor weiter ausgebaut. Eines Tages schwenkte der Sechstkläßler C. von weitem ein Exemplar des »Bündner-Tagblatts« in der Luft, wedelte damit auch in der Schule, so daß die Aufmerksamkeit empfindlich gestört wurde und die Analyse der Metternich'schen Außenpolitik darunter litt. Ich beschlagnahmte das Exemplar und las, unter dem Titel: »Unangebrachte Gefühlsduselei«, diesen Text:

»Die St. Galler Freisinnigen haben am Wochenende, wie berichtet, die Wiedereinführung der Todesstrafe für Geiselnahme gefordert. Diese Forderung unterstützen wir vorbehaltlos. Und es ist nicht daran zu zweifeln, daß bei einer Volksabstimmung eine derartige Vorlage angenommen würde. Es hat keinen Zweck, darüber zu jammern, daß Gewalt und Erpressung immer härtere Formen annehmen. Gewaltanwendung ist zur Krankheit unserer Zeit geworden und es ist dringend notwendig, unser Strafrecht den Gepflogenheiten der Mörder und Erpresser anzupassen. Nun schreibt die »Neue Bündner Zeitung« in ihrer Glosse zum Tagesgeschehen von gestern, es dürfe nicht vorkommen, daß »das Verbrechen der Geiselnahme nach dem im modernen Strafrecht glücklicherweise überwundenen Grundsatz Aug' um Auge, Zahn um Zahn, mit der Todesstrafe . . . gesühnt werde«.

Darum geht es gar nicht. Strafrechtlich gesehen handelt es sich nicht um den Grundsatz Aug' um Auge, sondern um eine angemessene Bestrafung. Und das Verbrechen der Geiselnahme rechtfertigt die schwerste Bestrafung. Es handelt sich nicht, wie die NBZ meint, um »einen durch nichts zu rechtfertigenden Rückfall in mittelalterliche Strafmethoden«. Es geht um die Anpassung der Normen des Strafrechts an die heutige Gesinnung. Schon in den ersten Semestern lernt der Student an der Universität, daß eine Strafe sowohl Vergeltung des begangenen Unrechts als auch Mittel der Abschreckung vor weiteren Untaten sein soll. Wohin wir mit unserer Gefühlsduselei gekommen sind, ist sattsam bekannt. Vom abschreckenden Charakter einer Strafe haben gewisse Kreise offenbar nie etwas gehört. Wenn wir weiterhin so human mit den Erpressern sein sollten, wäre das zum Beispiel eine Einladung an die Kreise der Baader-Meinhof-Gruppe in Deutschland, die verhafteten Gangster durch Erpressung herauszuholen und mit einigen Millionen zu verschwinden. Hier geht es nicht um den Grundsatz Aug' um Auge, sondern um angemessene Bestrafung und gleichzeitige Abschreckung. Das wollten offenbar auch die St. Galler Freisinnigen, und sie haben völlig recht.« (Bündner Tagblatt vom 14. Nov. 1972).

Der Artikel, öffentlich in der 6. Klasse verlesen, vertrieb Metternich aus der Schulstunde. Es wurde mit Handmehr beschlossen, den Grundsatz Aug' um Auge anzuwenden und einen Brief zu schreiben, den wir im Namen der Klasse gemeinsam ausarbeiteten, signierten und dem Redaktor Sch. sandten. Der Lehrer unterschrieb ebenfalls, hatte bei der Abfassung aber nur leichte Formulierungshilfe zu leisten. Es wurde eine gelungene Schulstunde, und der Brief lautete:

Sehr geehrter Doktor und Volksgenosse Sch.!
Da wir schon seit längerer Zeit Ihre scharfsinnigen
Kommentare im Bündner Tagblatt mit steigendem
Wohlwollen verfolgen, und da wir neidlos anerken-
nen müssen, daß sie zum Besten gehören, das im
bündnerischen Journalismus produziert wird, und
insbesondere Ihren markig-träfen Kommentar zur
Wiedereinführung des Kopfabschneidens geschätzt
haben, möchten wir Ihnen beiliegend einige weitere
Vorschläge, im Hinblick auf eine gesunde völkische
Gemeinschaft, offerieren. Wir schlagen vor, daß:
– Redaktoren, die sich um diese völkische Gemeinschaft besonders verdient gemacht haben, als Führer von KZ's vorgesehen werden, in denen rausch-
  giftgefährdete Jugendliche interniert sind;
– Redaktoren, die hinter ihrem Schreibtisch hervor
  sowohl Krieg in Vietnam, als auch im Libanon
  geführt haben, mit dem amerikanischen Orden
  »Purple Heart« dekoriert werden;
– für andersdenkende Redaktoren die Präventivhaft
  eingeführt wird;
– Redaktoren, die mit der von Reichsmarschall
  Göring verliehenen Nahkampfspange gegen Flug-
  zeugentführer und Terroristen ausgezeichnet werden, außerdem noch in den Genuß einer vom
  Bündner Regierungsrat ausgesetzten lebensläng-
  lichen Rente kommen sollten; (. . .)
– zwecks energischer Bekämpfung jedweder Flugzeugentführung auf dem Territorium der drei
  Bünde ein neues Departement geschaffen wird,
  nämlich unter Regierungsrat Schöbi. Und zwar
  das »Departement zur energischen Bekämpfung
  jedweder Flugzeugentführung auf dem Territorium der drei Bünde«. (Dep. z. e. B. j. F. a. d. T. d.
  d. B.);

– dieses Departement einen Posten alter Guillotinen in Frankreich günstig erstehen soll. Falls vergriffen, wird sich ein Elektrogeschäft zur Herstellung eines elektrischen Stuhls bereit erklären. Falls aber auch das nicht möglich sein sollte, schlagen wir die Erstellung eines funktionstüchtigen Galgens in gediegenem Eichenholz auf dem Rosenhügel vor. Empfangen Sie, sehr geehrter Gauleiter Sch., unsere tiefe Zuneigung. Heil Sch.! PS: Im Sinne einer gesunden Ämterkumulation schlagen wir vor, den Volksgenossen Sch. auch mit dem Amt des Henkers zu betrauen.

Kopien des Schreibens, das von allen unterzeichnet war, weil sie alle kreativ bei seiner Abfassung mitgewirkt hatten, gingen an die Bündner Zeitungen und an den »Blick«. Der Adressat Sch. hat nicht geantwortet, auch keine andern Reaktionen trafen ein.

*

Allgemein kann man feststellen, daß der Geschichtsunterricht in den letzten Wochen immer mehr zum Quellenstudium und zur Quellenkritik sich entwickelte. Geschichte, so hatten wir es gemeinsam definiert, ist unsere politische Umwelt: wie sie entsteht und vergeht, wie man sie verändern kann, weil sie veränderbar ist. Wir mußten also von Sachen ausgehen, welche für mich und die Schüler konkret-persönlich erfahrbar sind, mußten die Zustände zurückbuchstabieren, den Motor ihrer Bewegung aufdecken, lauter Mikroanalysen auf überblickbarem Raum durchführen. Was sollte ich ihnen die »Bündner-Wirren« und Jürg Jenatsch und die ewigen Louis toujours (14., 15., 16. Ludwig) um die Ohren schlagen? Wie sollten sie Jürg Jenatsch, den weit entfernten begreifen, wenn sie den Regierungsrat XY und seine relativ bescheidene Machtpolitik nicht verstanden, obwohl diese vor ihren Augen stattfand? Weshalb vom altrömischen Sklavenaufstand des Spartakus und von der Negersklaverei in Amerika erzählen, wenn sie die Zustände in der Holzverzuckerungsfabrik von Domat/Ems nicht kannten und keine Beziehung zu den neurömischen Arbeitskräften hatten, welche auch in Chur sehr zahlreich sind? Wenn sie solche Strukturen, die sich vor ihrer Nase zeigten, die hörbar, riechbar, ansprechbar waren in ihrem Chur, ein wenig begriffen hatten, konnte man später von Spartakus und Jürg Jenatsch erzählen, bitte, warum denn nicht, aber nicht umgekehrt. Von den Besitzverhältnissen und Machtverhältnissen in Chur, einer antiken Stadt in mancher Beziehung, führte ungezwungen ein Weg zur Politik des Senats von Rom, und vom Geldadel und der Plutokratie in Graubünden, die den Staat leitet – das »übrige« Volk wirkt dabei mit – hat man sogar einen Zugang zu Kletts geschichtlichem Unterrichtswerk für die Mittelklassen, Ausgabe C., bearbeitet von O. Seis und E. Stöckl. Geschichte als Sammelsurium und Raritätenkabinett, als Datenprotzerei und Königsanhäufung, Schlachtensammlung und Verfassungsfriedhof, das wollte uns nicht gefallen, lenkte nur ab vom konkreten Leben. Geschichte als fertiger Text gefiel uns auch nicht, wir wollten sehen, wie der Text entsteht, die Geschichte einer Sache aus selbst erschlossenen Quellen entwerfen, wir wollten kochen, nicht nur essen, und den meisten gefiel es in der Küche besser als im Salon. Mit aufgeklärten statt geschichtsverkleisterten Hirnen und ganz locker wurde von einzelnen Klassen untersucht: Die Geschichte der Churer Kinos, die Geschichte von Hasch- und Heroingenuß in Chur (und anderswo), die Entstehung der Waffenausfuhrverbots-Initiative, die Geschichte der Bodenspekulation in Laax, und lauter so Geschichten. Während anfangs unsere Geschichtsstunden funktionierten wie die Pressekonferenzen von Pompidou sel., wo die Arme in die Höhe schnellten wie bei einer Leibesvisitation durch die Polizei und der

Lehrerpräsident gnädig das Wort erteilte (Pompidou war Gymnasiallehrer gewesen, bevor er Bankier wurde), wurde *mir* in hochentwickelten Klassen, nach einiger Anlauf- und Warmlaufzeit, von den *Schülern* das Wort erteilt, wenn sie meinen fachlichen Rat wünschten. Ich wurde zusehends gefördert von den Schülern, sie trugen Material zusammen, das ich auf den eigenen Armen nicht herbeischleppen konnte. Sie sahen mehr als ich, kannten ihre Stadt besser.

So ergab die Analyse der Churer Filmgeschichte von 1915 bis 1970, daß kaum eine Entwicklung der Filmtitel stattgefunden hatte. Während 1915 im Kino »Quader« Filme liefen wie »Max als Hühneraugenoperateur« und »Wenn man beim Lieben schüchtern ist« und »Fabrikmarianne« und »Die neusten Kriegsnachrichten«, wurden 1970 gezeigt: »Pfarrer Iseli«, mit Ruedi Walter und Ines Torelli, »Die jungen Löwen« (Kriegsfilm), »Zwischen Beat und Bett« oder »Spiel mir das Lied vom Tod« mit Charles Bronson. Kurz nach der Eröffnung des Quaderkinos erlebte Chur ein filmisches Großereignis. Es wurde der Film »Quo vadis« mit Orchesterbegleitung gezeigt. Die Eintrittspreise schwankten zwischen einem und vier Franken. Der Besitzer des Kinos »Rätus« teilte der Schüler-Untersuchungskommission mit, daß die Churer Filmkritiker »kaum etwas Schlechtes sagen können über die Filme und meist abschreiben, wenn sie die Filme überhaupt besuchen«. Einen Kritiker habe er »eigenhändig hinausgeworfen, weil er ständig dasselbe Wort gebrauchte in seinen Filmkritiken«. Direkte Fragen nach Einkommen und Gewinn wurden von den Kinobesitzern als zu indiskret nicht beantwortet. Ein Schüler von der Untersuchungskommission schrieb in seinem Bericht: »Das läßt schließen, daß die Kinobesitzer doch recht gut verdienen. Ärmere Leute geben nämlich ihr Einkommen ohne weiteres an.« Man stieß auch auf Polizeischikanen, »die Polizei suchte bis vor kurzem während der Vorstellung die Kinos nach

den unter 16jährigen ab. Man hofft, daß der neue Stadt-
präsident sich kinofreundlicher zeigt.« Der neue Stadtprä-
sident ist ein ehemaliger Kantonsschullehrer, gehört zum
Landesring, galt als progressiv bis er gewählt wurde, und
macht jetzt Politik wie irgendein andrer Politiker. Im
Kommissionsbericht hieß es auch: »Alle Kinobesitzer ver-
wiesen auf Herrn Turnes, der das ›Rex‹ führt und Präsident
des Bündner Kinoverbandes ist, als kompetenten Mann und
konnten so die Beantwortung der meisten Fragen auf ihn
abwälzen. Er scheint auch der einzige Kinobesitzer zu sein,
mit dem man reden kann.« In Chur gibt es vier Kinos –
Quader, Rhätus, Apollo, Rex –, der Bau eines fünften Kinos
in Chur wurde durch das Bundesgericht verhindert, nachdem die Untersuchungen des Lichtspieltheaterverbandes
und des Regionalen Kinoverbandes betreffs Bau eines weiteren Kinos in Chur »negativ« ausgefallen waren. Manche
Kenner behaupten, ein fünftes Kino hätte sich vor allem
negativ auf die Kassen der vier bestehenden ausgewirkt,
aber positiv auf die Programmgestaltung in Chur, die gar
nicht schlechter sein könne. So lernten die Schüler, am
Beispiel von Kinobau und Filmverleih, einige Machtver-
hältnisse kennen.
  Die Geschichte der Rauschgifte in Chur ergab weitere
Lichter zur Erhellung von Chur. Die meisten Schüler kannten den Unterschied zwischen der Schädlichkeit von
Heroin und Haschisch nicht, was mir bedenklich schien.
Wenn sie nämlich Hasch genossen und feststellten, daß er
ziemlich harmlos war, jedenfalls nicht halb so gefährlich,
wie er ihnen von den Autoritäten geschildert worden war,
und wenn gar nichts passierte nach dem Haschen außer
einem leichten Trip, dann glaubten sie auch nicht mehr an
die Gefährlichkeit des Heroins, nahmen es und kamen in
den Schlamassel. Einigen in Chur war es so ergangen. In
unserem Untersuchungsbericht hieß es: »Im Mai wurde die
Öffentlichkeit erstmals offiziell über den im April in Chur

aufgeflogenen bzw. ausgehobenen Rauschgift-Ring orientiert, in welchen bisher ungefähr 75 Personen verwickelt sind. Nun wird der Kreisgerichtsausschuß demnächst eine erste Gruppe von Angeklagten aburteilen...« (Der Bericht stützte sich auf Artikel der einheimischen Presse aus dem Jahr 1969). Ein ehemaliger Drogengenießer, der mit dem Kantonsschüler F. bekannt war, kam in die Schule und erzählte von seinen Erlebnissen, wie er sich den Hasch in Zürich geholt hatte und mit einer Gruppe von Musikern zusammen ausflippte. Auch traf er im Café »Teria« eine junge Dänin, die ihm Hasch anbot. Später, nachdem er »süchtig« war, seine kaufmännische Lehre aufgegeben, durch ganz Europa getrampt war und von Straßenmalereien gelebt hatte, kam er wieder nach Chur, traf im »Teria« die Jesus People, welche diese Beiz unterdessen bevölkerten, und wurde in den Jesus-People-Keller eingeladen, wo es ans Beten ging und das Haschen aufhörte. Er läßt Fotos in der Klasse zirkulieren: »Vorher« und »Nachher«, als er noch haschte und musizierte, war er langmähnig gewesen, seit er sich zu den »Jesus People« bekehrte, trägt er militärisch kurzgeschnittene Haare. Wir finden, daß er zur Zeit des Haschens besser ausgesehen hat als jetzt mit seinem Bürstenschnitt. Das hat er nicht erwartet, sein Schuß ging hinten heraus. Heute trinkt er vor allem Tee. Die Frage wird gestellt, ob nicht die langweiligen Churer Abende und die jugendfeindlichen, steinbockigen Stadtbehörden, die zwei tödlich-bürgerlichen Dancings mit den teuren Getränken es soweit gebracht haben, daß die Jugend sich in die Keller zum Haschen verkriecht? Ich muß die Frage offen lassen, kenne Chur nicht gut genug. Abschließend erzähle ich vom Heroinumschlagplatz Marseille, wie ich ihn 1971 auf einer Reportage erlebte, beschreibe die Heuchelei der französischen Politiker, welche einerseits mit großer Entrüstung den Kampf gegen die Heroinhändler betreiben, und andererseits mit dem Heroingroßhändler-Milieu auf mannigfache Art verquickt und verfilzt sind, erzähle auch vom Geld, das mit Heroin verdient wird und sich in den Schweizer Banken verschanzt. Die Schüler finden das spannend. Und ob nicht die Schweizer Politiker vielleicht ähnlich gewickelt seien? Ich muß die Frage schon wieder offen lassen. In Chur tauchten Rauschgifte übrigens zur selben Zeit auf wie die neuen Wohntürme und die häßliche Betonkantonsschule.

Nachdem im Laufe der Woche einiges aus unserm Geschichtslabor durchgesickert war, wurde ich unruhig, weil·die Schulleitung nicht eingriff, obwohl verschiedene Eltern über die Forschertätigkeit ihrer Kinder bestürzt waren. Sie hatten plötzlich so komische »Aufgaben« zu erledigen: Rauschgift, Fremdarbeiter in Chur, Kinogeschichte . . . Der Rektor kam dann aber doch zu einem Schulbesuch ins Konvikt hinaufgeschnauft. Er kam unangemeldet in der Fünf-Minuten-Pause, wie ein Revisor in die Darlehnskasse, ich mußte mich heimlich bei der fleißigen Elsa R. erkundigen, wo wir im Buch stehengeblieben waren. Elsa sagte: vor der Bartholomäusnacht. Also führte ich die Bartholomäusnacht auf. Wir waren ja, wie gesagt, im Buch regelmäßig »weitergefahren«, hatten nur immer die Hälfte unserer Stunden der Quellenkritik reserviert gehabt. Der Rektor in seiner breitschädeligen, kurzbeinig-stämmigen Art setzte sich in die hinterste Bank, verschränkte die Arme, wie es die Schüler anfangs in meinen Lektionen gemacht hatten, sagte kein Wort, wie früher die Schüler, notierte hin und wieder etwas auf ein Blatt Papier, starrte mich durch dicke Brillengläser an, notierte immer schneller, rieb sich zweimal das Kinn, scharrte kurz mit den Füßchen. Seine Anwesenheit wirkte als Frost, die Schule gefror, die Schüler wurden mumifiziert, und die allgemeine Kälte schlich auch mir in die Glieder, ich mußte einen Monolog halten, wurde heiser, niemand von den Schülern wollte mich unterbrechen wie sonst, es wurde ein klassi-

scher Unterricht. Ich mußte die Bartholomäusnacht aus
dem Ärmel schütteln, ließ den Admiral Coligny ermorden,
holte dann etwas weiter aus, sprach von den Protestanten
in Frankreich, von Herbert Lüthys Buch »La Banque pro-
testante en France«, von dieser Minderheit, die einmal ver-
femt war und beinahe ausgerottet wurde und dann später,
nach der von Napoleon angeordneten Emanzipation, einen
großen Nachholbedarf entwickelte, in der Verwaltung, in
der Diplomatie und im Bankgeschäft arrivierte und heute
in Frankreich unverhältnismäßig viele Druckposten
besetzt. Ich erzählte auch von den protestantischen Bauern
in den Cevennen, die arm geblieben sind, vom Außenmini-
ster Maurice Couve de Murville, der so tut als ob er nicht
reich wäre, von seiner diskreten Art und seinem zerknitter-
ten, kalvinistisch gefältelten Gesicht mit dem Ausdruck
eines beleidigten Cocker-Spaniels, und wie wir ihn mit
einer Equipe vom Pariser Studio des Zweiten Deutschen
Fernsehens gefilmt hatten für unsern Film über die Französischen Protestanten. Ich versuchte eine Brücke zu den
Juden zu schlagen: ehemals verfolgte Minderheiten müssen
brutal werden, um sich durchzusetzen, vergessen die Ver-
folgungen durch den Staat von früher und werden staats-
treu, brutal und unterdrückerisch, wobei im gleichen Maße
wie sie reüssieren, die echte Religion einer Anbetung des
Staates Platz macht, einer perversen Staatsverehrung. Bei
dieser Stelle kratzte sich der Rektor ein drittes Mal am
Kinn. Nach dem Läuten verschwanden die Schüler, der
letzte schloß die Tür, und ich war mit dem Eiskasten
namens M. allein im Zimmer. M. sagte vorerst nichts,
strahlte nochmals deutlich Kälte aus. Dann sagte er: »Sie
haben brillant an der Sache vorbeigeredet, angekündigt als
Stoff war die Bartholomäusnacht, davon haben wir fast
nichts gehört. Sie sind aus dem 16. ins 20. Jahrhundert
ausgewichen.« M. bemerkte noch, er sei kein Historiker,
und er müsse seine Eindrücke notieren, damit er mir eine

Referenz schreiben könne, wenn ich je meine Lehrertätig-
keit belegen wolle. Dann verschwand er. Ich nahm mir vor,
M.'s Unterricht nächstens zu besuchen und zu bewerten,
falls ich einmal seine pädagogische Brillanz beschreiben
müßte, führte aber diesen Plan nicht aus.

Die Schüler wollten in der nächsten Stunde wissen, wie
mich der Herr Rektor benotet habe, ich sagte: als einen
brillant-an-der-Sache-Vorbeiredenden, in-die-Gegenwart-
Ausweichenden. Sie verlangten, daß ich in Zukunft noch
mehr in die Gegenwart ausweiche, sagten, der Rektor kon-
trolliere nie die Schulstunden der etablierten und etwas
langweiligen Lehrer, nur die jungen würden mit diesen
Visiten beehrt. Tröstend forderten sie mich auf, als Beglei-
ter auf ihrem Schulausflug zu erscheinen. Die Wanderung
ging ins Puschlav, beim Schüler P., dessen Großvater ein
Weinhändler ist, kamen Blutwürste und Tranksame auf
den Tisch, abends wurde getanzt, ich hielt Mädchen in den
Armen statt immer nur Bücher. Es wurde unschulisch-
menschlich, die Natur war entzückend, die letzten Reste
von Lehrerhaftigkeit wurden mir ausgetrieben. An einem
Bergbach beim Picknick fragten sie mich, auf Moospolstern
sitzend oder bequem hingestreckt, wie man die Schule verbessern könnte. Ich schaute in den Puschlaverhimmel und
sagte zögernd: Wie eine schlechte Fabrik, indem ihr streikt.
Die Lehrer können gar nichts machen, wenn ihr einfach
klassenweise stundenlang ruhig dahockt und keiner tut das
Maul auf, keiner schreibt etwas auf, versucht es doch,
Einigkeit macht stark, und meldet eure Forderungen an.
Sie waren aber skeptisch. Von einem schwachbenervten
Lehrer erzählten sie, er sei, als eine Klasse lärmig war, auf
das Fenstersims gestiegen, habe ausgerufen: Wenn jetzt
nicht Ruhe wird, springe ich aus dem Fenster! Ich empfahl,
in dieser speziellen Lage mit dem Lärm unbedingt weiterzufahren, insbesonders, da der betreffende Collega höchst
unbeliebt war, und ihm seinen Todeswunsch zu erfüllen.

So verstrichen die Tage von Chur, still und ausgefüllt. Mit manchen Schülerinnen und Schülern hätte ich gern fraternisiert, unter menschlichen Verhältnissen hätte diese oder jene eine Freundin werden können, da saßen ganz eindrückliche Mädchen auf den Schulstühlen; aber das wäre Unzucht mit Abhängigen gewesen, der Kreisgerichtsausschuß hätte eingegriffen, der gedrungene Rektor wohl auch. Einige Kollegen hatten sich immerhin an Schülerinnen herangemacht, aber erst nachdem sie die Schule maturiert oder sonst diplomiert verlassen hatten. Vor der Matura nennt man es Unzucht, nachher nennt man es Heirat. Da ich versuchte, die Schülerinnen (und Schüler) nicht abhängig zu machen und ihnen die Liebe, wenn sich Gelegenheit bot, als eine gute Sache, nicht als Unzucht, schilderte, wäre der Unzucht-mit-Abhängigen-Paragraph wohl im strengen Sinne nicht anwendbar gewesen. Wo hört die Sympathie des Lehrers für die Schüler auf? Und die Sympathie der Schüler für den Lehrer? Ohne Sympathie kann ihnen nichts vermittelt werden. Man muß sie also lieben. Und die Liebe hat verschiedene Formen, das sagen auch die Pfärrer und Pastoren von Chur auf ihren Kanzeln, die Liebe ist reichhaltig, ausdauernd, geduldig, stark, allverzeihend, umfassend, großzügig usw., wie Paulus schon betont hatte. Man darf die Schülerinnen und Schüler zwar mit Noten und militärischer Langweile quälen, da greift kein Staatsanwalt ein, man darf ihre Seele unzüchtig kujonieren und drangsalieren, aber allzusehr lieben darf man sie nicht. Man darf sich anhimmeln lassen, die Abhängigen auf seine Person fixieren, erotisch-sadistische Spannung erzeugen auf der Notenfolter, das ist juristisch-materiell nicht erfaßbar wie das Streicheln einer Haut. Man darf sie zu Automaten, Drehorgeln, Objekten machen. Man darf herrschen als Lehrer in dieser Schule. Von seelischen Schäden und psychologischer Aufklärung scheint man wenig zu halten. Als ich in Lehrerkreisen zur Diskussion stellte, ob man nicht das Latein- durch ein Psychologiestudium ersetzen könnte, hieß es: Das wäre ja gelacht, die Schüler beschäftigen sich ohnehin zu stark mit ihren seelischen Problemen. Eben deshalb, sagte ich. Der Rektor, bei vielen Schülern beliebt (»än lässige Tscholle«, auf Bündnerisch), weil er im Unterricht gut plazierte Witze anbringt, hat auch ein witziges Verhältnis zur Psychologie, lockerte den Lateinunterricht, wie mir Schüler erzählten, einst mit der Bemerkung auf: »Wär isch d'Schwöschter vom Psychanalieseli? S'Skyzovreneli!«

Postscriptum

Noch das Abschiedsfest, von der 7 T in einem Atelier geliefert, schöne Platten, Veltliner, wilde Musik, Schülerinnen, die jetzt, einige Stunden nach meiner allerletzten Schulstunde, keine Schülerinnen mehr sind, umfassendes Fraternisieren, Anreden mit Vornamen, Normalisierung, Tanzen und Streicheln, Näherkommen und Lachen, die Lehrerhaut ist abgestreift, ich darf mich entpuppen. Dann noch die Entgegennahme der Entschädigung auf dem Rektorat, 3800,– Franken pro Monat, soviel verdient man als sogenannter freier Journalist nicht, und wünschen wir ihnen viel Erfolg in ihrer weiteren Tätigkeit. Abschied von Chur. Einige Wochen später, in Frankreich hatte schon der Wahlkampf begonnen, erhielt ich vom ehemaligen Schüler Sch., der sich an jenem Atelierabend in einen Freund verwandelt hatte, diesen Brief:
Lieber Nick, das gediegene Städtchen Chur gedeiht üppig. Es werden die letzten noch verfügbaren Reserven an Grünem aufgeboten, um diesem Wachstum zu genügen. Wie ich gehört habe, soll die ja so schön restaurierte Altstadt in eine Geschäftsstadt umgewandelt werden, da sich sonst die Restaurierungsko-

sten nicht amortisieren würden. Mit andern Worten, der Stadt Chur soll auch noch der letzte lebbare Nerv gezogen werden. In meinen Augen die größte Dummheit und die größte Fehlkalkulation seit dem Bau der Kantonsschule. In unserer Schule gabs da letzthin ein Podiumsgespräch betreffend Schulreform. Mitwirkende unser hochverehrter Rektor M., Professor B. und einer, dessen Namen ich vergessen habe. Ich war leider nicht anwesend, so kann ich Dir nur mitteilen was ich gehört habe. Der Herr Dr. Rektor M. habe über alle Maßen brilliert mit Unsinn, was in Anbetracht des Themas nicht verwunderlich ist. (Du kennst unsern Rektor ja!) Ich werde versuchen, Näheres herauszufinden. Leider ist es mir nicht möglich, über irgendwelche agitatorischen Tätigkeiten zu berichten, da keine solchen mir zu Ohren gekommen sind. Abgesehen davon, daß die Atelierfeste berühmt-berüchtigt sind und unter Polizeiaufsicht stünden, wie man mir berichtete, ist mir keine andere Sauerei bekannt. Einen speziellen Gruß von Rupp und von der gesamten 7 T, herzliche Grüße, Dein Sch.

Auch andere Briefe kamen im Laufe der Monate. Collega Kl., der einzige Duz-Collega von einst, plauderte aus der Schule:

Lieber Nicolas, bei uns haben die Ferien soeben begonnen; ich kann Dir deshalb das nötige Informationsmaterial zukommen lassen: ich schreibe alles durcheinander und überlasse Dir die Sorge, Wichtiges von Unwichtigem zu unterscheiden. Das beste Dokument ist wahrscheinlich die neue Fassung der Schulordnung, die ich beigelegt habe. Weiters liegen einige Protokolle und andere Mitteilungen bei. Wie Du siehst, nehmen die Abschnitte »Schuldisziplin« (römisch elf) und »Strafen und andere Maßnahmen«

(römisch zwölf) zusammen am meisten Raum von allen Abschnitten der »Schulordnung für die Bündner Kantonsschule Chur« ein. Interessant sind oft die Mitteilungen betr. Schülerdisziplin, wenn es darum geht, daß Schüler nicht rauchen, liftfahren oder schneeballwerfen dürfen. Beim Schneeballwerfen ergeht jeweils im Winter eine Mitteilung der Schulleitung an die »Herren Kollegen Terrassenbesitzer«. Vom Traktandum »Türschilder« haben wir ja schon gesprochen, bekanntlich wurde lange darüber debattiert, ob auf den Türschildchen »Herr Professor«, »Herr Doktor«, oder der Familienname stehen solle, oder alles zusammen. Das war ein wichtiges Traktandum. Stark in Wut brachten mich die letzten Notenkonferenzen, vor allem die von E. B. geleitete. Wenigstens vier Mal gab er in der Konferenz den Lehrern – »besonders den jüngeren Kräften« – den Rat, doch mal in bestimmten Klassen mit den Noten etwas herunterzugehen, »damit die Kerle da mal merken, wer hier bestimmt«. Dieses Allerweltsrezept hatte durchschlagenden Erfolg: Einige Lehrer steigerten sich in eine regelrechte Hysterie, wobei sie versuchten, sich in negativem Urteil über gewisse Schüler zu übertreffen. Waren dann diese Urteile besonders humorvoll formuliert, wurde das mit schallendem Gelächter quittiert. Und ganz nebenbei ging noch eine Unterschriftenliste herum ... »Petition für eine starke Armee«, sie wurde fleißig unterschrieben. Das Schulfest ist auch ein Kapitel für sich. Vor 1 Monat ging es los mit den Besuchstagen. Wie ich erfahren konnte, zogen die meisten Lehrer eine regelrechte Show ab: vom Alltagsleben in der Schule (Zweck der Besuchstage) konnte keine Rede sein. Dazu kam noch eine Ausstellung, die von der chem. Industrie (vor allem) kräftig finanziert wurde. Einige

Schüler reagierten heftig darauf und verteilten am zweiten Besuchstag Flugblätter, auf denen sie gegen die »Umfunktionierung« der Besuchstage protestierten. Ich habe leider keines mehr; aber auf Wunsch kann ich vielleicht noch eines auftreiben. Hier noch zwei kleine Sachen, die mir gerade einfallen: bei der letzten Konferenz wurden zum 1. Traktandum 2 Schüler eingeladen, deshalb ließ der Rektor das Protokoll der vorhergehenden Konferenz erst verlesen, als die Schüler nicht mehr da waren. – Eine schöne Sitte pflegt ein Lateinlehrer: genau mit dem 2. Läuten (Beginn der Stunde) schließt er seine Türe mit dem Schlüssel ab und kann dann die zu spät Kommenden das nächste Mal nach »Einheitstarif« bestrafen. Bünzli-Typen wie er sind Mitglieder der Kommission »Mittelschule von morgen«. Etcetera Etcetera Etcetera. Vive la répression!

Und von einem ehemaligen Schüler, der zu den Aufgewecktesten gehörte, jedoch Schwierigkeiten mit Lehrern hatte, kam auch ein Brief:

Lieber Niklaus, . . . meiner Meinung nach kommt der von mir einst viel geschmähte »Freie Rhätier« im Vergleich mit der »Neuen Bündner Zeitung«, was die Auslandsmeldungen betrifft, besser weg. So begann die letztere ihren Artikel über die Freilassung der ersten Amerikaner mit dem sinnlichen Spruch: »Wir danken Gott . . .« (gemeint waren wahrscheinlich Nixons Bomben), im »Rhätier« war hingegen zu lesen: »Kriegsgefangenenaustausch hat begonnen«.

Nach einer Flut von ungenügenden Deutschnoten wurde das Klima bei X. immer unpersönlicher. Da er jedoch, wie er uns sagte, auf ein gefreutes Klima weder verzichten konnte noch wollte, hat er seine Pädagogie geändert und ist entschieden auf dem Weg zur Besserung. Auch seine Noten haben zum größten

Teil das bei Deutschlehrern (von denen böse Zungen behaupten, sie bildeten zusammen mit den Romanisten den geistig leicht angeschlagenen Teil des Lehrkörpers) übliche Niveau: meist 3,5 oder 4,5 erreicht. Auch verzichtet er in letzter Zeit aufs Auswendiglernen. Das einzige Unrecht, das er momentan mit überraschender Konsequenz verfolgt, ist, daß er die Mädchen bevorzugt, aber Du bist sicher auch der Meinung: Diese prüden Geschöpfe haben auch das Recht auf wenigstens diesen einen Verehrer.

Was mir aber weit mehr mißfällt, ist die geistige Haltung der meisten Kantonsschüler, zu der sie während diesen sieben Jahren in Deinem geliebten Bergwerk erzogen werden. So ist z. B. in meiner Klasse, seit Du gegangen bist, außer dem »Sport« wieder jede Zeitung aus der Mode gekommen. Auch an jeder politischen oder kulturellen Veranstaltung, wie Vortrag, Theater, oder anspruchsvoller Film, findet man prinzipiell keine Kantonsschüler. Wenn man dann einen fragt, wieso er sich nicht interessiere, so ertönt auf gut Churer Deutsch etwa folgende Antwort: »Freiwillig, du spinsch jo, das git doch kai Nota, oder?« Um diese inflationäre Geisteshaltung noch mehr anzuheizen, hat die hochwohllöbliche Schulleitung beschlossen, den alljährlichen Theaterbesuch auf ein Stück pro Klasse, letztes Jahr noch zwei, zu beschränken. Grund: Der Theaterdirektor hat den Preis der Schülereintrittskarte um einen Franken erhöht, und das scheint das letzthin von 120.– auf 150.– heraufgesetzte Schulgeld dieser humanistischen Schule nicht zu ertragen. Auch die Probleme der Dritten Welt stoßen auf völliges Desinteresse. (Hier hat der Briefverfasser offensichtlich Collega Sp., den Geschichtslehrer, Religionslehrer und Konviktvorsteher, vergessen, welcher an missionarischen Negerproblemen

durchaus interessiert bleibt. Er fährt dann fort:)
Der Grund für diese Apathie liegt vor allem am Unterricht der Lehrer, die einfach ihren Stoff durchbringen wollen und jede Reaktion des Schülers unterbinden. Was etwelche Details betrifft, so will ich Dir einiges über Deinen hochgelobten C. berichten. Seit er wieder zurück ist, doktern wir an der Bündnergeschichte und den Hexenprozessen herum. Seine Einleitung lautete etwa so: im Ausland wird man oft auf Jürg Jenatsch angesprochen, und da gehört es sich für einen Kantonsschüler, daß man etwas darüber zu berichten weiß. In den folgenden Stunden floß das Blut in Strömen – die Ereignisse und Entwicklungen, die dazu führten, waren unwichtig. Die Antworten auf unsere Fragen begannen meist so: »Ich kann diese Frage schon beantworten, muß aber darauf achten, nicht viel Zeit zu verlieren.« Dieser einschläfernde Unterricht und die Tatsache, daß C. in Sachen Gegenwartsgeschichte immer auf die 7. Klasse vertröstete, weshalb wir uns gar nicht um den Ausbau der Geschichte des Antisemitismus bemüht haben. Herzliche Grüße und auf ein baldiges Wiedersehen, Dein F.

Manche Schüler kamen nach Paris, oft rudelweise in den Ferien, wir konnten die Geschichte des Judentums in meinem Quartier, wo arabische und jüdische Semiten friedlich miteinander die Straße bewohnen, fortsetzen bei einem Glas Wein in der »Bar Oriental« oder im Kabylenrestaurant. Und oft haben wir dabei die antike Stadt Chur erwähnt, welche weit hinten in Graubünden durch einen Bergsturz von Noten, Schulordnungen, Reglementen und Disziplinarmaßnahmen begraben wurde, in grauer Zeit.

Gespräche mit Broger
und Eindrücke aus den Voralpen

Die ersten Spuren der Anwesenheit von Menschen im Gebiet des Alpsteins führen ins Wildkirchli. In den zwei geräumigen Höhlen des Ebenalpstocks hatten seit dem 17. Jahrhundert Waldbrüder eine Eremitenklause und ein Kapelltürmchen erbaut. Bei baulichen Veränderungen im 19. Jahrhundert traten seltsame Knochen und Zähne zutage. Besucher nahmen solche Andenken mit. So gelangten einige Zähne ins Naturhistorische Museum St. Gallen, bis Naturforscher erkannten, daß die Zähne nicht von gewöhnlichen Braunbären, sondern von der längst ausgestorbenen Art des Höhlenbären stammten. Die Hoffnung war verlockend, einmal ein vollständiges Skelett dieser Tierart finden zu können.
»Appenzeller Geschichte« von Pater Rainald Fischer, Walter Schläpfer und Franz Stark (1964)
Alles Leben strömt aus Dir, alles Leben strömt aus Dir.
Appenzeller Landsgemeindelied (Ausserrhoden)

Der 24. Oktober 1916, der Tag, an dem Broger Reimund Georg, des Emil, Zeichner, und der Josefa Louisa geb. Heeb, geboren wurde. Wie sah die Welt an diesem Tag aus? An diesem 24. Oktober wurden im Inseratenteil des »Appenzeller Volksfreundes« Maurer, Handlanger und Zim-

91

merleute gesucht »für 56 Cts. Stundenlohn«. Unter »Danksagung« konnte man lesen: »Für das zahlreiche Leichengeleite unseres innigstgeliebten Gatten, Großvaters, Schwagers und Vetters Karl-Anton Knechtle, genannt Friedliskalöni, alt Armenvater, danken die tieftrauernden Hinterlassenen.« Herr Böhi vom Schäfle empfahl »Lungenmus auf morgen mittwoch von 10 h an aus der Küche«. Bei Jos. A. Dähler, Hütten, »steht ein währschaft guter Ziegenbock von guter Abstammung zum Züchten bereit«. Von einer »bedeutenden Wäschefabrik« wurden »tüchtige Handstickerinnen gesucht«. Unter »Ausfuhr!« war vermerkt: »England-Kolonien-Übersee, Schweizer Firmen, erweitern Sie Ihr Absatzgebiet durch Maurice Steinmann; Contractor to the British Government. Agenten in allen Ländern.« Friedhofgärtner Adolf Lohrer, Ziel, teilte »hochachtend den werten Einwohnern von Dorf und Land mit, daß ich jeweilen nach Schluß der Missionspredigten betr. Gräberbestellungen auf dem Friedhof zu treffen bin«. Und Postfach 4145 St. Gallen »nimmt Aufträge von Firmen, welche in Zahlungsschwierigkeiten geraten sind, für Erwirkungen von Stundungen und Durchführung von Nachlaßverträgen an«.

In diese Welt wurde der hineingeboren, den die Eltern aus Bewunderung für den französischen Politiker Raymond Poincaré Raymond nannten. Nur am Rande vermerkt der »Appenzeller Volksfreund« vom 24. Oktober 1916, daß es eine Kriegswelt war, die Heeresgruppe des Generalfeldmarschalls von Mackensen hat trotz strömendem Regen, bei aufgeweichtem Boden, in unermüdlichem schnellen Nachdringen vereinzelten Widerstand brechend, die Bahnlinie östlich von Mufketar weit überschritten, steht unter der Rubrik »Kriegspost«, und Josef Keller von der Konsumhalle Appenzell inseriert nicht nur für Russisches Lederöl, Papierkrägen und -brüste, Zichorien, Lampengläser, Glaubersalz und Leinsaat, sondern auch für Armeekonserven. Aber das beherrschende Ereignis dieses 24. Oktobers war die Ermordung des österreichischen Ministerpräsidenten Graf Stürgkg, die Kugel ist, den Kopf durchquerend, am Vorderhaupt ausgetreten, die zweite Kugel ist in der Mitte der Stirn in den Kopf eingedrungen und im Schädel steckengeblieben. Der rechte Augapfel des Toten ist stark vorgetrieben.

Weil wir die alten Jahrgänge des »Appenzeller Volksfreundes« schon zur Hand haben und weil diese Zeitung eine große Bedeutung im Leben des Raymond Broger hat und Broger eine große Bedeutung im Leben dieser Zeitung, blättern wir weiter. Am 31. Januar 1933 steht geschrieben: »Nun hat Adolf Hitler doch erreicht, was er schon lange angestrebt hat. Nun liegt es an Hitler zu beweisen, daß er noch mehr als ein großes Maul hat.« Am 18. Februar 1933 unter »Sonntagsgedanken«: »Wir haben die volle Überzeugung, wenn hinter der Krisis der Arbeitslosigkeit nicht die Gottlosigkeit steckte, gingen wir wieder besseren Zeiten entgegen. Aber die Führung der internationalen Gottlosenbewegung sehen in dem darbenden, hungrigen Arbeitervolk bestgeeigneten Boden für ihre Gottlosensaat, sie hetzen das Volk auf gegen Gott und Religion, gegen Kapital und Besitz.«

Am 8. Juni 1933: »Wir konnten uns bisher weder für das Hitlertum noch für das bunte Gewirr der Fronten in der Schweiz erwärmen. Wenn wir aber die ungeratenen Buben, wie alte Tanten und Großmütter, mit blinder Nachsicht behandeln statt mit der Haselrute, dann werden uns die Jungen und Unverbrauchten, vom Humanitätsdusel nicht Angehauchten einmal sagen müssen, wo und wie wir anzupacken haben, um unsere Gesellschaft und unsern Staat in letzter Stunde zu retten vor der moskowitischen Seuche.«

1933 war Raymond Gymnasiast bei den Kapuzinern und ein Leser des »Appenzeller Volksfreundes«. Später wurde er Chefredaktor dieser Zeitung und wachte über die historische Kontinuität des Organs. Wir können gleich bis 1968 durchblättern. Am 13. Januar heißt es: »R. B. – In Amerika scheint sich jetzt ruckartig allgemein die Ansicht durchzusetzen, daß es keine Alternative zum harten Kampf in Vietnam gibt, wenn Südvietnam nicht verraten und Südostasien dem Kommunismus preisgegeben werden soll.« Am 19. März 1968 lesen die Appenzeller im »Appenzeller Volksfreund« (Amtliches Publikationsorgan für den Kanton Appenzell Innerrhoden): »Frankreich ist in Gefahr, durch Kommunismus, Anarchie und Diktatur unterwandert zu werden.« Von Rudi Dutschke heißt es: »Die wohl hirnverbrannteste Idee dieses linksextremen Rädelsführers – auf seine außerstudentischen Wahnideen erübrigt es sich einzugehen – ist die Idee der Gründung einer reaktionären Anti- Universität.« Unter dem Foto von Dutschke und Teufel steht die Legende: »Beim Anblick dieser zottigen Gesichter mag man an den Vers Heinrich Heines denken: ›Denk ich an Deutschland in der Nacht, werd' ich um den Schlaf gebracht.‹«

*

Frisch und zottig aus Frankreich eingetroffen, welches der kommunistisch-anarchistisch-diktatorischen Unterwanderung wieder einmal knapp entronnen war, erschien ich am 7. April bei schlechtem Wetter in Appenzell. Broger war mir als innerrhodische Saftwurzel geschildert worden, als appenzellische Landesgottheit, als politischer Alpenbitter. Ich hatte ihn noch nie agitieren sehen, und so war denn die Hoffnung verlockend, einmal einen vollständig erhaltenen Konservativen aus der Nähe betrachten zu dürfen. Ich hatte auch gehört, Appenzell Innerrhoden sei in Gefahr, durch Brogers Autokratie, Ämterkumulation und Demagogie unterwandert zu werden. Ich war neugierig. Um den Kontakt zu erleichtern und die sterile Interviewsituation zu umgehen, hatte Broger vorgeschlagen, ich solle das

Wochenende mit ihm in seiner Berghütte verbringen, dort könnten wir essen und trinken zusammen und auf die Landschaft blicken und einfach »rede mitenand«.

Brogers waren schon gerüstet, als ich gegen Mittag in ihrer einfachen Appenzeller Residenz eintraf, er ein gewaltiger Brocken in Bundhosen hinter dem Schreibtisch in seiner Studierstube, sie mit den beiden Hündchen beschäftigt. Die Hündchen heißen Belli und Gräueli, während die Frau von ihrem Mann mit dem Kosenamen Lumpi gerufen wird. In einem NSU Ro 80 ging es in Richtung Gonten, ab Kassette strömte das Violinkonzert von Beethoven durch den Autoinnenraum. Dabei mußte ich sofort an den rauhbeinigen Alex aus dem Film »Clockwork Orange« denken, welcher von Beethovens Musik zu Gewalttaten verleitet wird. Dank dem Fahrkomfort des Fahrwerks glitten wir sanft am Kloster »Leiden Christi« vorbei, wo Broger Klostervogt ist. Auch in Wonnenstein, Grimmenstein und Mariae Engel ist er Klostervogt. Alle Räder sind einzeln aufgehängt und abgefedert, Radfederung und Radführung sind sauber getrennt, Stabilisatoren stemmen sich gegen die Kurvenneigung. Ein richtiges Senatorenauto. Je schneller, desto geräuschloser, sagte Frau Boger, am leisesten bei 180 km/h. Irgendwo hinter dem Jakobsbad war die Fahrt zu Ende, der regierende Landammann zog den Zündschlüssel heraus, Beethoven brach mitten in der Kadenz zusammen.

Der Aufstieg begann. Die beiden Hündchen wurden ganz närrisch bei den vielen Wildspuren. Im Sommer kann der Landammann auf einem geteerten Sträßchen bis zu seiner Berghütte hinauffahren. Das Sträßchen wurde von umliegenden Bauern in Fronarbeit geteert (nicht dem Landammann zuliebe, sondern damit die Straße wetterfest wurde für ihre landwirtschaftlichen Gefährte). Wir stapften durch den Schnee in die Höhe, angeführt vom Landammann, Ständerat, Klostervogt, Ombudsmann der Versicherungen, Präsidenten der schweizerischen Gruppe für Friedensforschung, Buttyra-Präsidenten, Präsidenten der Landeslotterie, Delegierten im Vorstand der Ostschweizerischen Radiogesellschaft, Vorsitzenden des Großen Rates, Vorsitzenden der Landesschulkommission, Präsident des Eidg. Verbandes für Berufsberatung, Vorsitzenden der Bankkommission, Vorsitzenden der Anwaltsprüfungskommission, Mitglied der Jurakommission, Delegierten im Verwaltungsrat der Appenzeller Bahn, Vorsitzenden der Landsgemeinde, Mitglied der außenpolitischen Kommission des Ständerates, Mitglied der Drogenkommission. Dieser ging voran mit dem Rucksack. Er ist noch rüstig, macht einen kolossal massigen Eindruck.

Eine knappe halbe Stunde, dann standen wir vor der Berghütte auf dem Schneckenberg (die Gegend wird auch Naas genannt). Ein Appenzeller Heimetli, für 70 000 Franken einem Bergbauern abgekauft, der hier oben kein Auskommen mehr hatte und jetzt zufrieden von den Zinsen in Gontenbad drunten lebt, sagt Broger. Die drei Töchter des Bergbauern seien tagtäglich frühmorgens zur Bahnstation hinuntermarschiert und immer pünktlich in der Fabrik in Urnäsch zur Arbeit angetreten, in vorbildlicher Pünktlichkeit nie zu spät gekommen in all den Jahren. Dieses Heimetli mag eine Berghütte gewesen sein, als der alte Besitzer noch hier lebte. Heute ist es ein Brogerhorst geworden, frisch renoviert, mit einem Anbau, die Telefonleitung hat man über mehrere Tobel führen müssen. Es gibt Elektrizität hier oben, Heizung, elektrifizierte Petrollampen, fließendes Kalt- und Warmwasser, Badezimmer, Weinkeller, Tiefkühltruhe. »Entschuldigen Sie bitte die Unordnung, wir haben gerade die Arbeiter im Hause gehabt«, sagt Frau Broger. Ich sehe aber keine Unordnung. Im Sommer wollen die Brogers ein paar Schafe kaufen, das paßt zum Heimetli, den Stall gibt es ja noch. Sobald der Schnee weg ist, wird vermutlich die Standeskommission hier oben ihre wöchentliche Sitzung abhalten, Broger wird

Ständerat Broger vor seiner Berghütte auf dem Schneckenberg

es jedenfalls den Herren vorschlagen, sie werden sich wohl nicht sträuben. Die Standeskommission ist der innerrhodische Regierungsrat.

Da waren wir also und sollten anderthalb Tage miteinander leben. Jagdgewehr und Jagdhorn hingen griffbereit an der Wand, in dieser verschneiten Abgeschiedenheit wären die Schüsse ungehört verhallt. Willkommen auf dem Schneckenberg! In der Bibliothek stand auch eine Jagdanweisung, »Lockende Jagd« von Louis Hugi. Broger ist ein bekannter Jäger. Auf der Jagd liest er Horaz, auf lateinisch, wenn er nicht gerade schießt, sagt seine Frau. Odi profanum vulgus et arceo, ich hasse das gemeine Volk und halte mich ihm fern. Wichtig bei Horaz ist der Rhythmus. Mein Mann geht nie in die Wirtschaften und läuft den Leuten nicht nach, die Leute nehmen ihn, wie er ist, oder sie nehmen ihn nicht. Bei der Jagd übrigens, obwohl er im Gehen liest, trampt er nie in ein Loch, kommt nie zu Fall, mit eigenartiger Sicherheit geht er über alle Unebenheiten hinweg, sagte Frau Broger, eine geborene Elmiger aus dem Bernischen, und ging in die Küche, wo sie den Zmittag richtete. Broger (Betonung auf der ersten Silbe, mit kurzem, offenem o) zündete ein Feuer im Kamin an. Jetzt fühlte man sich wie in einem Heimetli. Blick auf eine lieblich-rauhe Landschaft, unverbaut dank Broger, der das innerrhodische Baugesetz schon 1963 schuf. Die Landschaft wird ihm erhalten bleiben. Er hat eine einfache Landschaft vor seinen Fenstern gewünscht, kein Wunderpanorama, das sich die Gäste zu loben verpflichtet fühlen.

Im Anbau das Kaminzimmer mit Schaukelstuhl und Renaissancestabelle, altem Tisch und enorm vielen Büchern, nochmals Bücher wie schon drunten im Studierzimmer in Appenzell. Schwarz eingebunden die sämtlichen Bände der »Summa Theologica« des Thomas von Aquin. Er kennt sich gut aus darin, hat alle Bände gelesen und wieder gelesen. Dann Richard Wurmbrand: »Blut und Tränen«, Dokumente zur Christenverfolgung in kommunistischen Ländern, und Guttenberg: »Wenn der Westen will«. Auch Werke des Dominikanerphilosophen Bochenski, den er »guet« findet, und ein wenig Mitscherlich, den er »nöd so guet« findet. Aber auch ein Buch von Jean Lacouture über Ho Chi Minh. Und ein Buch über »Wallensteins Ende«, nebst Hunderten von andern Büchern. Vorherrschend die konservativen Ideologen wie Edmund Burke (»Über die Französische Revolution«). Marx sehe ich nicht in der Bibliothek, nur ein Buch über Marx: »Der rote Preuße«. Broger findet es »sauguet«. Den Anarchisten Proudhon (Taschenbuch) findet er »sehr intelligent, aber unannehmbar«. Wir kommen uns näher.

Broger im Polsterstuhl vor dem Kaminfeuer, den »Bayernkurier« lesend, dann den »Rheinischen Merkur«. Die Scheiter knacken. Der Vorsitzende der Standeskommission, der Chef der Handelsregisterkommission, der Vorsitzende der Nomenklaturkommission, der Delegierte in der Stiftung für eidg. Zusammenarbeit, der Vorsitzende des Stiftungsrates »Pro Innerrhoden«, der Kommissär für Entwicklungshilfe, der Vormund. Zum Beispiel ist er Vormund des appenzellischen Ausbrecherkönigs Dörig, genannt »der Chreeseler«, der eben jetzt wieder nach einem neuerlichen Ausbruch und frischen Raubüberfällen gefaßt wurde. Er kümmert sich um den »Chreeseler«, hat ihm beim letzten Besuch in der Strafanstalt gut zugeredet. Auch um die Entwicklungshilfe kümmere er sich, sagt seine Frau, da habe er Ansichten wie die linksten Linken. Wirklich? sage ich und sehe Brogers etruskischen Schädel hinter dem »Bayernkurier« verschwinden.

Broger am Eßtisch. Ein gewaltiger Schlinger und Einverleiber. Da geht allerhand Fleisch hinein in diesen Koloß, Fleisch zu Fleisch. Bis die dreißig oder fünfzig Vorsitzenden, Delegierten, Beisitzer, Präsidenten und Vorsteher abgespeist sind: das dauert eine Weile. Ein Wein wird

kredenzt, aber nicht der appenzellische Landsgemeinde-
wein und Krätzer Marke »Bäremandli«, sondern ein sehr
guter französischer, den ich in Frankreich noch nie getrunken habe, nur für den Export bestimmt. Zwischen Biß und
Schluck tischt Broger ein bißchen Politik auf, erzählt von
Furgler, zwar ein guter Freund von ihm, aber gräßlich
ehrgeizig, und wie kann man bloß seinen Ehrgeiz darein
setzen, Bundesrat zu werden in einem Land wie der
Schweiz, wo die nationale Exekutive so wenig Macht habe
und dies bißchen Macht erst noch kollegial verwalten müsse. Wenig Macht im Vergleich zum französischen Staats-
präsidenten. Das wäre ein Posten, für den er sich erwärmen
könnte, da würde der Ehrgeiz sich lohnen. Weil er nun aber
eigentlich wenig Ehrgeiz habe, könne er sich eine Gelassen-
heit leisten, müsse nicht ständig aufpassen mit seinen Äußerungen und drauf schauen, daß er wiedergewählt werde,
und taktisch jedes Wort abwägen. Er rede frei heraus und
wisse sich im Einklang mit den Innerrhödlern, wenn er mit
seinem Gewissen in Einklang sei. Auch am Fernsehen
könne er sich nicht verstellen, und darum komme er so gut
an, weil er vergesse, daß er am Fernsehen rede, deshalb sei
er nicht verkrampft. Es kommt ihm alles ganz natürlich.
Er ist ein konservativer Spontangeist. Während er so zu
mir spricht, habe ich den Eindruck, er rede zu einem
größeren Fernsehpublikum. Oder spricht hier der Landammann zum Ombudsmann? Broger spricht wie einer, der
sich seiner Macht sicher ist, der kraft göttlichen Rechts oder
kraft mystischen Einklangs mit der innerrhodischen Volks-
seele an der Macht sein muß – obwohl er erst seit 1960 in
der Regierung ist und eine ohnmächtige Zeit durchgemacht
hat, als die Innerrhödler »än Zockerbeck« statt Broger in
den Ständerat schickten. Wann aber ist Broger im Einklang
mit seinem Volk? Sobald die »Loscht« ihn treibt, etwas zu
»gestalten«. Politik muß »loschtig« sein, sonst interessiert
sie ihn nicht. Und die Abwesenheit von »Loscht« ergibt

dann eben die verkrampften Politiker, die sich vor Ehrgeiz zerreißen. Einen kenne er, der seine Sache auch mit Lust getrieben habe, das sei der Bundesrat Schaffner gewesen, ein sehr enger Freund von ihm und hochbegabter Staatsmann. Auch voll Arbeitslust wie Broger, der minimal 60 Stunden pro Woche arbeitet. Auch nicht einzuordnen in eine Parteidisziplin. Wie Broger, der zwar zur CVP-Fraktion der Bundesversammlung gehört, jedoch »nie an eine Parteiversammlung geht«.

Am Nachmittag, bevor Ratschreiber Breitenmoser dem Landamman die Akten in den Brogerhorst hinaufbringt, damit er die Sitzung der Standeskommission für Montagmorgen vorbereiten kann, kommt die Rede noch auf Mitterand. Ich erzähle, wie Mitterand mir viermal ein Interview zugesagt hatte und viermal das Versprechen brach, bevor ich ihn beim fünften Mal erwischte.

Der Tisch ist jetzt abgeräumt, es liegen nur noch Serviettenringe mit Appenzeller Motiven und eine Zündholzschachtel mit Alpaufzug auf dem Tisch. Mitterrand sei völlig unfähig, ein Land wie Frankreich zu leiten. Wenn er nicht einmal ein Interviewversprechen einhalte, wie hätte er da seine Wahlversprechen halten wollen? Gott sei Dank habe die Volksfront die Wahlen nicht gewonnen. Broger mit aufgestützten Ellenbogen, den churchillartigen Kopf vom Pflümliwasser gerötet, satt zum Himmel blinzelnd, hier einen Prankenschlag, dort ein Zwinkern. Schnell noch ein Fletschen in bezug auf den miserablen Zustand der katholischen Presse, mit der es bergab gehe. Der Journalist X in der Zeitung Z predige wie ein Pfarrer, anstatt zu schreiben wie ein Journalist, und der Redaktor Y in der Zeitung Z sei eine Schreibniete. Wir kommen uns immer näher. Broger war bis vor kurzem Chefredaktor am »Appenzeller Volksfreund« (1952–1971), er schrieb saftig und aus Passion, er hatte etwas zu sagen. Als Redaktor hat er eine Übersicht im Kanton gewonnen, hat informiert oder auch nicht und schließlich dominiert. Eine Zeitung mit 5000 Exemplaren Auflage, Amtsblatt für die 14 000 Einwohner des Kantons, Sprungbrett für sein erstes politisches Amt: Bezirkshauptmann in Appenzell 1954 (= Gemeindeammann). Diese Zeitung war lange ein Einmannbetrieb, Broger hat ihr zuliebe auf seinen Anwaltberuf, für den er ausgebildet war als einer der wenigen Volljuristen im Kanton, verzichtet. Als Chefredaktor hat er anfangs 1700, ganz am Schluß 2400 Franken verdient. Er ging überhaupt recht bescheiden durchs Leben, einen Vertreter des Kapitals durfte man ihn nicht nennen. Noch 1971 hat er mit allen kantonalen Ämtern an Sitzungsgeldern jährlich nur 13 910 Franken verdient (die Appenzeller Regierung arbeitet ehrenamtlich). Dazu die eidgenössischen Sitzungsgelder. Erst die Ernennung zum Ombudsmann der Versicherungen hat ihm Geld gebracht, ca. 80 000 pro Jahr. Daher das Heimetli auf dem Schneckenberg, daher der Ro 80 mit Wankelmotor. Daher auch die Neider in letzter Zeit und das Murren im Volk.

Also diese Zeitung. Eine Zeitlang gab es Konkurrenz, den »Anzeiger vom Alpstein«, der von den spärlichen Industriellen in Appenzell gefördert wurde, Locher von der Brauerei und Ebneter von der Alpenbitter-Brennerei. Unterdessen ist der »Anzeiger« eingegangen, der »Volksfreund« hat wieder das Monopol in Appenzell. Von 6 Uhr morgens bis oft spät abends auf der Redaktion, in der ganzen Zeit nur einen einzigen Leserbrief *nicht* aufgenommen, die andern alle abgedruckt, den Leserbriefschreibern aber oft geraten, ihren Text ein bißchen abzuändern. Kein Fernschreiber bis vor kurzem. Dank seinen guten Beziehungen auf Bundesebene hat ihm die Bundespolizei bei der Depeschenübermittlung geholfen. Wenn Broger irgendwo in der Schweiz unterwegs war und noch schnell einen Leitartikel durchgeben wollte, lieferte er ihn bei der nächsten kantonalen Polizeifernschreibstelle ab, und die übermittelte dann an die Polizei in Appenzell, wo die Depesche nur noch über die Gasse zum »Volksfreund« getragen werden mußte. So hat man doch allerhand Vorteile als Ständerat. Der Volksfreund im Lehnstuhl beim Aktenstudium, gegen Mitternacht, im Kamin verglühen die Scheiter. Breitenmoser hat jetzt die Akten gebracht. Broger erzählt von seinen Eltern, vom kleinen Familienstickereibetrieb, der sehr rentierte, bis im Gefolge der St. Galler Stickereikrise die Eltern umsatteln mußten und das Hotel »Forelle« beim Seealpsee bauten. Der Vater habe als Zeichner eine große Fertigkeit gehabt, hätte jeden beliebigen Stil imitieren können, richtig, da hängt ein Daumier von Vater Broger in der Ecke, auch ein Piero della Francesca oder sonst ein Italiener. (In welchem Stil hätte er wohl seinen Sohn gemalt? Brueghel oder Goya?) Die Mutter sei sehr geschäftstüchtig gewesen, lebe übrigens noch, sei mutterseelenallein mit ihren Stickereiwaren bis nach Amerika gereist. Der Vater habe gezeichnet, die Mutter verkauft. Die Jugend sei im allgemeinen glücklich verlaufen, keine allzu schlimmen Erlebnisse bei den Kapuzinern in Appenzell und in Stans, in den Exerzitien hätte er Marx gelesen, auf dem Pultdeckel Zwingli und Luther postiert, die Kapuziner hätten ihn machen lassen, und so sei er ganz organisch von Marx abgekommen, hätte sich nicht versteift, sobald die »Entfaltung der Vernunft« einsetzte. Oben beim Hotel »Forelle« habe er in jungen Tagen aber oft faul in der Sonne gelegen und Marx gelesen. Irgendwann muß es einen Knick in der Lebenslinie Brogers geben, muß nach einer Periode von jugendlichen Erleuchtungen eine Verdüsterung eingesetzt haben, daß er jetzt Richard Wurmbrand, Bochenski und Guttenberg liest und die Liebe seiner Jugend vergessen hat.

Sonntagmorgen, der Himmel aprikosenfahl, der große Baal alias Broger wirkt noch verschlafen, kommt im schwarzroten Trainer zum Morgenessen. Die Farben der Auflehnung und der Anarchie auf diesem Körper. In die

Messe geht er nicht an diesem Sonntag, gehört nicht »zu diesen Politikern, die sich in der Kirche allen demonstrativ zeigen«, ist kein heuchelnder Pompidou, eher ein de Gaulle für Innerrhoden. Es gibt wieder große Mengen Fleisches. Die Rede kommt auf das Prinzip der Rätedemokratie, auf Volksherrschaft und Kontrolle der Macht. All das wäre im Prinzip vorhanden in Innerrhoden: Wahl der Regierungsräte für eine bestimmte Funktion, jedes Jahr Abberufbarkeit der Regierenden durch das Volk an der Landsgemeinde, Möglichkeit zur Agitation in der offenen Volksversammlung, Mitspracherecht jeder Minderheit, jedermann kann »of dä Schtuel go«, wie man das Wortergreifen an der Landsgemeinde nennt. (Kleiner Schönheitsfehler: Broger präsidiert als Landammann die Landsgemeinde, den Großrat und den Regierungsrat.) Weshalb also dieses Prinzip der Selbstbestimmung und jederzeit widerrufbaren Machtdelegation nicht auf die Fabriken und Betriebe anwenden, eine radikale Selbstbestimmung am Arbeitsplatz statt formale Exerzitien auf dem Landsgemeindeplatz? Broger findet diese Idee »abschtrus«, er findet das völlig undurchführbar, die Wirtschaft würde nicht mehr funktionieren. Da war ich sofort einverstanden: Sie würde in der heutigen Form allerdings nicht mehr funktionieren, und es gäbe keine Landammänner und Delegierte des Verwaltungsrates mehr. Broger sagt: Wenn ich nicht an die Unsterblichkeit der Seele glaubte, wäre ich auch Revolutionär, dann würde ich die Erde in ein Paradies zu verwandeln suchen, weil es aber ein Jenseits gibt, kann ich mich gelassen geben, wir haben ja nachher noch etwas. Da werden Sie eine böse Überraschung haben, wenn Sie nach dem Tode merken, daß es kein ewiges Leben gibt, antworte ich, und übrigens haben Sie ja Ihr persönliches Paradies hier im Diesseits schon recht hübsch eingerichtet ... So verging der Sonntag in theologischen Betrachtungen. Gegen Abend hörten wir die Nachrichten der Schweizerischen Depeschenagentur. »Ein Freund Sacharows soll in Rußland auf seinen geistigen Gesundheitszustand untersucht werden«, sagte der Sprecher. »Gemeinheit«, sagte Broger. »Portugiesische Polizei geht mit Hunden und Schlagstöcken gegen Demonstranten vor, zwanzig Verletzte«, fuhr der Sprecher fort. Broger machte keinen Mucks.

*

Am Montagmorgen früh wieder den Schneckenberg hinunter mit Brogers. Vor mir der breite Rücken des Landammanns, der mysteriöse Politikerrücken, anscheinend doch mit Rückgrat, ein Mysterium. Gehört nicht zur Gattung der Weichtiere (Mollusken), eher zu den Schildkröten (Schalentiere). Amphibisch, wetterfest, pflegeleicht. In allen Elementen zuhause, Wasser und Land, Appenzell, Bern, Versicherungswesen. Die weltanschauliche Schale schützt ihn vor Erkältungen, aber auch vor Entwicklungen, läßt Argumente abprallen. Weshalb wählen die Innerrhödler die Schildkröte seit 1964 ununterbrochen zum Landammann? Weshalb 1964 zusätzlich in den Nationalrat, 1971 in den Ständerat (was die Schildkröte seit je ersehnt hatte)? Weil die Innerrhödler es »loschtig« finden? Weil er der einzige Jurist ist weit und breit? Vielleicht weil der »Remo« in Bern mehr für den Kanton herausschlägt als ein anderer? Oder weil der Volksfreund im »Volksfreund« seit Jahren für den Volksfreund Propaganda machte?
Es hat wieder geschneit über Nacht. Gräueli und Belli ziehen ihn bergabwärts. Heute morgen muß er um 8 Uhr die Sitzung der Standeskommission präsidieren, das möchte ich gerne miterleben. Nach einigem Zögern ist er einverstanden. Um zehn Uhr finde ich die Standeskommission im Rathaus versammelt, der Weibel mit einem silbernen Schildchen auf der Brust läßt mich ein. Der Remo ist jetzt krawattiert und sitzt auf einem Podium vor den Regierungsräten wie der Lehrer vor der Schulklasse. Er

stellt mich vor als »än abschtruse Schornalischt os Paris«.
Neben Broger sitzt der Ratsschreiber Breitenmoser, der
gestern die Akten auf die Naas gebracht hat. Die Schulklasse resp. Standeskommission resp. Regierung setzt sich
zusammen aus dem Zeugherrn, Armleutsäckelmeister, Lan-
desfähnrich, Bauherrn, Landeshauptmann, Säckelmeister,
Statthalter und dem stillstehenden Landammann (= Tier-
arzt im Hauptberuf). Die Geschäfte werden sehr speditiv
erledigt, noch schneller als die weltanschaulichen Diskussionen auf der Naas. Einladung an das Land Appenzell,
einen Delegierten an den Kongreß der Kantonalbankdirek-
toren zu entsenden: Von der Regierung ist niemand
abkömmlich, sagt Broger, wir feiern an diesem Tag das
»Totemöli« (Totenmahl). Wiedereinbürgerung von Marie-
Marthe Duc, einer Appenzellerin, die nach Montélimar
hinunter geheiratet hat, ihr Mann ist gestorben, sie will in
die Heimat zurück. Der Polizeibericht lautet günstig, die
Gofen seien tadellos aufgezogen, der Leumund gut, dem
Gesuch wird diskussionslos entsprochen. Broger referiert
und läßt die andern gern diskussionslos entsprechen, er hat
die ganze Sitzung gestern am Kaminfeuer präpariert, und
die andern Regierungsräte haben vielleicht kein Kaminfeuer zu Hause. Dann das Wiedererwägungsgesuch Wolf-
halden, »diä lädige Soucheibe«, und ein Herr T., »dä frächi
Siäch«, der immer wieder mit Suppliken an die Regierung
gelangt. Wünscht jemand »s Wort«? Nicht der Fall?
Beschluß. Es ist ein familiärer Ton hier im Sitzungszimmer
des Rathauses, um 12 Uhr muß alles erledigt sein, sonst ver-
paßt Remo den Zug nach Zürich in sein Ombudsmann-
Büro.

※

Er verpaßte ihn nicht.

Herr Engel in Seengen (Aargau)
und seine Akkumulation

Wer sich mit den Bildern des Adolf Engel in Seengen beschäftigt, muß sich ein wenig auf den Tod vorbereiten. Jedenfalls die Experten, welche seine Kunstschätze begutachteten, sind fast alle kurz nach dem Gutachten verstorben, eines unnatürlichen Todes. Man geht also am besten gruppenweise zu Herrn Engel, dann weiß man nicht, wen es trifft. Und doch steht das Schloß des Herrn Engel nicht in den Karpaten oder in der schottischen Heidelandschaft, sondern im heiteren Seetal, mit Blick auf den Hallwilersee. In einer Gruppe trifft es gern den Ältesten. Aber das ist keine feste Regel, Herr Engel macht auch einmal eine Ausnahme. Bei Herrn Engel gibt es keine festen Regeln.

*

Vor dem Schloß eine Flugabwehrkanone aus dem letzten Weltkrieg, aber noch gut erhalten, vermutlich eine Bührle, und ein neuer Buick, wie man sie in dieser ausladenden Pracht heute kaum mehr sieht. Nach langen Verhandlungen haben wir mit Adolf Engel einen Termin ausgemacht und stehen nun an diesem Nachmittag im Mai vor seiner Tür. Man kommt da nicht ohne weiteres hinein, Herr Engel scheut die Öffentlichkeit, es wurde wenig über ihn publiziert. WARNUNG VOR DEM HUNDE steht dort geschrieben, doch Simmen, der Älteste in unserer Gruppe, hat mir erklärt, es müßte eigentlich heißen: WARNUNG VOR DEN WÖLFEN, denn die Schätze würden von Wölfen bewacht, die Herr Engel notdürftig gezähmt habe. Wenigstens bei seinem letzten Besuch seien es noch Wölfe gewesen, eine seltene Erscheinung in der Schweiz. Diese würden dann an den Händen der Besucher auf eine überraschend zutrauliche Art lecken. Simmen hatte auch gesagt, daß wir den Alten nicht sofort zu Gesicht bekämen, zuerst träten die Pflegesöhne in Erscheinung, um die vorübergehende Unpäßlichkeit des Vaters zu entschuldigen. Wir läuten. Nach einigen Minuten geht die Tür auf, ein knorriger Mann öffnet und sagt:»Dem Vater ist es gerade nicht wohl, aber kommen Sie nur fangs herein.« Eine Stiege hinauf, an Bildern und Spiegeln vorbei, es ist kalt, man fröstelt nach der Maiwärme draußen. Eine erste Zimmerflucht, nur eine von vielen kommenden. Diese eigenartige Kälte, welche die Gegenstände hier verströmen, eine Kälte des Antiken und Antiquierten, die uns augenblicklich mumifiziert. Wir werden ganz kalt zwischen diesen Gegenständen, die da beziehungslos hängen, einer neben dem andern, die Wände tapeziert mit alten Bildern, hageldicht hängt alles voll Bilder, dazwischen alte Uhren, Musikautomaten aus der ersten Hälfte des 19. Jahrhunderts, einige spielen noch ihre scheppernden Weisen, Nähzeug und Geldsäckel aus dem 17. Jahrhundert, Fayencen, Glasscheiben, immer wieder tote Uhren und kalte Tische und mitten in dieser Kälte der Pflegesohn mit seinen Erklärungen, wie alt und in welcher Periode und welcher Meister, hier von dieser Uhr gibt es nur ganz wenige Exemplare. Jeder Gegenstand mit einer Geschichte behaftet, noch der letzte klapprige Fächer hat seine Biographie. Einige große Namen beiläufig fallengelassen, hier ein Rubens, dort ein früher Grünewald, und das hängt hier so bescheiden neben ganz drittklassigen Aktstudien aus irgendeiner Münchner Schule. Die Rubens sehen wirklich aus wie Rubens, einige haben Zertifikate, alle sehen aus, als ob sie Zertifikate haben könnten, und manche sind schön, haben diese saftige Rubenshaftigkeit, ob echt oder nicht, vermitteln enorm viel Lüsternheit. Aber alles eingewickelt in die Kälte dieser Zimmerflucht.

Ob die alten Meister echt sind oder ob es sich um derart

gute Fälschungen handelt, daß sich auch wieder eine Art
von Echtheit ergibt, ob sie von Rubens-Schülern, Rubens-
Zeitgenossen stammen, ob Rubens sich selbst kopiert hat
und es also von manchem Rubens mehrere Rubens gibt: das
können wir nicht entscheiden, es ist auch nicht so interessant, wir haben keinen Chemiker und Rubens-Fachmann
bei uns, und die Spezialisten, welche wir zu unser Expedi-
tion eingeladen haben, schweizerische Museumsdirektoren
und andere begnadete Fachleute, wollten nicht kommen,
hatten Angst, sie könnten sich blamieren, sie hatten von
Engels Bildersammlung gerüchteweise gehört, die Bilder
sind umstritten, kein gesichertes und ewig verbürgtes Kul-
turgut, keine hundertprozentig mit Sicherheit einzustu-
fende Ware, keine todsicheren Wertpapiere und Wertlein-
wände.

Also waren die Fachkräfte nicht gekommen, wir mußten
uns als Laien den Atem verschlagen und die Kälte aus vier
Jahrhunderten in uns hochkriechen lassen. Viel Kitsch liegt
da herum, aber auch der wird jetzt kostbar bei den neuesten Entwicklungen auf dem Kunstmarkt. Den Marktwert
der Uhren konnte ich ungefähr veranschlagen, mein Vater
war ein Uhrensammler und hat mir einen Begriff vom
Wert alter Uhren mitgegeben, hat mir auf diesem Gebiet
den Unterschied zwischen echt und falsch eingeschärft, so
daß ich Engels gesammelte Uhren mit einiger Kompetenz
auf eine halbe Million Schweizer Franken schätzen darf.

Jetzt taucht ein zweiter Pflegesohn auf, führt uns in den
Turm zu weiteren Schätzen. Dabei sieht man die Sicher-
heitsvorkehrungen: den uneinnehmbaren Turm, von Vater
Engel und Pflegesöhnen eigenhändig gebaut, um ihre
Schätze herumgebaut, und die beiden kräftigen Hunde,
welche den Zugang fletschend versperren. Die Wölfe sind
gestorben, Engels müssen sich mit scharfen Wolfshunden
behelfen. Die beiden Tiere spielen auf der Terrasse mit
einem Plastikeimer, welcher schnell zu einem unkenntli-

chen Lappen verarbeitet wird. Die Hunde sind derart pflichtbewußt, daß sie auch Mitglieder der Familie Engel anfallen, wenn diese nicht durch die reglementäre Türe in den Turm gehen und zum Beispiel über die Terrasse klettern würden. Sie sind auch unbestechlich, lassen sich durch Fleisch und gute Worte nicht irreführen. Nur wenn Anschi und Badi, die beiden Pflegesöhne, ihnen sehr gut zureden, werden die Fremden nicht gerissen, kommen mit einem Frösteln davon beim Anblick der gesträubten Haare und sabbernden Lefzen. Besonders eindrücklich die Reißzähne. Auf der Terrasse außerdem eine kleine Infanteriekanone. »Wie wir sie noch im WK hatten«, sagte der Badi. Sie steht aber als Sammlerstück hier, wird wie die Flugabwehrkanone nicht mehr geladen, die Munition ist antiquarisch kaum mehr aufzutreiben.

Im Turm geht es gleich weiter mit der Alexanderschlacht von Rubens, dann einige Rembrandts, immer ganze Serien vom selben Maler. Soweit ich mich erinnern kann, hängt auch noch ein Velasquez im Turm droben. Weiter unten im Turm eine Waffensammlung, Rüstungen, Langgewehre, seltene Haubitzen, Kutscherpistolen. Mit diesen Pistolen, die mit Salz und Schrot geladen waren, schossen die Kutscher die Wegelagerer an, so daß sie Wundbrand bekamen und sich verarzten lassen mußten; auf diese Weise konnte man die Räuber im nachhinein eruieren und der verdienten Strafe zuführen. Badi gibt sachdienliche Hinweise zu jedem Gegenstand. Nicht nur der ästhetische Wert interessiert ihn, auch der Gebrauchswert. Im Schrank neben alten Uniformen aus dem Sonderbundskrieg eine Maschinenpistole aus dem Zweiten Weltkrieg, mit dieser hat Badi oft in der Freizeit geschossen, auch heute könnte man damit noch auf Räuber schießen. Und in der Ecke dort der Richtblock mit dem Henkersbeil ist auch noch funktionstüchtig. Wenn die Hunde an den alten Rüstungen entlangstreichen, läuft ein Zittern über die Eisenplättchen.

Engels Leibgarde: Wolfshunde und die beiden Pflegesöhne Badi
(vorn) und Anschi

Durch einen Renaissanceschrank hindurch, der eine geheime Tür verdeckt, geht es weiter den Turm hinunter. Vater Engel hat seine Unpäßlichkeit jetzt überwunden, er steht im Atelier zum Empfang bereit.

Das Atelier ist ein großer Raum, mit Beleuchtungskörpern und vielen technischen Einrichtungen, und Adolf Engel steht mitten drin, als ob er das zentrale Sammlerstück wäre. Die Vorderzähne fehlen weitgehend, nur die gut ausgebildeten Hauer sind noch da, wenn auch etwas abgeschliffen. In seiner weißen Schürze sieht er aus wie ein Laborant. Hinter ihm eine Sammlung von Totenköpfen, besonders in die Augen stechend ein mit Wasserstoffsuperoxyd gebleichter Schädel mit lückenlosen Zahnreihen, ein besonders schönes Stück aus der Grippeepidemie von 1918/19, dieser war ein neunzehnjähriger Rekrut. Die übrigen Schädel leicht gelblich angelaufen. Dann das vollständige Skelett eines Kretins, Ende 18. oder Anfang 19. Jahrhundert, deutlich erkennbar die verkrümmte Wirbelsäule und die querstehenden Zähne, noch im Tod als Kretin erkennbar. An den Wänden riesige Bilder, vermutlich schon wieder Rubens. Auch eine frisch restaurierte heilige Magdalena mit verzücktem Ausdruck. In den Regalen allerlei Mixturen und Präparate, was man so braucht zum Restaurieren, ein Topf mit Zyankali unter anderem. Farbtöpfe mit Wagenblau, Kasselerblau, Sienagebrannt, Englischrot, Heimatschutzgrün, Signalrot, Züriblau, Marsrot, Theaterrot. So steht es auf den Töpfen angeschrieben. Und überall die Plakate, worauf Stücke von den Landtheatern angekündigt sind, eine ganze Sammlung, »Uf Frömdem Hof« (Theater Oberentfelden), »De Micheli uf de Gschoui«, »Der verkaufte Großvater«, »Der Fiaker von Grinzing«, »Buurebluet« (von Frau Ineichen-Schüpfer), »Der Graf von Monte-Christo«, »S Evi vom Geißbärg«. Und mitten drin also Adolf Engel. Theatermaler im Hauptberuf, Sammler aus ihm unbekannten Gründen (»I ha äifach müesse«), Restaurator seiner gesammelten Bilder, Bühnenbauer, Beleuchter. Adolf Engel ist jetzt siebenundsiebzig Jahre alt und müßte nach Ansicht seines Hausarztes längst tot sein, er habe soviel Gift im Blut, daß er mit einem Tropfen seines Blutes mindestens zehn Menschen töten könne. Das kommt vom Umgang mit den giftigen Mixturen. Er erzählt wahllos und doch nicht zufällig, wie die Einrichtung im Atelier. Beim Restaurieren der Frauenbildnisse müsse er sich eine Beziehung schaffen zur Gestalt, mache sich behutsam an sie heran, lerne sie kennen, verliebe sich, erst dann könne er sachgemäß restaurieren. Das Handwerk habe er auf der Kunstakademie in Wien gelernt, den Umgang mit alten Lasuren, deren Geheimnis heute verlorengehe. Wenn man den alten Stil beherrsche, mache es auch keine Schwierigkeiten, im Stil von Picasso zu malen. Diese Manier sei ihm so täuschend gelungen, daß man ihm zwei Picassos zu je 100 Franken abgekauft habe. Die Bühnenmalerei sei nicht sehr rentabel, ein 45 Meter langes Bühnenbild bringe nur 1500 Franken ein, hingegen könne man ein solches Bild x-mal verwenden. Dann kommt er plötzlich auf Lenin, eine richtige Christusfigur, habe im »Odeon« und in der »Schmitte« mit ihm gesprochen, für den Zarenmord sei er nicht verantwortlich. Den Landesstreik habe er als Unteroffizier erlebt, der Oberst hätte ihn vor einem Restaurant postiert, wo die Sozialisten Bringolf, Klöti und Bratschi komplottierten. Man habe ihm eingeschärft, er dürfe das Feuer auf diese Komplotteure nur eröffnen, wenn sie das Volk offen aufwiegelten, aber er habe seinen Leuten befohlen, Bringolf, Klöti und Bratschi sofort abzuknallen, wenn sie auftauchten. Sie seien dann nicht aufgetaucht.

Für drei Batzen Sold pro Tag habe er damals Aktivdienst geleistet, er hätte es auch für weniger gemacht, dem Vaterland zuliebe. In Wien habe er später Rudolf Hess kennengelernt, den Stellvertreter des Führers, und in Sankt Moritz habe er im Hotel »Palace«, weil er den Padrutt gekannt habe, die Vierfarben-Alternativdeckenbeleuchtung eingerichtet. Auch im Hotel »Kulm« habe er die Dekoration besorgt. Bevor die Kaiserin Zitta von Österreich gestorben sei, könne er nicht viel erzählen über seine Bildersammlung, weil viele Bilder aus ihrem Besitz stammten. Er sei ein guter Christ, dürfe das weiß Gott von sich behaupten, und Leute wie Martin Luther King hätten von ihm aus längst an den Galgen gehört. (Einen Galgen führt er in seiner Sammlung nicht, dafür eine Peitsche, mit der die Frauen von Seengen ausgepeitscht wurden, die ein uneheliches Kind hatten; bis über die Mitte des 19. Jahrhunderts hinaus, ausgepeitscht von Engels Großvater, der Untervogt war). Weiß Gott. Beim Restaurieren sei es manchmal ganz eigenartig, ein Bild komme unter dem andern hervor, fünf Christusköpfe habe er auf derselben Leinwand aufeinandergemalt entdeckt, vier habe er entfernt, der fünfte habe ihm dann gefallen . . .

So strömte es ungehemmt und bunt aus Engels Erinnerungen hervor. Er war nicht zu halten, wenn ein Stichwort fiel, kam vom Hundertsten ins Tausendste, Revolution, Restauration, Umgang mit Gräfinnen, all die Herrschaften, die er beleuchtete, unter anderem die Beleuchtung des Schloßhofes Vaduz bei der Heirat des Thronfolgers, er bekam einen Dankesbrief des Fürsten. Während Engel in seinen Erinnerungen kramte, sekundierten Anschi und Badi, waren mit Präzisierungen zur Hand, wenn dem Vater etwas entfiel. Die Hunde waren auch immer dabei, strichen mit ihren Schwänzen über die kostbaren Bilder, die da herumstanden. Als wir in den Rittersaal hinaufgingen, wo zwei geschnitzte romanische Stühle stehen, die dem König Michael von Rumänien gehörten, welche dieser dem schweizerischen Gesandten schenkte, bevor er von den Kommunisten verjagt wurde, in diesen Rittersaal, wo sich ein Van Dyck, ein Rembrandt und das handgenietete Panzerhemd eines verstorbenen Kreuzfahrers befinden und anderes mehr, fiel mir auch ein sehr wehmütiger Täuferkopf auf, abgeschnitten und auf einer Schale liegend, so wie ihn Herodes der Salome präsentierte, ein Bild aus dem 17. Jahrhundert. Adolf Engel sah mich vor diesem Bild verweilen und sagte: »Herr Meienberg, Sie haben eigentlich auch einen schönen Charakterkopf.« Wir kamen auch an einer Falltür vorbei, wo es fünf Meter in die Tiefe geht, hinunter ins Verlies. Ein achtzigjähriger Besucher ist dort einmal hinuntergefallen, aber mit dem Leben davongekommen. Vielleicht bleiben dort die Knochen jener Besucher, die allzu genauen Aufschluß über das Schicksal der Bilder haben wollten. Herr Engel läßt sich ungern ausfragen, gibt über die Details der Bilderwerbung nie präzisen Aufschluß, sagt nicht, was er zahlte und durch wessen und wie viele Hände die Bilder gingen, bevor sie bei ihm hingen. Einiges läßt er durchblicken, das meiste verschweigt er. Diese Gräfin, welche ihm sagte, er könne alles von ihr haben, wirklich alles – darauf habe er die drei schönsten Bilder genommen und sei damit verschwunden. Wie hieß die Gräfin? Weiß er nicht mehr. Oder diese Frau Doktor aus Luzern mit dem Diplomatenpaß, welche 1945, als die Nazis das zusammengestohlene Raubgut billig abstoßen mußten, einen Rembrandt in die Schweiz einschmuggelte und ihm diesen Rembrandt günstig verkaufte ... Den Namen kann er nicht verraten, die bekannte Frau Doktor wäre dann kompromittiert. Man hat ihm die Bilder im Vertrauen verkauft. Er ist ein richtiger Vertrauensmann. Oder das Schloß in Süddeutschland, wenn man hinter Stuttgart auf der Straße nach München bei der dritten Kurve links abschwenkt, wo er eine ganze Ladung günstig einkaufte, er habe einfach immer ein bißchen Geld, wenn es etwas Wertvolles zu kaufen gebe, das sei Fügung. Wenn er kein Geld habe, sei auch nichts Wertvolles zu kaufen.

Das wenige flüssige Geld, über das er verfüge, habe er mit Erfindungen gemacht, Straßensignierfarbe zum Beispiel und andere Schöpfungen, wovon er das Patent verkaufte. Eins von den Patenten habe er dem Zeiler verkauft; das war der letzte große Teilhaber der Hero-Konservenfabrik, dieser Zeiler hat die Erklärung der 200 Schweizer mitunterzeichnet, welche für eine bessere Zusammenarbeit mit Hitler kämpften, er selbst habe die Erklärung ebenfalls unterschrieben, der ehemalige aargauische Staatsarchivar habe ja auch unterschrieben, Hektor Ammann im Eichberg droben, von dem er noch eine schöne Truhe habe, und auch der Oberst Frick, der bei ihm im Atelier eine Zeichnung von Mussolini gesehen habe, Mussolini-Porträt von einem Engel-Schüler, das der Oberst Frick unbedingt haben wollte, weil er ein Freund und Verehrer von Mussolini gewesen sei.

Von den vielen schönen Gegenständen und Bildern in seinem selbstgebauten Schloß habe er nie etwas verkauft; auch wenn immer mehr hinzukomme, allein an Bildern besitze er etwa vier- bis fünfhundert, so genau wisse er es nicht, werde es ihm nicht zuviel, er sammle aus Liebe zur Schönheit, nicht aus Geldgier, er lebe von der AHV und dem Theaterbau. Übrigens, wenn wir schon von Obersten sprechen, da kommt ihm noch der Oberst Rotplätz in den Sinn, aus dessen Besitz hat er etruskische und römische Bronzestatuetten, die der Oberst in großen Mengen ausgegraben hatte. Also in bezug auf Statuen hat er auch chinesische Elfenbeinsachen aus dem dritten Jahrhundert nach Christus, aber nur wenige. Und aus dem Nachlaß von Oberst Rieter (oder war es Oberst Abibärg?) hat er Tausende von Briefen aus der Helvetik, Berichte der kantonalen Stellen ans Eidgenössische Kriegskommissariat, gestempelt mit einem Signet aus der Präphilatelistenzeit, als es noch keine Marken gab, und darum besonders wertvoll. Die sind noch nicht sortiert.

So stapeln sich die Gegenstände im Schloß, unübersehbar-ungezählt, unendlich wie die Geschichten in Engels Gedächtnis. Nicht Museum, sondern Lagerhaus. Nicht versichert, das würde astronomische Summen kosten, aber gesichert durch dicke Mauern, raffinierte Schlösser, Fallgruben, Notausgänge für den Brandfall, wachsame Hunde und Pflegesöhne, Maschinenpistolen, Peitschen, Hellebarden, Richtblöcke, Infanteriekanonen. Im Rittersaal verweilen wir einen Augenblick, ziemlich abgestumpft durch die Monotonie der Unglaublichkeit. Da macht sich Badi an einer Wand zu schaffen, zieht einen Stift heraus und noch einen, dann schiebt er die Mauer zur Seite, siehe da, eine Schatzkammer mit Monstranzen, Kelchen, vielleicht irgendwo in einem aargauischen Kloster geraubt, die Krone Eduards des Zweiten mit Originalkiste, eine Prinzessinnenkrone, eine goldene Uhr mit 580 Rubinen und noch mehr so Glitzerzeug. »Hier auf diesem Sockel, wo jetzt die Marienstatue ist, wird dereinst die Urne mit meiner Asche stehen«, sagt Engel, »und nach meinem Tod wird die Grabkammer versiegelt. Weil ich alles selber verdienen mußte, weil mir niemand etwas gab und mir niemand half, nehme ich die wertvollsten Objekte mit ins Grab, Ich, der ich auf einem Strohsack geboren wurde, arm und ziemlich verschupft, werde hier meine letzte Ruhe finden. In hundert Jahren wird man die Grabkammer öffnen, und kommende Generationen werden sehen, daß es zu meiner Zeit noch Sammler gab.« – »Aber Sie wissen doch, wie es den Grabkammern der Pharaonen in Ägypten ging?« wende ich ein. – »Natürlich«, sagte Engel, »sehen Sie hier das Buch von Carter, handschriftlich gewidmet vom Entdecker der Pharaonengräber. Carter war ja ein Freund von Padrutt, der auch in Ägypten ein paar Hotels besaß, und Padrutt war ein Freund von Engel.«
Badi schiebt die Wand wieder zurück, verriegelt die Wand, der Rittersaal hat wieder sein bieder-kommunes Aussehen

von vorher. Die Asche Adolf Engels wird sich freuen, wenn sie in hundert Jahren von Schatzsuchern entdeckt wird. Aber die Schatzsucher hätten vielleicht mehr Freude an einem perfekt erhaltenen Skelett im versiegelten Gelaß.

Vielleicht läßt sich Engel schließlich sitzend in seiner Grabkammer einschließen, unkremiert, thronend auf dem romanischen Stuhl des Königs Michael, auf dem Schädel die Krone Eduards des Zweiten, eine römische Tuba griffbereit zur Hand (denn er hat auch römische Tuben gesammelt, echte altrömische Kriegstrompeten, gleich eine ganze Serie). Im Rittersaal befällt uns wieder diese Kälte. Wir kommen zum Abschluß in ein kleines Zimmer mit geschlossenen Läden, muffig und vollgestopft. In einem Schrank liegen schwarze Kästchen, aufeinandergestapelt, so dicht im Schrank eingeklemmt, daß man sie kaum herausnehmen kann. »Gib mir jetzt noch eine Stradivari herunter«, sagt Engel zu Anschi. Der gibt sie herunter, dazu auch eine Cornelius, Maschini, eine Steiner. Die Geigen sehen alt aus und sind lateinisch signiert, *Stradivarius cremonae fecit* oder so ähnlich. Die Saiten sind gesprungen. Engel sagt: »Es ist wie mit den Frauen, man muß sie regelmäßig benützen, sonst sterben sie ab.«

Aus dem andern Schrank nimmt er eine Froschauer-Bibel, macht uns auf handschriftliche Marginalien aufmerksam, behauptet, sie stammten von Zwingli. Selbstverständlich hat er wieder mehrere alte Bibeln. Mit diesem ständig wiederholten Serieneffekt führt Engel den Begriff des Originals, an dem er doch so sehr hängt, ad absurdum: Er besteht auf dem Einmaligen der vorindustriellen Kreation und hat doch immer mehrere, fast identische Exemplare zur Hand. Auch von diesem Wein namens »Muskat Ottonel« aus der Hofkellerei des Fürsten von Liechtenstein, aus Wilfersdorf in Niederösterreich, gibt er uns mehrere Exemplare mit auf den Weg. Dann begleitet er uns vor die Tür, sagt zum Abschied: »Mein Vermögen wurde vom Steuerkommissär auf 50 000 Franken geschätzt«; und winkt uns freundlich nach, umrahmt von seinen Pflegesöhnen.

*

Zwei Tage später kamen wir wieder nach Seengen, noch ganz verwirrt von der ersten Begegnung mit Engel. Ich wollte einen weiteren Nachmittag mit ihm reden, ohne von den vielen Gegenständen abgelenkt zu werden, und der Fotograf Schmid hatte noch in der Schatzkammer zu tun. Engel hatte verschiedene Dokumente und ein Familienalbum hervorgesucht. Vielleicht ist daraus abzulesen, welche geheime Feder seine Sammlerwut antreibt? Engel wird bei diesem Gespräch von seinen Pflegesöhnen nie alleingelassen, abwechslungsweise ist immer einer dabei, es kommt mir vor wie eine milde Beaufsichtigung. Oder vielleicht brauchte er sie als Echo.

Dieses Geschlecht der Engel war schon immer in Seengen seßhaft, ist bereits im Buch »Die Helden von Sempach« verzeichnet, ein Hartmann Engel hat dort gekämpft. Ein anderer war Oberst im Villmergerkrieg; Vögte und Offiziere, habliche Leute, noch der Großvater war Untervogt, in welcher Eigenschaft er wie gesagt die fehlbaren Frauen auspeitschen ließ. Mit Adolfs Vater ging es dann leicht abwärts, er wurde von seiner Mutter verstoßen, weil er heiraten mußte. Das paßte nicht zur Familienehre, obwohl er das vorzeitig geschwängerte Mädchen dann geheiratet hat und alles in die Ordnung kam. Der Vater war vorübergehend nach Arizona ausgewandert, wo er eine Arbeit als Steinschleifer und Prospektor fand, ist dann wieder nach Seengen zurückgewandert, hat immer den Colt auf sich getragen, obwohl der Dorfpolizist ihm das ausreden wollte. Auch auf dem Nachttisch habe immer dieser Colt gelegen. In seiner aufbrausenden Art habe er einmal nachts, nur mit diesem kurzen amerikanischen Leibchen bekleidet, einem Holzdieb quer durch Seengen nachgesetzt, habe wild um sich geschossen. Der Vater sei ein böser und finsterer Mann gewesen. Im Familienalbum sieht er auch so aus, mit drohendem Stalinschnauz und abweisendem Ausdruck. Die Mutter eine ziemlich selbstsüchtige Frau, herrisch und bös auch sie; als sie im Alter von 69 Jahren aus Amerika zurückkam und Adolf sie am Flugplatz abholte, sei sie gleich keifend über ihn hergefallen. Jedenfalls war kein Geld da für Adolfs Ausbildung. Verglichen mit den Großeltern, lebten die Eltern ärmlich. Diesen Niedergang des vormals angesehenen Geschlechts scheint der sippenbewußte Adolf nicht verwunden zu haben, er hat sich geschworen, daß es durch ihn und mit ihm wieder aufwärtsgehe, und zwar in solche Höhen, wie sie die Engels auch in ihren Glanzzeiten nie erklommen. Überall schimmert bei ihm die Trauer durch über eine Familie, auf die er nicht stolz sein kann, auf die er aber stolz sein möchte. Die eine Schwester sei ein Satansbraten, eine Sektiererin, die andere denke nur ans Geld, offen gestanden. Item, er habe dann die Tochter eines Bauunternehmers in Seengen geheiratet und sich das Geld für die Ausbildung als Maler und Dekorateur am Mund abgespart. Schon 1918 habe er zu sammeln begonnen, zuerst Sachen seines Großvaters, dann habe sich das Weitere so ergeben durch Geduld und Zupacken am richtigen Ort. Es sei ja eine schöne Aufgabe, überall bei den letzten Nachkommen von aussterbenden Adelsgeschlechtern die schönen Gegenstände zu sammeln, welche sonst verlorengingen, diese untergehende Welt hinüberzuretten. Item, seine Frau habe zwei Töchter geboren, aber keine Söhne, da sei er nach dem Zweiten Weltkrieg einmal ins Tessin hinuntergefahren und habe den Anschi mitgenommen, der sich als Lehrling im Geschäft sehr anstellig gezeigt habe, ein flotter Bursch, später habe er auch noch seinen Bruder Badi (mit dem richtigen Namen Battista) geholt, auch ein Halbwaise, ihr Vater sei von den Kommunisten bei Kriegsende erschossen worden, er war ein bekannter italienischer Faschist. Anschi hat später die Ruth geheiratet, eine von Engels Töchtern. Badi ist ledig geblieben, auf seinen Namen würde in kurzem die ganze Sammlung mit allem Drum und Dran überschrieben, aber nur unter der Bedingung, daß alles beisammenbleibe und nichts verkauft werde. Diese Überschreibung sei vielleicht nur provisorisch, die ganze Sammlung werde eventuell der Gemeinde übermacht. Item, die Stiftungsurkunde werde eben jetzt von einem Advokaten entworfen.

Engel erklärt die Vergangenheit, dabei holt er immer neue Dokumente und Fotos aus einem Stoß alter Papiere. Der Lehrer im Dorf bettle schon lange, er solle ihm doch diese Papiere überlassen, dann werde er Engels Biographie schreiben, aber dazu sei der Lehrer nicht fähig, das sei eine komplizierte Biographie. Er hat Umgang gehabt mit allen Klassen, ist selbst aufgestiegen aus dem ländlichen Proletariat zum Fast-Aristokraten, wäre unermeßlich reich, wenn er einen Teil der gehorteten Sachen verkaufte. Nächstens wird er umsteigen aus dem selbstgebastelten Schloß in ein altes Schloß mit Patina, Schloß Wildenstein ist nämlich zum Verkauf ausgeschrieben (»Das chaufed mer jetzt«), dort hat er Platz für seine Gegenstände. Ein Schloßherr, aber mit herzlichem Kontakt zu den Bauern, denen er die Kulissen malt für die ländlichen Theateraufführungen, ihnen die gesicherte Theaterwelt herstellt mitten in einer erschütterten Umwelt. Guten Kontakt auch zu den Faschisten, die auf ihre Art eine gesicherte Welt wiederherstellen wollten und auch in ganz Europa Bilder sammelten auf ihre unkonventionelle Art. Nachhaltige Kontakte zu den Aristokraten, die er wehmütig beschreibt.

Nur mit den Kunstsachverständigen sind die Beziehungen weniger gut. Sie weichen aus, wollen sich nicht festlegen, verlangen ein Heidengeld für Expertisen und täuschen sich dann noch. Das sind Vögel, man kann ihnen nicht trauen. Sie lassen Engel spüren, daß er doch nicht ganz zu der

Kaste der arrivierten Galeriebesitzer gehört. Seine Bilder sind ja nicht einmal inventarisiert, hängen in wilder Reihenfolge an den Wänden, und die früheren Besitzverhältnisse sind oft unklar. Die Experten sterben ihm weg, bevor sie ein definitives Gutachten geben können. Einer aus Brasilien ist so gestorben, kurz nach einem Besuch bei Engel, auch einer aus Albanien, auch der Experte Scheidegger aus Bern, der sich mit der Amazonenschlacht befaßte, und eine ganze venezolanische Kunstkommission ist auch abgestürzt auf dem Rückflug nach Amerika, nachdem sie ihm ein Angebot von 22 Millionen Franken gemacht hatte. Der Störri aus Zürich ist an einer Lungenentzündung gestorben in Italien, er hat noch Fotos von den Bildern mitgenommen, die sind jetzt verschwunden, dann der Steinmayer aus Genf ist auch tot. Den Störri hatte er immer in Brugg abholen müssen, wenn er nach Seengen kam zur Expertise, mußte ihm sofort eine Flasche Wein aufstellen, ohne die er nicht expertieren konnte.

Einmal hat ihm der Störri ein Bild für 60 000 Franken auf einer Londoner Auktion verkauft und ist dann gerade so lange in den teuersten Hotels von London geblieben, bis die 60 000 aufgebraucht waren; Störri kam zurück und sagte: »Was meinen Sie, ich habe in einem Keller gewohnt?« Als das große Angebot von den Venezolanern kam, hat Engel seine Familie versammelt und sie gefragt: »Was wollt ihr lieber, das Geld oder die Bilder?« Die Frau sagte: »Das Geld.« Die Pflegesöhne sagten wie aus einem Mund: »Die Bilder.« »Item, alle Bilder sind im Haus geblieben, das Geld haben wir anders gemacht, insgesamt 180 000 Franken mit Patenten. Und auch das Kino im Dorf, das ich einige Zeit führte, war kein schlechtes Geschäft. Ich habe noch alte Filmrollen mit der deutschen Reichswochenschau von damals, die wir nicht mehr zurückschicken mußten, weil das Reich zusammenkrachte.« Item, er habe sein Leben lang gekrampft.

Jo Siffert (1936–1971)

Das Ganze ist das Wahre
Georg Wilhelm Friedrich Hegel

Siffert war ein Freiburger, Deutschfreiburger. Er hat sich als Freiburger gefühlt, war seiner Heimat zeitlebens verbunden, und heute, da er in die ewige Heimat abberufen worden ist, infolge Unglücksfalls, erkennt sich die »Berümbte Catholische Statt Fryburg« in ihrem Seppi wieder. Wer Siffert begreifen will, muß Freiburg kennen, mit allem Zubehör. Diese Stadt hat ihn produziert, und heute hängt er reproduziert in den Freiburger Spelunken, als Poster. Wir sind also gezwungen, zuerst ein Konterfei oder »Abconterfactur« von Freiburg zu skizzieren (wie es auf dem Freiburger Stadtplan aus dem 17. Jahrhundert heißt). Fribourg/Freiburg sampt seiner »Gelegenheit« (Umgebung), was uns bereits in den Spalten der »Freiburger Nachrichten« aufleuchtete. Der vorbildliche Seppi soll im Zusammenhang gesehen werden, eingebettet in seine Familie, sein Quartier, seine Schule, seine Klasse und Religion. Dann wird man sehen, warum er sich anders betten mußte, als er ursprünglich lag, und warum es ihn auf allen Rennbahnen der Welt mit 300 und mehr Stundenkilometern im Kreis herumtrieb. Bis es in Brands Hatch dann an der falschen Stelle geradeausging, in der Kurve namens »Mike Hawthorn«, und er mit den Rädern in der Luft zur Ruhe kam, am 24. Oktober 1971, weil die Schaltung klemmte. Bei der Abdankung kam das »Ave Verum« zur Aufführung.

Wahrhaftige und Eigentliche Abconterfactur der Berümb-
ten Catholischen Statt Fryburg im Üchtland sampt ihrer
Gelegenheit

Die Stadt Freiburg zerfällt in Unterstadt und Oberstadt.
Aus der Oberstadt gelangt man mit einer Drahtseilbahn,
dem Funiculaire, in die Unterstadt. Die Abwässer der
Oberstadt füllen einen Behälter, welcher unter der Kabine
angebracht ist, wodurch diese an Gewicht zunimmt und
ihre Korrespondenzkabine in die Höhe zu ziehen vermag,
sobald der Kabinenführer die Bremse lockert. In der Unterstadt werden die Abwässer entleert, und dadurch erfolgt
eine solche Erleichterung, daß es dank der abermaligen
Beschwerung der Schwesterkabine mühelos in die Höhe
geht. Auf diese Weise lassen die barmherzigen Einwohner
der Oberstadt die Mitbürger in der »basse ville« schon seit
Jahrzehnten an ihren Exkrementen profitieren. Und diese
Energiequelle gestattet einen bescheidenen Fahrpreis, dem
schmalen Einkommen der Unterstädtler angepaßt.
In der »basse ville« hat man einen guten Blick auf den
Turm der Kathedrale St. Nicolas, mit seinen Leitflossen
eine Freiburger Variante der Weltraumraketen von Cape
Kennedy. Der Blick aus der Unterstadt schweift auch hinauf an die Häuserzeile der Grand'Rue (Reichengasse), welche hart am Abgrund gebaut ist. Dort wohnten früher, und
teils heute noch, die führenden Familien der Fribourgeoisie
und hatten eine befriedigende Aussicht auf das Niedervolk
der Unterstadt. Dieses Volk kann auch den Berg hinauf zur
Loreto-Kapelle pilgern und von dort weiter zur Muttergottes von Bürglen/Bourguillon und dort seine Gebresten heilen lassen. Auch in der Kirche der Kapuzinerinnen von
Montorge kann gebetet werden oder bei den Zisterziense-
rinnen in der Mageren Au, welche Hostien backen und vier
Arten von Likör destillieren oder in der Augustiner-Kirche
oder der Johanniter-Kirche. Trinken kann die Bevölkerung

im Soleil Blanc, Ours, Paon, Trois Rois, Cigogne, Tanneur, Tirlibaum, Fleur de Lys und so weiter. Und zwar einheimisches Bier aus der Brauerei Cardinal oder Beauregard. Der Name Fleur de Lys bringt die traditionell guten Beziehungen zwischen Freiburg und Frankreich zum Ausdruck, Frankreichs Bourbonen-Lilien im Wirtshausschild. Die Söldner aus Freiburg taten sich stets in französischen Diensten hervor. Als Ludwig XVI. schon längst nicht mehr auf seine einheimischen Soldaten zählen konnte, blieb ihm noch das Schweizergarderegiment, welches ihn im Juli 1972 vor seinem Volk schützte. Der Oberkommandierende war ein Freiburger, Graf Louis Augustin d'Affry, Großkreuz des St.-Ludwig-Ordens, Ritter des Ordens vom Heiligen Geist, und drei der vier Bataillone wurden von Freiburgern geführt. Das Kanonenfutter kam aus den untern Schichten, die Kommandostellen waren von Adligen besetzt. Für die Unterprivilegierten von damals die gängige Art, sich ausbeuten zu lassen. Für die herrschenden Familien eine Möglichkeit, am französischen Hof das Regieren zu lernen und von königlichen Pensionen zu leben. Seit die Leichen der Freiburger Söldner nackt und verstümmelt auf den Pariser Plätzen gezeigt wurden, nach der Erstürmung des Tuilerienpalastes, spürt man in Freiburg Angst vor revolutionären Bewegungen in Frankreich. So erklärte die freiburgische Kantonsarchäologin Hanni Schwab dem »Blick«: »Was die Studenten in Frankreich gemacht haben, war einfach schlimm. Ich würde von der Regierung verlangen, daß sie abstellt, was in irgendeiner Form Schaden bringt, z. B. Unterrichtsstörung. Besonders, wenn von außen gelenkt. Wenn die Störer nicht gutwillig zum Aufhören gebracht werden, muß Gewalt angewendet werden. Dazu haben wir Polizei. Und wozu haben wir die Armee?« Reaktionäre und Monarchisten haben schon immer in Freiburg Asyl gefunden, führende Terroristen der OAS zur Zeit des Algerienkrieges, der in

Frankreich als Kollaborateur verurteilte ehemalige Direktor der Nationalbibliothek (Faÿ), und neulich Hunderte von südvietnamischen Studenten, welche ihr Familienvermögen in die Schweiz transferieren und in Sportwagen anlegen. Ein Professor aus Nanterre ist als Lehrbeauftragter an der Universität installiert – in Freiburg kann er noch in aller Ruhe dozieren (Yves Bottineau).

*

Während die Oberschicht auf diese Weise ihren Kontakt mit dem reaktionären Teil Frankreichs über die Jahrhunderte hinweg pflegte, blieb dem arbeitenden Volk Freiburgs nach dem Absterben des Söldnerwesens nicht einmal die Möglichkeit, sich als Maschinenfutter verheizen zu lassen und dementsprechend ein neues Klassenbewußtsein zu entwickeln. Denn die herrschenden Familien lebten auch im 19. Jahrhundert weiterhin auf ihren Landgütern und in ihren Stadtpalais, verpachteten ihre Latifundien und bezogen Grundrente. Nur ganz wenige begriffen, daß Machtausübung in der Industriegesellschaft identisch war mit dem Besitz von Produktionsmitteln. Die seltenen Fabriken, welche sich etablierten, wurden meist von nichtfreiburgischem Kapital beherrscht. Industrie war dem Freiburger Patriziat schon deshalb nicht geheuer, weil es ein Proletariat erzeugt, welches ihrer Kontrolle entgleiten könnte. So wanderte die überschüssige Landbevölkerung aus, in industrialisierte Kantone, aber auch bis nach Brasilien, wo ein »Nova Friburgo« entstand. Die herrschende Minderheit von Patriziern und Aristokraten behauptete unterdessen ihre Macht dank drei konservativen Gewalten: den Zeitungen »Liberté« und »Freiburger Nachrichten«, der vom Klerus geleiteten konfessionellen Schule und dank der Kirche im allgemeinen, welche in Freiburg bis in die letzten Jahre alle Lebensäußerungen zu beherrschen schien. Freiburg, und besonders auch seine Universität, war denn auch bis vor kurzem ein Treibhaus für ständestaatliche Ideen (Bundesrat Musy, Gonzague de Reynold) und ein Hort der theologisch-philosophischen Reaktion, wo die thomistischen Dominikaner ihre letzten Rückzugsgefechte liefern. Die Kader des politischen Katholizismus, kaum den Klosterschulen entwachsen, wurden hier geschult und in den Studentenverbindungen dressiert (von denen heute nur mehr die Neuromania, genannt Neuro-Mania, in alter burschenschaftlicher Blüte steht, in vollem Braus und Suff, mit Zotenabend, Stammbuch, Altherren, Füchsen, Ehrendamen, Trinksprüchen und langen Trinktouren in der Unterstadt, welche »großer Rosenkranz« oder »kleiner Rosenkranz« genannt werden).

Während die Universität die Stadt Freiburg zu einem Zentrum des nationalen und internationalen Katholizismus machte und eine konservative Elite züchtete, wurde die Erziehung der breiten Massen vernachlässigt. Noch im Jahr 1970 konnten nur 50 Prozent der Sechstkläßler eine Sekundarschule oder ein Gymnasium besuchen. Hingegen zieht eine Anzahl von Instituten mit internationaler Besetzung und religiöser Direktion immer noch diese seltsame Fauna von höhern Töchtern nach Freiburg, welche von ihrer Familie in eine gutkatholische Umgebung geschickt werden. Und auch die Flora der buntbewimpelten Orden ist noch präsent, wenn auch mit rückläufiger Tendenz: die Väter vom Heiligen Sakrament, Redemptoristen, Salvatorianer, Salesianer, Palottiner, Marianhiller, Marianisten, Weißen Väter, kleinen Brüder vom Evangelium, Gesellschaft vom Göttlichen Wort, Missionare von Bethlehem. Also immer noch: »Freiburg, das Schweizer Rom, Pfaff an Pfaff und Dom an Dom«, wie Gottfried Keller sagte? Nicht mehr ganz. Zwar gibt es noch den »Cercle de la Grande Société« an der Reichengasse, welcher nur Patrizier und Aristokraten aufnimmt, einen Lesezirkel der Guten Gesellschaft, wo die de Weck, de Diesbach und von der

Weyd Bridge spielen und ihre Töchter verkuppeln. Zwar gibt es immer noch konservative Ideologen an der Universität, wie den pechraabenschwarzen Historiker Raab oder den Pädagogikprofessor Räber, welcher den Begriff der Autorität so definierte: Sie sei etwas Gegebenes, dem man sich füge, eine Befehlsvollmacht, die an ein Amt gebunden sei, denn nur Macht könne das Gute durchsetzen, etwas Angeborenes, das man nicht beschreiben könne, das von innen herausstrahle.

*

Soweit der Hintergrund, vor welchem sich die Biographie des Seppi Siffert entfaltet. Ein Leben in Freiburg im Üchtland, wo das Konservatorium gleich neben dem Schlachthaus steht: Sonaten und Präludien begleiten die Tiere auf ihrem letzten Gang. Der Friedhof liegt nahe beim Sportstadion. In der Unterstadt wird das Proletariat langsam von Künstlern und Studenten verdrängt. Unvergeßliche Menschen wohnen dort, wie jener Jacob Fleischli, cand. phil. und Tristanforscher, der sich regelmäßig am Freitagnachmittag von seinen Büchern fortstiehlt und im Schlachthof als Pferdemetzger arbeitet, mit seiner blutbespritzten Schürze. Oder jener Jean-Maurice de Kalbermatten, dessen Schwester eine Nebenbeschäftigung als Leichenwäscherin gefunden hat, obwohl sie hauptamtlich Sekundarlehrerin ist.

Ein kleines Frankreich mitten in der Schweiz, dieser Staat Freiburg. Frankreich im Jahr 1788. Eine Revolution hat hier noch nicht stattgefunden, nur die Bauernrevolte des Nicolas Chenaux, 1781, schnell abgewürgt, sein Kopf wurde auf der Porte de Romont ausgestellt. Was in Frankreich die Bretagne, ist im Staate Freiburg der Sense-Bezirk (zum Teil auch der See-Bezirk). Eine sprachliche Minderheit, welche von der französischsprachigen Mehrheit oft wegwerfend behandelt wird. Daher vielleicht der Drang

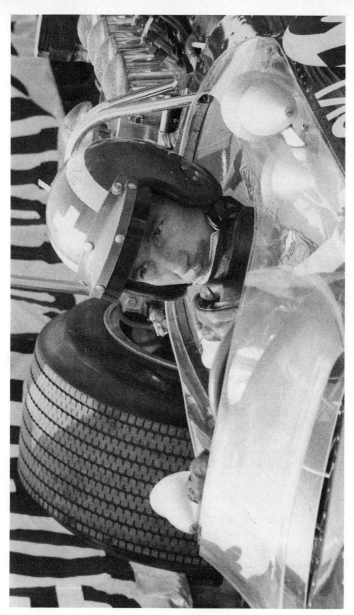

Jo Siffert

vieler Sensler nach Anerkennung und ihr Hang zur Hyper-integration. Der Chefredaktor der »Freiburger Nachrichten« ist Sensler, auch Seppi Siffert ist Sensler. Die Französischfreiburger haben eine Tendenz, sich als Staatsvolk und Kulturvolk zu betrachten, sie verlangen von den Deutschfreiburgern die Beherrschung des Französischen, können sich aber auf Deutsch kaum ausdrücken. Ein Staat mit 200 000 Einwohnern, 40 000 davon in Freiburg. Ein derart gutes Musikkorps, »Landwehr« genannt, daß es sich der Schah von Persien nicht nehmen ließ, die Feste in Persepolis von Landwehrklängen begleiten zu lassen. Die ganze Musik war nach Persien geladen. In der »Liberté« stand: »Une merveilleuse aventure au pays du Shah.« Wenn man nicht mehr an den Hof von Louis XVI. kann, dann wenigstens an den Hof des Großtürken. Eine Verwandtschaft mit Frankreich auch in bezug auf Mythenbildung: dort de Gaulle als Kristallisationspunkt der frustrierten Massen, hier Jo Siffert. Beide kompensieren eine Unterentwicklung, beide Mythen werden von den Herrschenden manipuliert. Beide sind mit katholischer Kultur gedüngt worden. Und genau wie bei de Gaulle ist auch Jo Siffert die Realität nur noch schwer von der Legende zu unterscheiden. Aber einige Lebensdaten kann man im jetzigen Stadium der Mythenbildung doch noch festhalten. Teilansichten von Jo Siffert, aufgezeichnet bei Gesprächen mit Mama Siffert, Papa Siffert, dem Mechaniker Oberson, der Freundin Yvette, dem Freund Bochenski, der Primarlehrerin, dem Lehrmeister Frangi, dem Schuhmacher Salvatore Piombino. Leider konnte ich nicht mit Bischof Mamie sprechen. Ich hätte gern von ihm gewußt, ob er sich als Verwalter der eigentlichen Religion bedroht fühle, wenn die klassischen Andachtsformen vom Siffert-Kult verdrängt werden. Bischof Mamie sagte mir fernmündlich, er antworte nur auf schriftlich formulierte Fragen und möchte auf jeden Fall den Artikel vor der Publikation noch sehen, zwecks Korrektur.

Mutter Siffert, geb. Achermann
Mama Siffert in ihrem Eigenheim bei Freiburg. Gleich im
Vestibül ein Siffert-Plakat, eingerahmt von zwei brennen-
den Kerzen, ein Heiligenbild. In der Stube die Trophäen
vieler Siege. Ein Wechselrahmen, darin ein Artikel aus dem
»Blick«: »Mama Siffert ist stolz auf ihren Sohn.« Sie kennt
sich aus mit Formel-I- und Formel-II-Wagen, mit Prototy-
pen, Porsches und Alfa Romeos. Wenn sie von den
Trophäen spricht, sagt sie: Als ich den Preis gewann. Frau
Siffert ist gebürtig aus Willisau, wo sie ihren Mann kennen-
lernte. Kurz nach der Heirat ließ sich Fam. Siffert-Acher-
mann in der Unterstadt nieder, in dem Teil, der früher
»Tanzstadt« hieß, neben dem Restaurant Tirlibaum an der
Place Petit St. Jean. Dort betrieben sie ein Milchgeschäft,
zwei Jahre, es rentierte nicht. Seppi kam dort zur Welt. Der
Vater sei bald keiner geregelten Beschäftigung mehr nach-
gegangen, entmutigt vom Mißerfolg des Milchladens. Ein
darauffolgender Mineralwasserhandel habe auch nicht
recht funktioniert. So habe sie in der Schokoladenfabrik
Villars gearbeitet, auch als Seppi schon erwachsen war, und
sei vor Müdigkeit oft mit den Fingern in der Schokolade
steckengeblieben (600 Franken im Monat). Auch habe sie
für 1.10 Franken pro Stunde die Räume der Universität
geputzt. Dazu noch der Haushalt mit den vier Kindern
(Seppi und drei jüngere Schwestern). Eine Zeitlang hat ihr
Seppi beim Lumpensammeln geholfen, »id Hudle gange«,
und später haben die beiden Narzissen verkauft an der
Reichengasse. »Mein Mann hat Seppi sehr streng gehalten,
um 18 Uhr mußte er zu Hause sein, auch sommers.« Die
Ehe war nicht harmonisch, die Gatten leben heute
getrennt. Bei den familiären Auseinandersetzungen scheint
Seppi immer die Partei der Mutter ergriffen zu haben. Sie
hat es ihm vergolten durch intensive Förderung seiner
Rennkarriere. Als er noch keinen Namen hatte, fuhr sie mit
ihm quer durch Europa an die verschiedenen Rennplätze

und besorgte ihm den ambulanten Haushalt, zusammen mit Yvette, seiner ersten Freundin. Seppi war auf Sparsamkeit angewiesen, hatte im Gegensatz zu fast allen Rennfahrern kein Startkapital und keinen reichen Vater. Frau Siffert wußte, wie gefährlich die Rennen sind, sie hat deshalb ihren Sohn immer ermahnt, bei besonders schwierigen Stellen zu beten. Sie glaubte ihn durch eine besondere Fürsprache des Himmels geschützt, hatte kaum je Angst, auch nicht nach dem Renntod von Jim Clark und Jochen Rindt. »Siehst du, Mama«, habe ihr Seppi auf dem Nürburgring einmal gesagt, »heute in dieser besonders schwierigen Kurve habe ich nicht an den Tod gedacht, sondern an einen Wagen, den ich besonders günstig zu verkaufen hoffe.« Die Familie habe zwar manchmal gedarbt, aber nie gebettelt; Vikar Moser von St. Peter habe ein Erstkommunionkleid für Seppis Schwester schenken wollen, aber das hätten sie nicht akzeptiert. Seppi habe unter einem brutalen Primarlehrer gelitten, »war oft wie im Schneckenhaus, hat es auch mit dem Vater nicht leicht gehabt«. Als er zu Frangi (Unterstadt, Nähe Gaskessel und Gefängnis) in die Lehre ging, hat er abends schwarz gearbeitet, so daß die Nachbarn wegen Nachtlärm klagten. Der Polizist, welcher die Sache untersuchte, sagte abschließend: Da kann man nichts machen, man muß dankbar sein, wenn ein Jüngling so viel Fleiß zeigt, auch nachts. Der Fleiß ist so selten bei den Jungen! Mit Seppis sukzessiven Frauen scheint Mama Siffert keine schlechten Beziehungen gehabt zu haben. Nur vermochte sie sich nie recht an das bourgeoise Milieu von Seppis letzter Frau Simone, der Tochter von Bierbrauer Guhl (Brasserie Beauregard), zu gewöhnen. Mit Yvette, der Tochter aus dem Volk, ging es besser. Yvette war die erste Freundin, aus der »basse ville« stammend, Seppi lebte ohne Formalitäten mit ihr zusammen. Nach den ersten Erfolgen in England lernte er das Mannequin Sabine kennen, das er zivil heiratete. Und als der ganz große Ruhm einsetzte, da kam auch die Bierbrauerstochter Simone, welcher er zivil und kirchlich angetraut wurde. Einerseits die Simone Guhl von der Brasserie Beauregard, andererseits der Paul Blancpain von der Brasserie Cardinal, welcher die gutgehende Garage neben dem Bahnhof für Seppi in Schwung hielt: In Freiburg entgeht man den Bierbrauern nicht. Arbeitsbeschaffung für die Proleten in der Unterstadt, welche sich nach Feierabend vom gleichen Bier benebeln lassen, das sie tagsüber produzieren. Beauregard und Cardinal bilden heute mit Wädenswil, Salmen et cetera eine Holding, welche den Markt in einzelne Kuchenstücke aufteilt. Zuvor hatte Beauregard einen Umsatz von 13 Millionen Franken und einen Ausstoß von 160 000 Hektolitern. Einheirat in die wirtschaftlich herrschenden Kreise Freiburgs: Es war dem Seppi nicht an der Wiege gesungen. Aufstieg von den Untern zu den Obern.

Herr Alois Siffert, Vater
Alois Siffert raucht dicke Zigarren, fährt Mercedes und packt mich zur Bekräftigung seiner Aussagen immer wieder am Arm. Er könnte aus der Dreigroschenoper stammen, ist aber tatsächlich aus Liebistorf im Sensebezirk gebürtig (einer Landschaft mit vielen schönen Dörfernamen: Lustorf, Wünnewil zum Beispiel). Alois, 1910 geboren, mußte auswandern, der Hof produzierte nur genug für eines der fünf Kinder. Als Käser im Luzernischen, Verdienst 25 bis 30 Franken pro Monat. Die Eltern streng konservativ, sparsam, Butter nur an Sonntagen. Als Alois aus dem Luzernischen zurückkam, mit etwas weniger konservativen Ideen, und er vor den Wahlen politisieren wollte, sagten ihm die Eltern: »Lis d'Friburgere (= ›Freiburger Nachrichten‹), da steht drin, wie du stimmen mußt.« Als er heiratete, sagte der Pfarrer: »Man glaubt es kaum, daß du einen protestantischen Meister hattest, bis noch gut katholisch.« Die Frau brachte eine Aussteuer in die Ehe. Der

Milchladen ging bankrott, weil die Arbeiter nicht zahlen konnten und monatelang aufschreiben ließen. In Spanien war der Bürgerkrieg, in Freiburg herrschte Staatsrat Piller, in der Unterstadt darbten die Arbeiter und Siffert mit ihnen. Dann der Weltkrieg, Aktivdienst, 1400 Diensttage, im Urlaub eine Vertretung für Henniez-Mineralwasser. Dann der Bub. Seppi war 1936 »struppiert« zur Welt gekommen (Sensler-Dialekt, abgeleitet vom französischen estropié = verkrüppelt). Alois hat keine Kosten gescheut, damit der krumme Fuß wieder normal wüchse. Als Seppi 1952 die Karosseriespenglerlehre begann, wechselte auch Alois vom Mineralwasser zu den Unfallwagen über. Er kauft den Versicherungen und Garagen preiswerte Unfallwagen ab (Einzugsgebiet Westschweiz), läßt sie von Seppi ein bißchen ausbeulen und verkauft sie (Absatzgebiet Aargau/Zürich) an Garagisten, manchmal mit einem Reingewinn von 4000 Franken pro Wagen, innerhalb von 48 Stunden. Seppi kann sich ein Motorrad kaufen, fährt sein erstes ausländisches Rennen in Karl-Marx-Stadt, Ostdeutschland. Aus Karl-Marx-Stadt brachte Seppi ein Tafelservice für zwölf Personen zurück. Und so sei es aufwärts gegangen mit Seppi, immer schneller, in den letzten drei Jahren hätte er mindestens zwei Millionen pro Jahr verdient, ein Herr Maerkli von der Ziegelei Düdingen habe ihn bei seinen Investitionen beraten. Wenn Seppi kein Testament hinterlasse, erbe seine Witwe das ganze Vermögen, etwa acht Millionen.

»Ist es nicht traurig, daß er jetzt sterben mußte, wo er sich in Posieux eine neue Villa bauen ließ, für eine gute Million, und wo der Renditenbau an der Rue de Romont jeden Tag so schön wächst«, sagt Alois Siffert. Die Büros sind zum voraus vermietet, und kurz vor seinem Tod hat man ihm noch einen zusätzlichen Stock bewilligt. 5,5 Mio. hat der Bau gekostet, 2,5 Mio. als erste Hypothek. Büros und Läden. Direktor Musy vom Schweizerischen Bankverein hat sich bei der Schweizerischen Volksbank dafür verwendet; der Kredit wurde bald bewilligt. Ist es nicht traurig, daß er gerade jetzt sterben mußte?

Josephine Huber, pens. Lehrerin
»O Gott, du hast in dieser Nacht / So väterlich für mich gewacht, / Bewahre mich auch diesen Tag / vor Sünde, Tod und jeder Plag«, wurde bei der Primarlehrerin J. Huber im Burgschulhaus, beim Schlachthaus, jeden Tag gebetet. Es wurden auch Schulwallfahrten nach Bürglen veranstaltet. Seppi hat die erste und zweite Klasse bei Josephine Huber besucht, 1941–1943. Er sei grad so knapp durchgekommen in der Schule, habe nie aufgemuckt, sich immer beim großen Haufen befunden. Ein Träumer, wenn sie ihn aufrief, sei er immer leicht erschrocken. Die Leute aus der Unterstadt, sagt sie, das war ziemlich hoffnungslos. Die meisten stammten vom Land, aus kinderreichen Familien, es gab keine Geburtenbeschränkung. Taglöhnerfamilien, in die Stadt ausgewandert. Die Pfarrer gaben Almosen oder schickten sie nach Freiburg. Die Unterstadt war damals voll von Läusen, Flöhen, Ratten, Alkoholikern. Das Gaswerk ist dort und das Gefängnis. Alles, was man aus der Oberstadt entfernen wollte, stopfte man in die Unterstadt. Im Auquartier wohnten die Sensler, die waren unpolitisch und tranken dafür, in der Neuveville wohnten die welschen Arbeiter – ein richtiges Sozialistennest, da wurde politisiert und gegen die Reichen gehetzt. Arbeiten konnte man in der »Dreckfabrik« (Düngerfabrik), in der Schokoladefabrik Villars, in den Brauereien. Die Patrizier und reichen Bürger haben sich aber immer christlich um die armen Unterstädtler gekümmert. Natürlich sind die de Maillardoz, de Weck, Guhl und so weiter nicht persönlich in die »basse ville« hinuntergestiegen, aber sie haben den Leuten von der Vinzenzkonferenz Geld gegeben; das waren Leute aus dem Mittelstand, die haben den Armen dann Almosen gebracht.

135

Aber trotz der Wohltätigkeit wollten die Armen nicht aus ihrem Sumpf heraus, der Alkoholismus ging nicht zurück. Ein reicher Freiburger habe testamentarisch eine Summe für die Anschaffung von Holzschuhen für die Kinder hinterlassen (sogenannte Schlorgge). Auch die Schulsuppe, Holz und Kartoffeln seien gespendet worden. In ihrer Klasse sei Seppi durch Sauberkeit aufgefallen. Arm und geflickt, aber sauber! Einfluß der Mutter. Manche Kinder aus der Unterstadt seien verlaust und mit Schorf zur Schule gekommen, in den Schulheften fand sie Läuse. Vernachlässigt wie streunende Hunde waren die Kinder aus der Unterstadt, mit wenigen Ausnahmen. Seppi sei dann in der 3. Klasse zu Herrn K. gekommen, der ihn oft geschlagen habe, und später zu Herrn A., ebenfalls rabiat.

Herr C. Frangi, Karosseriespengler
Der Lehrling benötigt folgendes persönliches Werkzeug: 1 Doppelmeter, 1 Bleistift, 1 Notizbüchlein. Besondere Regelungen: Aufräumen nach Arbeitsschluß. Als freie Tage im Sinne der gesetzlichen Bestimmungen gelten alle katholischen Feiertage sowie Karfreitag, Ostermontag, Pfingstmontag. Der Lehrling erhält für seine Arbeitsleistung folgenden Lohn: 1. Lehrjahr per Stunde Fr. –. 40; 4. Lehrjahr per Stunde Fr. –.65/–.70.
So und ähnlich lautet der Lehrvertrag zwischen dem Karosseriespengler Frangi und dem Lehrling Josef Siffert, Sohn des Alois, gültig von Mai 1952 bis Mai 1956. Frangi sagt: Ich war meinen Lehrlingen eine Art Vater. Die waren so unkultiviert. Mußte ihnen beibringen, daß man das Messer in der rechten und die Gabel in der linken Hand hält. War streng, aber gerecht. Habe gewußt, daß Siffert Schwarzarbeit macht, ließ ihn aber gewähren. Hat ein schönes Begräbnis gehabt, nur das von General Guisan hat mir noch besser gefallen. Hat mir 14 Tage vor seinem Tod noch das Du angetragen. Und immer, wenn ich ihm begeg-

nete, grüßte er freundlich. Ist ein einfacher Mensch geblieben. Hat sich nie gegen mich aufgelehnt, immer seine Arbeit gewissenhaft gemacht. Er war ein einfacher Mensch, hat nie geblufft wie sein Vater. Seppi hat seine Familie aus dem Dreck gezogen. Bei mir unten hat er auch die Yvette kennengelernt, sie wohnte gegenüber dem Atelier. Aufnahmeprüfung bei Frangi. Siffert mußte 20 Fragen beantworten, eine Frage nach dem höchsten Punkt der Schweizer Geographie und eine Frage nach dem höchsten Punkt der politischen Landschaft (Dufour-Spitze und Bundespräsident Etter).

Yvette P.

Sifferts Jugendfreundin Yvette P. hat die schwierigen Anfänge des Rennfahrers Siffert miterlebt und miterlitten, beobachtete die Entwicklung des Vornamens: Aus dem senslerischen Seppi wurde ein französisch oder welsch angehauchter Joseph, zurechtgestutzt für den linguistischen Gebrauch der Oberstadt, und aus Joseph wurde Jo, was auf französisch und englisch ebenso gängig ist. Yvette hat auch der Metamorphose beigewohnt, welche Seppis Charakter nach den Formel-I-Erfolgen durchlief. Ein ganzer Weibertroß sei ihm da plötzlich auf den Fersen gewesen, und all die aktiven Freunde, Paul Blancpain und ähnliche Leute aus der guten Gesellschaft; Paul Blancpain, welcher früher die Kirchen des Freiburger Architekten Dumas in Frankreich verkauft habe, wollte jetzt Siffert verkaufen. Seppi sei wenn immer möglich vor den Rennen zur Messe gegangen, während sie, Yvette, eigentlich nur an die Muttergottes glaube und deshalb in Bourguillon ihre Opferkerzen entzündete. (Im Restaurant neben der Wallfahrtskirche hängt heute ein Andachtsbild von Seppi.) In der Nacht vor Seppis Tod nahm sie das Unglück im Traum voraus. Und am Unglückstag, um 14.40 Uhr, hatte sie den Eindruck, als ob Seppi sie riefe.

Yvette ist verheiratet, mit einem Baumeister, der mindestens so gefährlich lebt wie Siffert. Sie hat Kinder und wohnt immer noch in der Unterstadt. Den Siffert-Kult findet sie lächerlich. »Er war vielleicht ein außerordentlicher Typ, aber ein Held war er nicht.«

Bochenski, Freund

Als Siffert zur Prominenz gehörte, machte er nicht nur Reklame für Marlboro, Bio-Strath und Chronometer-Heuer, verdiente er nicht nur mit Porsche- und Alfa-Romeo-Prototypen und mit Alfa- und Porschevertretung und ebenfalls im Rennstall von BRM (= British Racing Motors), frequentierte er nicht nur jene höhere Tochter (Simone Guhl), bewohnte er nicht nur eine Villa in Belfaux, sondern hatte auch Freunde, die seinem Lebensstandard entsprachen, nämlich Niki de Saint-Phalle und Jean Tinguely und den Eisenplastiker Luginbühl und sogar den Hochleistungsphilosophen Joseph Bochenski von der Universität Freiburg. Die beiden ergänzten sich sehr schön, der Dominikaner-Mönch mit dem Raubvogelprofil und der philosophische Sensler mit seinem Todestrieb. Während Siffert den Freiburger Kantonalrekord im Geldscheffeln hielt, fährt Bochenski in Rekordzeit mit einem Jaguar E-Type von der Universität Freiburg ans Ost-Institut in Köln. Während Seppi dem Freiburger Kapitalismus auf die Beine hilft, gibt Joseph dem Kommunismus in der Bundesrepublik Deutschland den Gnadenstoß (er wurde von der Adenauer-Regierung zum Thema Kommunismus konsultiert und glaubt, das Kommunistenverbot sei auf seinen Ratschlag zurückzuführen). Während Siffert von Rennen zu Rennen fliegt, huscht Bochenski von Vorlesung zu Vorlesung, von Symposium zu Seminar. Der eine besucht des andern Rennstall, der andere des einen Universität. 1964 lädt Rektor Bochenski den Siffert als Ehrengast an den Dies academicus, an die gleiche Universität, wo seine

Mutter noch für Fr. 1.10 Stundenlohn putzte. 1963 will Siffert dem Bochenski einen Aston-Martin andrehen, Bochenski merkt aber, daß es sich um einen Unfallwagen handelt.

Der Mönch Bochenski lebt in evangelischer Armut, darf aber alles haben, was er zum Leben braucht. Dazu gehören auch schnelle Autos und ein Flugbrevet, das er mit 70 Jahren noch absolviert hat. »Siffert ist ein Genie des Steuerrads. Während ich mit 100 in eine scharfe Kurve gehe, nimmt Siffert sie mit 130.« Die Rennfahrer geben ihr Leben hin für die normalen Autofahrer: all die technischen Verbesserungen, die wir ihnen zu verdanken haben! Als Bochenski 1918 seinen ersten Wagen fuhr, zur Zeit, als er noch Bierbrauer war, vor seiner Konversion, welche er mit 26 Jahren vollzog, als er noch in Polen residierte und als Kavallerist die Reiterarmee des russischen Generals Budjonny bekämpfte – zu jener Zeit also waren die Autos noch nicht perfekt, die ständigen Reifenpannen ärgerten ihn. Nur durch den Hochleistungssport sind die Autos unterdessen besser geworden, meint Joseph Bochenski OP, ex ordine praedicatorum, der Dominikaner aus dem Prediger-Orden.

Der Logiker und Philosophiegeschichtler, Hegel-Kenner und Antikommunist (»Der Kommunismus ist eine internationale Plage«), welcher in Freiburg eingebürgert wurde, der scharfdenkende Bochenski hat am Siffert-Kult nichts zu kritisieren. Es stört ihn nicht, daß Pater Duruz OP bei der Abdankung verkündete: »Wahrlich, wahrlich, ich sage Euch, wenn das Weizenkorn nicht in die Erde fällt und stirbt, bleibt es für sich allein, ist es aber abgestorben, so bringt es viele Frucht. Wer sein Leben liebhat, verliert es, wer dagegen sein Leben in dieser Welt haßt, wird es für das ewige Leben retten.« Und er stößt sich auch nicht an der Erklärung der Freiburger Regierung, welche nach Sifferts Tod verlauten ließ: »Er wird für alle der Inbegriff des perfekten Sportlers bleiben und für die Jugend ein Beispiel für den Erfolg sein, welcher einem unerschütterlichen Willen und unablässiger Arbeit entspringt.«

*

Das war der Seppi Siffert aus der Unterstadt, aus dem Elend in den Erfolg getrieben, in früher Jugend drangsaliert von Vater, Milieu und Lehrern, via Nürburgring und Monza in die Oberstadt verschlagen, zur Welt gekommen neben dem Restaurant Tirlibaum, aus der Welt gegangen in Brands Hatch, begraben wie seine Vorfahren, die Söldner.

*

Folgende Aufsätze entstanden am 10. Dezember 1971. Der Lehrer hatte außer dem Thema ›Jo Siffert ist tot‹ keinerlei Hinweise gegeben und den Kindern völlige Arbeitsfreiheit gelassen.
Mein Vater kannte Jo Siffert ser gut, weil er im gleichen Jahr, Monat und Tag. Als das mein Vater erfuhr, da stotterte mein Vater: Jo Siffert ist tot, das kann doch nicht möglich sein. Aber noch vor ein paar Monaten hatte er auf BRM den Österreicher Preis gefonen. Jetzt ist alles futsch. Er hat noch einen Laden. Was will jetzt seine Frau damit machen. Als er starb, da brannten um im 250 l Bensin. Wenn nur die Feuerwerr nur die Feuerlöscher hätten dann bebte er heute noch. (...)

*

Am Freitagmorgen war die Beärdigung des tötlich verunglückten Jo Siffert. Sie beärdigten ihn auf dem Friedhof in St. Lonard. Am Samstagnachmittag gingen meine Mutter und ich auf den Friedhof um Blumen auf das Grab von meinen Großeltern zu setzen. Nicht weit weg vom Grab von dem Großvater war das Grab von Jo Siffert. Alle Grabe waren eingetzaunt damit die Leute nicht alles vertrampeln. Die Leute Filmten und Fotogravierten das große Grab. Ein junger Mann der nicht an die Beärdigung konnte, flog am Sonntag mit einem Helikopter über das Graþ und ließ einen Kranz fallen. (. . .)

*

(. . .) Nach der fünfzehnten runde konnt er bei einer Kurfe nicht mehr zurukschalten und das Stockwerk klemte. Der Wagen nahm Feuer. Jo Siffert er stickte. Das Feuer war zu heiß und die Feuerwermänner konnten nicht zum Feuer. (. . .)

*

Ich war nicht dabei als sie Jo Siffert begraben haben aber ein Mädchen hat gesagt daß sie ihn mit einem Auto begraben haben.
Als er gestorben war sang die 2. Sek:
Jo Siffert ist gestorben
Jo Siffert war ein Held
Jo Siffert ist geboren in einem Kinderbett.

*

Jo Siffert lebte noch eine Minute, aber dann war er tot. (. . .)

*

(. . .) Es ist jetzt schon der zweite schwere Verlust der BRM in diesem Jahr. Petro Rodriguez ist auch tot. Im Frühling dieses Jahres verunglückte er. Es war der erste Verlust. Jetzt Jo Siffert im Herbst dieses Jahres. Die Leiche wurde nach Zürich geflogen, von dort aus nach Freiburg wo er begraben wurde. Jo Siffert ist tot.

*

Es indressiert mich nicht. Denn Siffert hat selber den tot haben wollen.

*

(. . .) Als Jo Siffert im Auto darin erstickte, da prostierten viele Leute, denn sie hätten eine Minute Zeit gehabt, Als Siffert in Freiburg war, kamen 6 Totenwagen ganz beladen mit Kränzen, und im letzten war Jo Siffert.

Fritzli und das Boxen

Äußerungen von und über Fritz Chervet, der am 27. April 1974 zum Weltmeisterschafts-Fliegengewichtsboxkampf antrat, notiert und montiert nebst einigen Zitaten aus schriftlichen Quellen und kurzer Beschreibung von Örtlichkeiten, welche Fritz gelegentlich aufsucht.

Grimm Walter, Boxjournalist
(erste Auskunft am Telefon): Ja, der Fritzli kommt wie alle Boxer aus der unteren Schicht; er hat sich durchgeboxt und hinaufgeboxt. Mit der ersten Börse hat er seiner Mutter eine Waschmaschine gekauft. Er kommt von ganz unten wie Cassius Clay und Sonny Liston. Er ist der erste Schweizer, der gegen einen Weltmeister antritt, früher haben wir es nur bis zum Europameister gebracht. Früher haben die Arbeiter in der Schweiz massenhaft geboxt, heute gibt es mehr und mehr Fremdarbeiter in unseren Boxklubs, unsere einheimischen Büezer sind nicht mehr hart genug zum Boxen. Sie haben nicht mehr soviel Mumm. Der Fritzli boxt bei Charly Bühler im Boxkeller gegenüber dem Bundeshaus. Aber Achtung, dort gibt es zweierlei Kundschaft, einesteils die feinen Leute, die tagsüber ein wenig boxen und sich damit fit halten wollen, Diplomaten, Geschäftsleute, Advokaten, und andernteils am Abend die Amateure und Profis, welche hoffen, mit dem Boxen einmal Geld zu verdienen. Die feinen Leute sind Luxusboxer und brauchen kein Geld mit dem Boxen zu verdienen, weil sie es schon haben. Die können auch in irgendeinen Fitnessklub gehen, aber Boxen macht sich besser. Es gibt auch Boxen für Kinder bei Charly Bühler, das sind dann auch Kinder von besseren Leuten, solche, die zum Beispiel auf dem Pausenhof immer verhauen werden und nicht zurückschlagen, die

sollen bei Charly Bühler die Hemmungen verlieren. Sie verlieren dann auch ihre Minderwertigkeitskomplexe und schlagen zurück. Leider ist der Boxsport in der Schweiz als grob verschrien, das sollte man einmal berichtigen. Es ist im Gegenteil ein sehr feiner Sport. Man muß nur den zarten Fritzli sehen, wie sensibel der boxt. Fritzli ist auf der ganzen Linie sensibel; er wohnt immer noch bei der Mutter in Bern, wo auch seine vier Brüder wohnen, und alle haben sehr viel Familiensinn. Das kommt ja nicht oft vor, daß vier erwachsene Männer soviel Familiensinn haben und bei der Mutter wohnen bleiben. Der Vater ist schon lange tot, man weiß nicht viel über ihn. Die Mutter hat die ganze Familie durchgeschleikt. Alle fünf Brüder boxen oder haben geboxt. Es ist eine richtige Boxerfamilie. Nur die Mutter und die zwei Schwestern boxen nicht.

Geschichtlicher Rückblick
(»Das große Lexikon des Sports«): Boxen, eine der ältesten Zweikampfarten der Menschheit, über deren sportliche Ausübung bereits aus dem antiken Griechenland schriftliche Zeugnisse vorliegen. In Homers »Ilias« werden z. B. Faustkämpfe geschildert, die von den Griechen anläßlich der vor Troja veranstalteten Leichenfeiern ausgetragen worden sind. Zur Vorbereitung auf einen Kampf wurde das Schlagen an Geräten geübt, die den heute verwendeten etwa ähnlich waren. In späterer Zeit wurden die Faustkämpfe nur mehr von Berufsathleten ausgetragen; die früher als Bandagen verwendeten, weichgegerbten Lederriemen wurden durch hartgegerbte und mit Metalldornen versehene Riemen ersetzt, die jeden Faustkampf zu einer Auseinandersetzung auf Leben und Tod werden ließen. Mit dem Untergang Roms als politischer Macht verschwanden die beim Publikum beliebten Gladiatorenkämpfe und damit auch vorübergehend der Faustkampf.

Bühler, Charly, Trainer und Manager des Fritz Chervet.
In seinem Boxkeller in Bern. Kommen und Gehen von
Boxfans in Bühlers Büro. Es werden Ringplätze für den
Weltmeisterschaftskampf gekauft, für 250 Franken das
Stück. Das Büro ist mit moderner Malerei ausstaffiert:
meist Geschenke von Künstlern, die bei Charly geboxt
haben, im Zeichen der Fitness. Ein Poster von Fritzli mit
rührendem Ausdruck, als ob er einen Schlag erwarte. Im
Ring boxt Fritzlis Bruder Werner, haut kräftig auf Bundes-
richter Cholidon ein. Dieser wird in die Ecke gedrängt.
Werner könnte den grauhaarigen Cholidon leicht zer-
schmettern. Überall wird geboxt, auch viel Konditionstrai-
ning, dumpfes Aufklatschen von Boxhandschuhen auf
Fleisch oder auf andere Boxhandschuhe. Manche hüpfen
mit dem Springseil, das gibt einen sausenden Ton. Andere
liegen am Boden und stoßen ihre Beinchen kolbenartig in
die Luft. Meist weiße Beine, wie sie in Büros wachsen. Zur
Vorbereitung auf den Kampf wird das Schlagen an Geräten
geübt, die den in Griechenland verwendeten ähnlich sind.
Im Hintergrund der Umkleideraum, wo weiße Männerhaut
blinkt. Duschtöne. Von weit her Erinnerungen an ein Inter-
nat, an einen Männerbund weitab der Welt.)
Ja sehen Sie, das ist der Sport der Armen. Die großen Boxer
kommen aus der dritten Welt, Südamerika, Thailand, Afri-
ka, oder wenn sie aus den hochentwickelten Ländern kommen, dann gehören sie dort zu den Unterprivilegierten. Sie
wissen, die Neger in Amerika oder die Sizilianer in Italien
oder die Spanier aus den armen Gegenden. Leute, die im
Schatten geboren sind, können sich hinaufboxen zu einem
Platz an der Sonne. Dabei ein fairer Sport, frank und frei,
jeder hat die gleichen Chancen. Und dabei von einer
choreographischen Schönheit. Die Selektion geschieht wie
in der Natur nämlich so, daß der Stärkste überlebt. Eine
Gesellschaft, wo nicht mehr geboxt wird, ist dekadent. In
unseren hochentwickelten Gesellschaften verschwindet der

Boxinstinkt mit dem Luxus. Das Boxen ist eine Charakter-
schule, auch hier das Fitnessboxen. Da herrscht Gleichheit,
der Millionär kann mit dem Büroangestellten boxen. Und
man kann die Welt draußen vergessen. Man kann abstra-
hieren von der Welt draußen.

Aufruf (an der Wand von Bühlers Boxkeller diskret aufge-
klebt): Freisinnig-demokratische Partei des Kts. Bern. Auf
der Liste der Großratswahlen unserer Partei hat sich Herr
Markus Vuillemin, Liegenschaftsverwalter, als Kandidat
aufstellen lassen. Er ist Ihnen als Mitglied Ihrer Vereinigung bekannt, und sicher sind Sie mit uns der Meinung,
daß er volle Unterstützung verdient. Wir bitten Sie, wenn
möglich alle Mitglieder Ihrer Vereinigung auf die bevorstehenden Wahlen und insbesondere auf diese Kandidatur
aufmerksam zu machen und eine neutrale Empfehlung an
alle Mitglieder zu richten, unserem Kandidaten bei den
bevorstehenden Großratswahlen die Stimme zu geben.

Bühler, Charly: Dabei ein fast ungefährlicher Sport. Hart
und schmerzvoll, aber weniger gefährlich als viele andere
Sportarten. Vor allem eine Schulung des Charakters und
der Reaktion. Man lernt Schläge einstecken, auf die Zähne
beißen.

Geschichtlicher Rückblick (Sportlexikon):
Boxunfälle, tödliche, werden sorgfältig registriert. Allein
nach 1945 bis Ende 1968 sind über 240, nach anderen Sta-
tistiken sogar über 260 Boxsportler (Amat. und Profi) den
Kampffolgen zum Opfer gefallen. Im deutschen Berufsbo-
xen 3 Todesfälle: Paul Völker (1932), Karl-Heinz Bick
(1957) und Jupp Elze (1968). In anderen Sportarten Ver-
lustzahlen höher, insbesondere beim Motorsport und ame-
rik. Football.

Hui, Ernst, Boxjournalist: In der Schweiz wurden seit Bestehen des Schweizerischen Box-Verbands (SBV) noch keine toten Boxer notiert, also seit 1913. (Es gibt keine Untersuchungen über die Spätfolgen des Boxens in der Schweiz, über Gehirnschäden, Verblödung usw.) Heute gibt es etwa fünfhundert Amateurboxer, die in den Ring steigen, und fünf Profis in der Schweiz: Blaser, Hebeisen, Nußbaum, Vogel, Chervet. Bei einer so geringen Zahl von Boxern gibt es naturgemäß auch kaum Tote. Die Amateure boxen fast gratis, für 35 Franken den Auftritt. Jeder hofft, ein bißchen Geld zu verdienen, und groß herauszukommen, aber nur ein Prozent steigt in die Profikategorie auf. Auch von den Profis verdienen bei uns die meisten nicht viel, vielleicht 2000 Franken pro Match, wenn's hochkommt, bei etwa 6 Kämpfen pro Jahr. Ein einziger verdient bei uns recht, aber auch noch nicht lange, das ist der Fritzli. Alle möchten einen Platz an der Sonne erboxen, aber es gibt nur *einen* Platz.

Chervet, Fritz, Boxer und Sänger. (Auszug aus einer Schallplatte, die er auf Veranlassung des »Blicks« Anfang April 1974 besungen hat. »Blick« griff dabei auf das bewährte Team Pepe Ederer und Gerd Gudera zurück. Es gibt auch T-shirts mit Fritzlis Namenszug und Autoreklamen, die mit seinem Namen werben. Alles, seit er an der Sonne sitzt.)
Das schönste Mädchen auf der Welt
hat mich heute ausgezählt,
und weil mein Herz gleich Feuer fing,
werf' ich das Handtuch in den Ring.
Ich war k.o. im ersten Augenblick.
Das war mein Glück.
Als ich sie dort in der ersten Reihe sah,
dachte ich, was will das kleine Mädchen da.
Festgenagelt stand ich an einem Fleck
und hatte gleich ein blaues Auge weg.

Hui, Ernst, Boxjournalist: Die meisten Boxer haben eine normale Unfallversicherung abgeschlossen, welche Sportunfälle deckt. Es gibt aber gewisse Klauseln, wonach Geistesgestörtheit infolge von K.-o.-Schlag nicht gedeckt ist. Dann gibt es meines Wissens auch eine Klausel, wonach aufgrund eines Enzephalogramms (= Aufzeichnung der Hirnimpulse) die Versicherung gekündigt werden kann, das heißt, wenn das Hirn nach einem besonders kräftigen Schlag oder Fall als beschädigt betrachtet werden muß, läuft die Versicherung aus. Auch muß einer schon eine bestimmte Fertigkeit im Boxen haben, damit er eine gute Versicherung abschließen kann. Die Versicherungen können ja nicht riskieren, daß sich einer zum Idioten schlagen läßt und nachher bei der Versicherung kassiert. Da würde noch vielleicht manchem einfallen, auf diese Art zu Geld zu kommen.

Medizinischer Rückblick: Im Rahmen einer britischen Untersuchung wurden die Gehirne von 15 ehemaligen britischen Boxern – darunter zwei Weltmeistern –, die in den vergangenen sechzehn Jahren gesammelt und konserviert worden waren, im Laboratorium genau untersucht. Einige der Boxer waren in Heilanstalten gestorben. In dem Gutachten mit dem Titel »Späternte des Boxens« heißt es, in zwölf von fünfzehn Fällen sei die Scheidewand zwischen den beiden Großhirnhemisphären zerrissen gewesen. (...) Obwohl viele Schläge an den Kopf die Struktur des Gehirns nicht sichtbar verändern müßten, bestehe immerhin die Gefahr, daß »zu einem unvorhersehbaren Zeitpunkt und aus unbekannten Gründen ein oder zwei weitere Schläge ihre Spuren hinterlassen«. Dann habe die Zerstörung von Hirngewebe, das niemals ersetzt werden könne, eingesetzt. Der Gehirnschaden kann, wie in dem Gutachten weiter zum Ausdruck kommt, zu Gedächtnisverlust, Sprach- und Gleichgewichtsstörungen, Tobsuchtsanfällen und schließlich zum Schwachsinn führen.

Witwe Chervet. (In ihrer Wohnung an der Schwarzenburg-
straße in Bern. Wir hatten sie auch im Restaurant »Schön-
egg« in Wabern gesehen, wo sie mit ihren fünf Söhnen für
die Familienfotos posierte. Dieses Restaurant-Hotel wird
von zwei Chervet-Brüdern geführt. Man sagt, Fritzli sei
finanziell auch beteiligt, das Unternehmen habe erst mit
seiner Hilfe in Schwung gebracht werden können. Die
»Schönegg« ist eine Quartierbeiz mit sehr gemischtem
Volk. In der Familienstammwohnung an der Schwarzen-
burgstraße stehen Siegespokale auf dem Büchergestell,
Miniaturboxhandschuhe baumeln an der Wand, Souvenir
eines Fritzlifans, auch Bilder sind da, die dem Champion
geschenkt wurden. Die beiden Söhne Walti und Werni sind
auch da, nehmen der Mutter das Wort von der Zunge,
wenn ihre Antworten stockend kommen. Später kommt
noch der Sohn Paul mit Freundin. Nur die Söhne Fritz und
Ernst fehlten an diesem Abend.)

Ja, ich bin keine Rednerin, wüsseter. Soll ich einen Birnenschnaps aufstellen? Also wenn der Fritz am Fernsehen
kommt, dann stelle ich ab, ich könnte nicht zuschauen, wie
er vermöbelt wird. Nur Aufzeichnungen schaue ich an,
wenn ich weiß, daß er schon gewonnen hat, dann habe ich
nichts mehr zu fürchten. Mein Mann war Schreiner, auch
der Schwiegervater war gelernter Schreiner. Wir haben früher in Außerholligen gewohnt, einem Arbeiterquartier,
nicht für verwöhnte Leute. Heute ist jetzt das ganze Quartier abgerissen worden, und es hat dort Hochhäuser gegeben. Gottlob hatte ich eine Bürolehre gemacht, da konnte
ich 1951, als der Mann starb, wieder eine Büroarbeit
annehmen. Nicht sofort, als er gestorben war, sonst hätten
sie mir die Familie auseinandergerissen, weil der Jüngste
noch klein war, aber einige Zeit nach dem Tod des Mannes
habe ich dann beim Bund in der Statistik gearbeitet und
habe 1955 etwa 600 Franken im Monat verdient, nicht sehr
viel für sieben Kinder. Was Ferien machen heißt, haben wir

erst erfahren, als der Konsumverein und die Schweizerische Reisekasse uns einmal einen Aufenthalt in Amden ermöglichten, das war der Wahn. Daß die Kinder in die Sekundarschule hätten gehen können, daran war nicht zu denken, oder gar aufs Gymnasium, waren sicher auch nicht gescheit genug, und das Geld hatten wir auch nicht. So haben alle Kinder neun Jahre Primarschule gemacht. Der Älteste ist Schwachstromapparatemonteur geworden, der nächste Karosserieschlosser, der Fritz Möbelschreiner, der Walter Kaufmann und der Werni Feinmechaniker. Es sind alle zufrieden.

Chervet, Werner: Wenn ich mir so überlege, daß wir heute zwei, drei Wochen nach Mexiko oder Amerika reisen können, wenn wir Lust haben, so haben wir es doch weit gebracht, verglichen mit früher. Wenn früher einer aus den Ferien in Rimini zurückkam, staunten wir. Das konnte man sich in Außerholligen gar nicht vorstellen, wo Rimini war.

Witwe Chervet: Mir sind armi Chaibe gsy, wir haben uns nie vorgestellt, daß wir höher hinaus könnten. Heute haben wir jetzt ein schönes Verhältnis zueinander, es wird eigentlich nie gezankt in der Familie. Daß die Buben noch alle zuhause sind (alle im Alter zwischen 25 und 33 Jahren), ist ein Zeichen, daß es ihnen paßt.

Chervet, Werner: Der Mensch neigt heute dazu, daß er zu weich ist. Die Menschen sollten mehr boxen, denn Boxen ist brutal, das täte den Leuten gut. Aber es ist eine faire Brutalität.

Chervet, Walter: Aus der weniger bemittelten Schicht gehen die großen Boxer hervor, nicht aus der verwöhnten Schicht. Wir haben alle geboxt in der Familie, es hat uns

Frau Hedwig Chervet mit ihren fünf Söhnen: Ernst (links), dann
Paul, Fritz, Walter und Werner

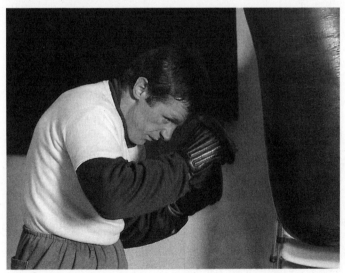

Fritz Chervet beim Training

gutgetan. Wir haben es bis zum Schweizer Meister gebracht, der Fritzli dann noch weiter.

Chervet, Werner: Daß der Charly Bühler als Manager 30 Prozent von Fritzlis Bezügen erhält, ist einfach übertrieben. Wollen dem Bühler die Qualitäten nicht absprechen, aber auch ich oder Sie könnten ein Erfolgstrainer werden mit einem Fritzli in der Ecke. Der schneidet sich ein viel zu großes Stück vom Kuchen ab. Aber leider geht es nicht ohne Manager, schon wegen der vielen Schreibarbeiten, die nicht jeder erledigen kann. Wir haben uns schon oft gesagt: Auch unser Paul könnte Fritzli manageren.

Witwe Chervet: Der Charly Bühler profitiert viel zu viel am Fritz, das habe ich schon oft gesagt. Aber das Problem ist: wo trainieren? Der Bühler hat eben einen Boxkeller mit allen Einrichtungen, und wir haben keinen.

Chervet, Werner: Der Mensch will im Leben immer gewinnen, will den anderen besiegen. Man muß den anderen nicht unbedingt grad k.o. schlagen, man muß nur gewinnen. Das gibt sauberen Tisch.

Chervet, Walter: Hart ist das Boxen, pickelhart. Da kann man keinen Birnenschnaps kippen zwischenhindurch. Nur der Fritzli war hart genug, die andern vier haben nicht genug Willen gehabt. Wir sind nur Schweizer Meister geworden, und dem Ernst haben sie die Boxlizenz weggenommen, der war in eine Schlägerei verwickelt. Ein guter Boxer darf nur im Ring boxen und gar nicht zu privaten Zwecken. Der Ernst hat zu wenig Disziplin gehabt, der Paul hat zu wenig lang durchgehalten, der Werni ist zu wenig konsequent. Wir waren nicht hart genug, wir haben zu wenig verzichten können.

Witwe Chervet: Der Fritz wird jetzt manchmal von noblen Leuten eingeladen, aber er ist nicht wohl dabei, der Bundesrichter Cholidon und der Bierbrauer Hess laden ihn ein, und diese wollen dann immer vom Boxen reden. Einmal war er auch von einem reichen Zahnarzt eingeladen, der es immer vom Boxen hatte. Da hat ihm Fritz gesagt: Wollen wir heute nicht von den Zähnen reden? Aber die alten Freunde hat er behalten, er besucht immer noch Schreiner Messer in Gümligen, den Ernst Messer, wo er einmal gearbeitet hat. Und der Lehrer Lüthy schickt ihm nach jedem Kampf eine Schwarzwäldertorte, pünktlich nach jedem Kampf. Und der Herr Wanzenried kümmert sich wie ein Vater um ihn. Das ist ein richtiger Vater – und nicht der Charly Bühler. Ich muß immer lachen, wenn die Zeitungen schreiben, Charly Bühler sei eine Art Vater von Fritz.

Chervet, Werner: Das Leben geht schnell vorbei, und von den Mädchen muß man die Schönsten nehmen; ein guter Braten kommt nicht alle Jahre wieder.

Witwe Chervet: Du sollst die Mädchen nicht »Bräten« nennen.

Chervet, Walter (legt die Chervet-Platte auf):
  Das schönste Mädchen auf der Welt
  hat mich heute ausgezählt,
  und weil mein Herz gleich Feuer fing,
  werf' ich das Handtuch in den Ring.
  Ich war k.o. im ersten Augenblick.
  Das war mein Glück . . .

Fritzli beim Abendtraining im Boxkeller. Hier gibt es keine Worte zu berichten, Fritz bleibt stumm. Aber man kann etwas sehen. Die Fitness- und Luxusboxer in Charlys Box-

keller treiben ihr Konditionstraining. Fritz ist tänzelnd und hüpfend mit den Vorbereitungen zum Schlagen beschäftigt. Er wirft die Beine von sich, wirft die Beine in die Höhe, rudert mit den Armen, wackelt locker mit dem Kopf. Er läßt den Kopf ganz locker baumeln. Dann schlagen seine beiden Handschuhe wie Dampfhämmer gegen einen Trainingsball. Gespannter, etwas leidvoller Ausdruck. Hochgezogene Augenbrauen. Fritzli gewinnt den Kampf gegen die Gummibirne. Die Unterhosen schauen unter den Turnhosen hervor. Er trägt einen Eierschoner und weißrote Stiefelchen. Jetzt haut er einer zweiten Gummibirne rechts und links eins um die Ohren. Wie am Fließband haut er die Birne maschinell immer wieder. Jetzt geht es dem großen hängenden Sack zu Leibe, schnaubend. Er hat einen guten Atem. Er geht dem großen Sack gegenüber in Verteidigungsposition. Gleich wird der Sack angreifen. Gesenkter Kopf, die Sehnen treten hervor. Klatschend haut er den Sack. Jetzt steigt er in den Ring, nimmt den Zahnschutz ins Maul, wechselt die Handschuhe. Einer tritt an gegen Fritzli, aber nur zum Schein, Fritzli langt nicht richtig zu, er wetzt nur seinen Kampfgeist ein wenig am Gegenüber. Dann gibt Charly Bühler noch technischen Unterricht. Mit gespitztem Maul schwingt Fritzli dann das Springseilchen, das sirrt so sausend durch die Atmosphäre. Gehupft und gesprungen. Noch eine Runde getänzelt im Folterkeller. Ab geht Fritzli, pißt und duscht.

Messer, Ernst, Möbelschreiner: Fritz Chervet war 1969 und einen Teil von 1970 bei mir beschäftigt. Im Jahr 1969 hat er insgesamt 9000 Franken verdient, sieben Franken fünfzig im Stundenlohn. Habe ihm jeweils freigegeben, wenn er trainieren wollte. Er war ein einfacher Bursch, und so bescheiden. Er hat in den Betrieb hineingepaßt, konnte sich überhaupt gut anpassen, war bescheiden, still, sparsam, ruhig, auch lieb und fein als Mensch, hat von halb sieben bis siebzehn Uhr regelmäßig gearbeitet, nie einen Tropfen getrunken. Fritz hat auch Särge gezimmert, wobei er wie überall eine besondere Akkuratesse bewies. Dann hat er als Chauffeur den Leichenwagen gefahren, denn meine Firma besorgt auch Beerdigungen. Und was so anfällt im Betrieb, Kücheneinrichtungen, Fauteuil reparieren, den Umbau im Schloß von Gümlingen. Noch gut ist mir in der Erinnerung haften geblieben, wie der winzige Fritz affengleich auf dem Gehäus der Orgel von Gsteig herumturnte, hat meine Firma in Gsteig doch das Orgelgehäuse neu gerichtet. Eine besondere Liebe für antike Möbel hat bei Fritz durchgeschlagen im Laufe seiner Schreinertätigkeit; notabene ein Schrägbüro, wie sie die alten Stehpulte im Bernischen nennen, hat er mit Geschick wieder in seinen alten Zustand gebracht. Einen Luxus hat er sich nie geleistet; er legte alles zurück; nur einmal hat er mich zu einem Meerfrüchtesalat eingeladen. Später ging er dann zum Auto-Senn, eine Firma für Autozubehör, die wollten einen berühmten Namen haben. Dort hat es ihm nicht gefallen. Danach hätte er ein »Wimpy«-Restaurant in Bern übernehmen können, als er die Wirteprüfung gemacht hatte. Er wollte ja einmal wirten, als er vom Boxen die Nase voll hatte. Das hat dann aber auch nicht funktioniert. Streit kann man mit ihm eigentlich nicht haben, und ich glaube nicht, daß er jemandem eins draufschlagen kann, ein so lieber, feiner, stiller Mensch.

Aufzeichnung von Chervets Kämpfen (gegen Atzori und Sperati, Archiv des Schweizer Fernsehens): Der liebe, feine Fritz hat ein Aug' von Atzori blau und wund geschlagen, hat Atzori in die Seile geschmettert und bleibt in Atzoris Arme verkettet liegen, bis der Schiedsrichter sie trennt. Er würde ihn sicher töten mit seinen schnellen Hämmern, wenn Atzoris Verteidigung nachläßt. Mörderschläge teilt er aus, ein tänzelnder Mörder, es fließt Blut, aber es ist ja

Sport, einer für den Charakter. Fritzli geht zu Boden, steht in der siebten Sekunde wieder auf, der Kampf ist aus, die Kämpfer tätscheln sich gegenseitig die Rücken, organischer wäre jetzt der Tod mindestens eines Boxers, nach dieser Verbissenheit. Es ist unnatürlich. Wenn sie zum Schluß sich nicht töten, dann war der ganze Kampf unehrlich. Er müßte im Tod gipfeln, denkt man.

Dr. Heinz Kellner, Spez.-Arzt für innere Med. FMH (besonders Magen-, Darmkrankheiten und Hämorrhoidalleiden; ärztlicher Betreuer des Fritz Chervet): An Verletzungen hat Fritz Chervet ganz generell nur Riß- und Quetschwunden gehabt und einmal eine Augenbrauenverletzung und einmal eine angeknackste Rippe. Die Nase wurde ihm nie eingeschlagen, die Ohren nie abgerissen, einen Leberriß hatte er nie, soweit mir erinnerlich, auch keine Hirnerschütterung. Fritzli hat eine ausgezeichnete Verteidigung und schützt seinen Kopf. Der Kopf ist nämlich das einzige Organ am Körper, das man gegen Schläge nicht abhärten kann. Die Bauchwand zum Beispiel kann man durch geduldiges Bauchmuskeltraining bretterhart machen. Natürlich, wenn man einen Kopfschlag erwischt, so gibt es, weil das Hirn ja eine andere Trägheit hat als der Knochen, einen Contrecoup, eventuell Quetschungen und Zerstörungen von Hirnsubstanz, auch Blutungen, welche mikroskopisch sein können oder auch etwas größer, und auch Verwachsungen kann es geben, aber erst später. All das darf jedoch nicht dem Boxsport als solchem generell angelastet werden, sondern bedauerlichen Einzelfällen innerhalb dieses Sportes. Wenn man eine Stufenleiter erstellen will von den das Hirn betreffenden Möglichkeiten, so muß man an erster Stelle die *Kontusion* nennen. Die nächste Stufe wäre eine sogenannte *Commotio*, also eine Erschütterung, die mit Bewußtlosigkeit verbunden sein kann. Aber oft kommt es vor, daß einer nicht k.o.

geschlagen wird. Es kann auch *technischer* K.o. sein (einer ist oberflächlich, jedoch spektakulär verletzt und wird kampfunfähig) oder ein Sieg nach Punkten. Häufig sind die darniederliegenden Kämpfer nur benommen. Dann – die letzte Stufe wären die *Hirnblutungen*. Der Kopf wird bedeutend heftiger mitgenommen, wenn er auf den harten Bretterboden aufschlägt, als wenn ihn ein weicher Handschuh trifft. Und jeder Beruf ist schließlich mit einem Risiko verbunden. Es zwingt ihn ja niemand, Profi zu werden.

(Dr. Kellners Dienstmädchen schenkt Kaffee ein, in Kellners sehr gediegenem Eigenheim, während Kellner diese Worte spricht. Kostbare Bilder, Möbel, etc. Kellner war nicht gezwungen, Profi zu werden.)
Der Kunstharzplastikeinsatz für die Zähne bewirkt zwar, daß der einzelne Zahn größeren Widerstand leisten kann, ist jedoch keine Garantie gegen Verletzungen, man kann trotzdem einen Kieferbruch haben wie Cassius Clay beim letzten Kampf. Auch wenn man den Daumen nicht gut einschlägt im Handschuh, kann man ihn leicht brechen. Andrerseits gewährt der Eierschoner einen totalen Schutz. Immerhin, seit der Schweizerische Boxverband besteht, seit über 60 Jahren, hat es in der Schweiz keinen Boxtoten abgesetzt. Über die Spätfolgen weiß man allerdings in der Schweiz nichts. Die obligatorische ärztliche Kontrolle vor dem Kampf bietet Gewähr, daß die Kämpfer in durchaus intaktem Zustand antreten. Eine Kontrolle nach dem Kampf ist nicht obligatorisch. Es werden jeweils die Augen inspiziert, der Hals, die Lunge auskultiert, der Blutdruck gemessen, der Bauch betrachtet. (Ist vielleicht die Leber fünfmal größer, als sie sein dürfte?) Hingegen entfällt die Blut- und Urinkontrolle. Um einen Boxerorganismus aufzubauen in der Trainingsphase, braucht es in der ersten Etappe eiweißreiche Kost, damit die Muskulatur gehätschelt wird, und dann in der letzten Etappe eine Nahrung,

welche Kohlehydrate zuführt und leichtverdauliche Sachen, damit der Organismus vollgetankt wird, so daß er sich im Kampf verausgaben kann bis zum Erschöpfungszustand. Den Erschöpfungszustand kann man daran erkennen, daß die Boxer nicht mehr voneinander loskommen. Fritzli ist aber so zäh, daß er erst in der zehnten Runde in den Erschöpfungszustand fällt, wenn überhaupt. Von Fritzlis Körper kann generell gesagt werden, daß er viel gute Muskelsubstanz hat, aber nicht viel Muskelvolumen, sehnig, aber kein Grämmchen Fett. Wenn man Fritzlis Körper in der Badeanstalt begegnete, so würde man kaum sagen: Das ist ein Boxerkörper. Man könnte nur sagen: Grazil, aber athletisch, sieht einfach sehr gut aus, gleichmäßig durchtrainiert, ohne Hypertrophie einzelner Muskeln. Fritzlis Körper besitzt gute Sprunggelenke, die Boxer müssen bekanntlich auf den Fußballen ihr Körpergewicht verlagern, das macht elastisch und schlagfertig. Deshalb soll auch der tägliche Dauerlauf auf den Fußballen erfolgen. Wichtig ist außerdem ein gutes Lungenvolumen und eine hohe Durchströmungsgeschwindigkeit des Blutes in der Lunge. Mit einem 2- bis 4stündigen Training morgens und einem ausgedehnten Dauerlauf nachmittags sowie mit dem Verzicht auf Nikotin und Alkohol kann die gewünschte Körperbeschaffenheit erzielt werden. Was den Geschlechtsverkehr betrifft, so ist generell zu sagen, daß Fritzli sich so oder so verhalten kann, es gibt noch keine gesicherte Relation zwischen Häufigkeit des Beischlafs und boxerischer Leistungsfähigkeit.

Was den psychologischen Gewinst des Boxens betrifft, so kann ich als Fitnessboxer folgende generelle Feststellungen machen: Viele Geschäftsherren, die im harten Konkurrenzkampf stehen, boxen bei Charly Bühler regelmäßig, etwa der Juniorchef der Bauunternehmung Losinger, und präparieren sich so für das Boxen im wirtschaftlichen Überlebenskampf. Denkt man an das riesige Volumen der Firma

Losinger, so leuchtet ein, daß Losinger sich boxend fitten will. Er läßt ja sogar in Israel bauen. Zugleich hat Losinger in Charly Bühlers Keller Kontakt mit dem Volk. Andrerseits gestatten viele Geschäftsleute, die dem Boxen gegenüber aufgeschlossen sind, ihren Büroangestellten, daß sie während der Bürozeit im Boxkeller trainieren. Die verlorene Zeit wird dann am Abend nachgeholt. Auf diese Weise kann man eine friedliche Büroatmosphäre und den Abbau der innerbetrieblichen Aggressionen, Frustrationen und anderweitiger Stauungen erzielen.

Chervet, Fritz, Champion. (In seinem Landhaus in S., Kanton Fribourg, woher die Familie Chervet ursprünglich stammt. Fritz hat in S. eine ausgediente Käserei gekauft, die er jetzt eigenhändig und mit Hilfe seiner Brüder in der Freizeit umbaut. Das Haus liegt am Fuß eines Rebbergs, grüne Fensterläden, hinten ein Schweinekoben, nicht schlecht. Witwe Chervet findet, er hätte einen Trax bestellen sollen, das alte Haus zerstören und großzügig neu bauen lassen. Fritzli erscheint verschlafen an der Tür, hat den Mittagsschlaf unterbrechen müssen. Er ist ein schmaler Wurf mit seinen 1,64 Meter und seinem einzigen Zentner Gewicht. Er sieht vielleicht wie 23 aus. Seltsam, ihn »Herrn Chervet« zu nennen.)

Als ich in Thailand war und gegen Chartchai Chionoi boxte, wurde ich dort in seine Familie eingeladen. Er kommt aus ähnlichen Verhältnissen wie ich. In Thailand trifft man überall Boxer auf öffentlichen Plätzen, aber die boxen auf thailändisch, mit Händen und Füßen. Richtig angefangen als Amateur habe ich 1958, 1961/62 war ich Schweizer Meister, 1963 wurde ich Profi. Seit drei Jahren kann ich vom Boxen leben, vorher lebte ich vom Schreinern. Wenn es gutgeht, kann ich noch zwei Jahre boxen, dann will ich wieder zurück zur Schreinerei, möchte mich auf antike Möbel spezialisieren.

Chervet, Ernst (später im Restaurant »Schönegg« in Wabern angetroffen): Der Fritzli will doch nicht im Ernst von der Schreinerei leben, der sammelt doch nur alte Möbel aus Plausch. Leben will der Fritzli von den Zinsen aus dem Renditenhaus in Bern, das er demnächst kauft. Der Vertrag mit dem Immobilien-Gerber, Sie wissen doch, der Hausi Gerber von »Herd & Haus«, ist schon bald reif. Der Fritzli *muß* jetzt die Weltmeisterschaft gewinnen, damit er das Renditenhaus kaufen kann. Die muß er einfach gewinnen. Wenn er sie nämlich gewinnt, dann muß nachher sein Herausforderer 100 000 Dollar zahlen, soviel wie jetzt Chionoi erhält.

Chervet, Fritz: Am 27. April schauen für mich vielleicht 30 000 Franken netto heraus. Ich habe große Spesen, das Trainingslager in Vals ist teuer, die Sparringpartner auch. Wenn Sie mich fragen, wie meine Beziehungen zu Charly Bühler sind, so müßte ich bei dieser Frage passen. Er hat 30 Prozent vom ganzen Betrag. Sehen Sie, Boxen, das ist wie der Lebenskampf. Man muß immer kämpfen. Gegen früher bin ich reich, und so hab' ich mir ein Haus gekauft. Das ist jetzt meines, da kann mich niemand verjagen.
Chervet bietet Valser Wasser und alkoholfreies Bier zum Trinken an. Eine Frau kommt die Treppe hinunter; es scheint, als ob sie einen asiatischen Einschlag hätte. Auf die Frage, ob seine Freundin aus Thailand komme, sagt Chervet:
Nein, bloß aus Fribourg
Schweigen. Ich erkläre, daß ich schon einmal einen Champion behandelte, den Rennfahrer Siffert aus Fribourg. Siffert habe zuerst, als er noch unbekannt war, eine Freundin aus der Unterstadt gehabt, mit dem ersten Ruhm habe er dann übergewechselt zum Mannequin Sabine E., und schließlich, als er ganz berühmt war, habe er die Tochter eines Patrons aus der Oberstadt geheiratet. So habe er den

sozialen Aufstieg aus kleinen Verhältnissen vollzogen.
Chervet schaut mich währenddessen erstaunt an, sagt
nichts. Ein wenig Schweigen. Dann:
Als Arbeiter wird man es nie zu etwas bringen, da kann
man nur knapp leben. Wenn man in dem Arbeiterquartier
von Außerholligen geboren ist, so bleibt man immer Arbeiter. Man ist nicht für eine längere Schulbildung gemacht,
man bleibt Büezer. Und boxen können auch nicht alle.
Eine Woche nach dem Besuch bei Fritz Chervet erfahre ich,
daß seine Freundin Sabine E. die ehemalige Freundin des
verunglückten Jo Siffert ist. Aber Chervet hat der Presse
erklärt:»Ich habe es mit der Heirat nicht eilig. Da geht es
mir wie meinen vier Brüdern. Wir wohnen alle noch bei
unserer Mutter. Daheim ist es halt am schönsten.«

Ernst S., Landesverräter (1919–1942)

Abzele
Böle schele
D'Chatz got uf
Walisele
Chunt sie wieder hei
Hät sie chrummi Bei
Piff Paff Puff
Und du bisch ehr- und
Redlich duss.

Schweizer Kinderreim

In der Nacht vom 9. auf den 10. November 1942 wurde
der Fahrer Ernst S. in seinem 23. Lebensjahr unweit von
Jonschwil (Kanton St. Gallen) in einem Wald erschossen,
etwas unterhalb der Häusergruppe namens Bisacht. Es war
aber kein Mord im landläufigen Sinn, und Ernst S. fiel
auch nicht auf dem Felde der Ehre, sondern ein Detache-
ment der schweizerischen Armee hat ihn hingerichtet.
Diese Armee hat im ganzen Krieg keinen Schuß auf den
äußeren Feind abgefeuert, wohl aber je zwanzig Schuß auf
siebzehn Landesverräter, und S. war der erste davon. Über
die näheren Umstände der Hinrichtung gehen die Meinun-
gen der Augenzeugen auseinander. Der protestantische
Feldprediger Geiger, heute Pfarrer von Wil im Sanktgallischen, der S. auf seinem letzten Gang begleitete, sagt, die
Exekution habe im Schein von Fackeln stattgefunden, und
S. sei vollkommen gefaßt und in sein Schicksal ergeben
hinübergegangen. Der Fangschuß aus Offiziershand habe
ihm nur verabreicht werden müssen, um die Soldaten des

Exekutionspeletons zu beruhigen, denn der Leichnam des S. habe nach der Hinrichtung noch gezuckt, jedoch seien es reine Nervenzuckungen gewesen. Der Tod müsse sofort eingetreten sein, habe doch der Autopsiebefund im Kantonsspital St. Gallen ergeben, daß das halbe Herz des S. herausgerissen worden sei. Ein paar »höhere Zaungäste«, Offiziere, die eigentlich laut Reglement bei der Hinrichtung nichts zu suchen gehabt hätten, seien auch dabei gewesen. Man habe S. an ein abgeastetes Tännchen gebunden, so daß nicht, wie bei anderen Exekutionen, das Tännchen gestürzt sei und der Exekutand damit. Bei der Bestattung auf dem Friedhof Kesselhalde in St. Gallen seien dann auch wieder ein paar höhere Uniformen dabeigewesen, während er als Feldprediger in Zivil gekommen sei. Auf der ganzen Fahrt zur Hinrichtung habe sich S. musterhaft ruhig verhalten. Der kommandierende Offizier habe jedem Soldaten eine scharfe Patrone gegeben. Soviel er, Geiger, wisse, habe nur ein einziger Soldat nicht geschossen. [1]

Ein anderer Zeuge, Dr. Zollikofer, der Verteidiger des S., sagt, die Erschießung sei nicht auf Anhieb gelungen. Der durch die Schüsse verursachte Luftzug habe die Fackeln gelöscht. Man habe sie wieder entzündet, und die beiden Armeeärzte, Dr. Notter FMH und Dr. Ivanovitch, untersuchten den leblosen Körper des S. Dabei stellte sich heraus, daß keiner der Schüsse tödlich gewesen war, obwohl aus wenig Schritt Entfernung abgegeben. Der kommandierende Oberst Birenstihl habe deshalb einem Oberleutnant den reglementären Fangschuß befohlen. Dieser Oberleutnant, ein »phantastischer Schütze«, habe seine Pistole gezückt und, mit Geschicklichkeit aus nächster Nähe zielend, einen Schuß abgegeben, welchen man wirklich »Tells Geschoß« nennen könne. Die Kugel sei stracks in den Tränenkanal eingedrungen, ohne Verwüstungen am Schädel des S. anzurichten, so daß den Zuschauern der Anblick von herumspritzenden Hirnteilen und dergleichen erspart worden sei. Dr. Zollikofer bestätigt, daß ein Rudel höherer Offiziere sich die Exekution nicht entgehen lassen wollte; die Offiziere blieben aber im Hintergrund, weil Oberst Birenstihl sie gebeten hatte, nicht allzu deutlich in Erscheinung zu treten. [2]

Werner Rechsteiner, der zum Exekutionspeleton gehörte, erklärt, es sei so schnell gegangen, daß er nur wenig sagen könne. Er habe an jenem Abend Wache geschoben in Wil, sei dann etwa um 22 Uhr mit andern Soldaten abkommandiert worden, zu welcher Verrichtung habe man ihnen nicht gesagt. Es glich einer kleinen Nachtübung, wie sie zu jener Zeit nicht selten waren. Nach einer halben Stunde Fahrt auf einem blachengedeckten Lastwagen seien sie dann einfach zum Schießen kommandiert worden. Es sei alles schnell und anonym erfolgt, auf wen sie schossen, wußten sie nicht, da stand einfach einer angebunden am Baum, schnell hingefahren, schnell geschossen, schnell weggefahren. Die Offiziere hätten sie auch nicht gekannt, vermutlich waren die von der Heerespolizei. Die andern Mitglieder des Exekutionspeletons seien ihm auch unbekannt gewesen. Erst später habe man erfahren, daß es Ernst S. war.

Walter Wörnhard, heute Abwart in St. Gallen, gehörte zur Einheit des S., welche sich weigerte, ihn zu erschießen. (Laut Militärstrafgesetz müssen Exekutanden von jener Einheit erschossen werden, zu der sie gehören.) Er sagt, es sei ihm eine andere Version als die des Feldpredigers Geiger zu Ohren gekommen. Der S. sei völlig von Sinnen gewesen, habe in seinen letzten Momenten getobt und geflucht und alle zum Teufel gewünscht, und zum Exekutionspfahl habe man ihn tragen müssen. Dem Obersten Birenstihl habe er Schlötterlinge angehängt, er sei gar nicht ruhig hinübergegangen. Über hundert Offiziere, und nicht nur ein paar, seien als Zaungäste dabeigewesen.

*

S. Ernst, Sohn des Emil und der Elise geb. Müller, heimat-
berechtigt in Hettlingen bei Winterthur, wurde am 8. September 1919 in St. Gallen geboren, drunten im Sittertobel
gleich neben der Färberei Frischknecht (heute Filtrox), wo
sein Vater Arbeiter und Nachtwächter war. Er war das
jüngste von jenen acht Kindern der Familie S., welche die
Kindheit überlebten. Die Mutter schenkte zwölf Kindern
das Leben, davon starben vier im Kindesalter. Vater S. war
ursprünglich als Säger ausgebildet worden, hat aber zeitweise in der Fabrik und in der Landwirtschaft gearbeitet.
Er war Grütlianer (3) und hatte zeitlebens keine Illusionen
über seine Möglichkeiten in der Gesellschaft. Oft habe er
beim Sägen Verse gemacht, die er gern auf seinem Grab-
stein gesehen hätte, erinnert sich der Sohn Karl, der heute
in Engelburg wohnt. Seine Grabsprüche seien derart beliebt
gewesen, daß er auch für seine Freunde immer solche
verfertigen mußte. Einen besonders einprägsamen Spruch
vermag Karl S. auch heute noch aus dem Gedächtnis zu
rezitieren:

Hier ruht der Säger S.
Von Müh und Arbeit aus
Hier unter diesem Kreuze
Hat er sein stilles Haus
Er fuhr hinab zur Hölle
Dort geht er aus und ein
Denn auch die Höllenklötze
Müssen gesäget sein
Hier liegt er auf dem Ranzen
Den Arsch wohl in die Höh'
Als ob er heut noch dächte
O Welt leck mir am Arsche
Hier ist es chaibe schö.

Vater S. scheint nicht sehr religiös gewesen zu sein, der
Grabspruch auf dem Friedhof zu Abtwil wurde ihm nicht
bewilligt. Er war ein Mann, der sich noch im Tode von den

Bürgern unterscheiden wollte, indem er bäuchlings ruhte. Ob ihm dieser letzte Wunsch erfüllt wurde, ist nicht bekannt. Er hatte geahnt, daß seine Arbeitskraft auch in der Ewigkeit noch gebraucht würde, und obwohl er sich in die Hölle versetzte, schien ihm dieser Ort »chaibe schö« verglichen mit dem Erdenleben. Daraus kann geschlossen werden, in welchen Umständen der Säger S. auf Erden lebte. Man habe zuhause kaum genug zu beißen gehabt, sagt der Sohn Otto, der vorzeitig pensionierte Fergger, der heute in Abtwil lebt. Als Bub habe er Äpfel klauen müssen, auch Kartoffeln heimlich ausgegraben und trotz Verbot in der Sitter Fische gefangen, damit nicht immer nur das ewig gleiche Habermus auf den Tisch kam. Der Vater sei geistig wach gewesen bis zum Schluß, noch mit 74 Jahren ein Kreuzworträtsel-Champion, und die Pfarrer habe er immer als Siechen und Halunken bezeichnet. Als Säger habe er zuletzt vielleicht 60 Rappen in der Stunde verdient, in der Färberei Frischknecht eher noch weniger. Sein Fabriklohn habe nirgends hin gereicht, deshalb sei er zusätzlich Nachtwächter geworden. Ausgerüstet mit einem Hagenschwanz, mußte er die Fabrik gegen Einbrecher schützen. Mit dem Hagenschwanz habe er dann oft die Familie regiert, wenn er müde und kaputt nach Hause kam. Er sei trotzdem kein Tyrann gewesen, habe oft noch Späße gemacht, wenn auch grimmige. Natürlich sei er ein wenig ins Trinken gekommen, welch andere Lust blieb ihm als hie und da ein Gläschen? Der vergorene Apfelmost sei auch für ihn noch erschwinglich gewesen. Um Ernst, das jüngste der zwölf Kinder, habe er sich nicht gekümmert, da war er zu alt und wollte seine Ruhe haben, und die Mutter war schon 1936 gestorben. Die Mutter habe mit Heimarbeit das magere Budget aufbessern wollen, sei aber miserabel bezahlt worden von den St. Galler Textilbaronen, höchstens 30 Rappen in der Stunde, wie alle Heimarbeiterinnen damals. Sie habe sich die Gesundheit, welche durch den großen Haushalt überbeansprucht war, damit noch ganz kaputtgemacht. Diese ostschweizerische Heimarbeit wird von Dr. Hermann Bauer, Lokalredaktor der *Ostschweiz* und Mitglied des Rotary-Clubs, so geschildert:

Union-Stickerei wurzelt im Ostschweizer Boden. Die Stickmaschine steht nicht nur in Fabrikhallen. Wir finden sie auch in Bauernhäusern. Der Sticker bleibt an seiner Maschine Bauer mit etwas Wiesland, etwas Acker und Kleinvieh. Er liebt seinen Beruf, der ihn mit der weiten Welt verbindet und doch nicht vom heimatlichen Boden löst. Die Ostschweizer Landschaft ist von zarter Anmut und nüchterner Strenge. Die Stickerei ist es auch. Sie entspricht dem helläugigen, wachen Ostschweizer. Die Wände seines Sticklokals sind zwar eng, aber sein Blick und seine Interessen sind weit. Da, im neuen Anbau am alten, geschindelten Bauernhaus im St. Galler Rheintal steht eine Handstickmaschine. Die Union hat sie hineingestellt. Draußen trocknet die Rheintaler Sonne väterliche Unterhosen und Kinderstrümpfe, indessen drinnen der 38jährige Sticker mit dem Pantographen dem sechsfach vergrößerten Muster nachfährt, auf daß es im Wunderwerk der Maschine zur Stickerei werde. Dafür ist der Tisch gedeckt und er auf seinem Boden eigener Herr und Meister. So wie er leisten rings im Land zahlreiche Heimsticker ihren Beitrag zur großen Union-Produktion. [4]

Elise S., geborene Müller, die, inmitten dieser Ostschweizer Landschaft voll von Anmut und nüchterner Strenge, sich helläugig abrackerte (ob für die Union AG, für Stoffel, Mettler, Fischbacher, Forster Willy oder einen anderen, ist nicht bekannt), wird sich über den Opfermut ihres Direktors gefreut haben. Derselbe St. Galler Lokalidylliker und Dachdecker des Überbaus schreibt:

Ein Fenster leuchtet in die Nacht hinaus. Es gehört zum 1. Stock des Union-Geschäftshauses in St. Gallen. Dahinter liegt das Büro des Direktors. Wenn die anderen Fensterrei-

hen längst dunkel geworden sind, und die Hunderte von
schaffenden Händen ruhen oder Dinge tun, denen ihre
Feierabendliebe gilt, spricht das Schattenspiel in den aus
der Nacht geschnittenen hellen Fenstervierecken von dem
nicht an Bürostunden gebundenen minutiösen Überlegen
und weltweiten Disponieren. Das steht am Anfang der
Union-Produktion. Wendigsein und Bereitsein ist alles:
Ungünstige Entwicklungen auf dem Weltmarkt müssen
überwunden, Absatzgebiete gehalten, neue dazugewonnen
werden. Die Suche nach immer andern Verwendungsmög-
lichkeiten der Stickerei darf nie aufhören. Man muß beim
Kreieren mit dabei sein. Darum huscht der Schatten dessen,
der sich darum bekümmert, noch nachts über die Gardi-
nen. Darum erlöscht das Licht im Büro des Direktors so
spät. [5]

Auch Elise S. hat minutiös überlegt und disponiert, wenn
auch nicht weltweit, auch sie ist wendig gewesen und
immer bereit, aber auf einen grünen Zweig hat sie es trotz
Heim- und Nachtarbeit nie gebracht. Ihre Söhne und
Töchter durften mit einer Ausnahme nicht in die Sekundarschule, obwohl sie überdurchschnittlich hell waren, wie aus
ihren Briefen hervorgeht. Es gelang Elise S. und ihrem
Mann nicht, die ungünstigen Entwicklungen zu überwin-
den. Sie blieben im Tobel, und auch ihre Kinder kamen nur
zeitweise in die Höhe. Die Älteste heiratete nach Abtwil
auf einen Bauernhof. Louisa, die Zweitälteste, geboren
1899, wollte nicht so schnell heiraten, wollte sich emanzi-
pieren. Sie suchte eine gute Arbeit in der Schweiz, fand
keine, wanderte nach Paris aus, dann nach Mexiko und
später nach Kuba, wo sie bei einer Familie Sanchez
Gouvernante war. Sie hat in Hotels gearbeitet und soll vier
Sprachen gekonnt haben, eine sehr schöne Frau, wenn man
den Fotos glauben darf [6]. Schließlich hat sie nach
Caracas geheiratet und ist seit den fünfziger Jahren verschollen. Emil, der Zweitälteste, war auch im Hotelge-

werbe tätig. Er ging zur Schwester nach Paris, kam zurück in die Schweiz, arbeitet jetzt seit dreißig Jahren in einem Betrieb der Zürcher Metallindustrie, ist Mitglied der Kommunistischen Partei geworden, wie sein Bruder Jakob. Jakob arbeitete wie der Vater in der Färberei von Dr. Frischknecht für 40 Rappen die Stunde (zehner und zwanziger Jahre dieses Jahrhunderts), soll Dr. Frischknecht eines Tages gebeten haben, ihn am Arsch zu lecken, und ging dann nach Paris zu Louisa und Emil ins Hotel, durch den Dienstboteneingang. Dort sollen sie es schön gehabt haben miteinander. Er wirkte in Paris und Lugano als Hotelportier, »sah aus der Nähe, wie es die Reichen treiben«, trat der Kommunistischen Partei bei, wie sein Bruder Emil. Von Fridolin, 1906 geboren und 1951 ledig gestorben, ist wenig bekannt. Otto, Jahrgang 11, arbeitete in der Färberei Sitterthal, wo auch Ernst arbeitete, welche Färberei auch im Tobel gelegen ist, sehr romantisch am Wasserlauf der Sitter angesiedelt, ein wenig oberhalb von Frischknecht, und verdiente dort zum Beispiel 1939 die Stunde 92 Rappen, indem er von 6.30 Uhr bis 11.45 Uhr und von 13.30 Uhr bis 18.15 Uhr schaffte. Nach fünf Jahren Betriebszugehörigkeit bekam man damals zwei oder drei Tage Ferien im Jahr, an Samstagen wurde auch gearbeitet. Wie seine Brüder Jakob und Emil trat Otto der Kommunistischen Partei bei.

Der bereits zitierte St. Galler Lokalidylliker Bauer, Germanist und Lokalredaktor, beschreibt die Landschaft im Sittertobel auf seine Art:

Steigen wir hinunter zur Sitter und verfolgen wir für ein paar Stunden ihren Lauf, so erleben wir eine Überraschung nach der andern, denn kaum eine wechselvollere Landschaft läßt sich denken als dieses mächtige Erosionsgebiet mit den steilen Flanken auf der einen und den seichten Ufern auf der andern Seite. Der erdgeschichtliche Kalender, die mächtigen Gesteinsschichten, liegt an manchen

Stellen wundervoll zutage und läßt uns in vergangene Jahr-
hunderttausende und -millionen blicken. Bei der Erlenholz-
brücke schwenken wir rechts ab und steigen durch
Mischwald hinauf zur aussichtsreichen Warte des Peter und
Paul. [7]

Es ist nicht bekannt, ob die Familie S. die Überraschungen
geschätzt hat, die in den Fabriken an der Sitter auf sie
warteten, und ob sie abends noch frisch genug war, die
mächtigen Gesteinsschichten und den Mischwald zu gou-
tieren. Jedenfalls Anna hat auf einen Bauernhof geheiratet,
Moosmühlenstraße 50, auch ziemlich im Tobel, wo sie den
Ernst später aufnahm. Die Ehe soll nicht so glücklich
gewesen sein, es war nämlich kein Geld da. Der Jüngste
schließlich, Karl, hat »nie eine Wirtschaft von innen gesehen jahrelang«, werkte auf Bauernhöfen in der Umgebung
und sparte sich das Geld für ein paar Stück Vieh vom
Munde ab. Schließlich konnte er den Hof seines Schwagers
Keusen übernehmen, die sogenannte Wiehnachtshalde in
Abtwil. Karl wäre ums Leben gern Bauer geblieben, aber
der Hof war verschuldet. Es gab auch kein fließend Wasser,
die Installation hätte 30 000 Franken gekostet, also kaufte
der St. Galler Textilbaron Mettler ihm die Wiehnachtshalde ab. Im Stall, wo früher der Ackergaul stand,
schnauben jetzt Mettlers Reitpferde, die Wiehnachtshalde
ist geschmackvoll renoviert und innen modernisiert, im
obern Stock wohnt Mettlers Tochter, Karl S. aber mußte
im vorgerückten Alter ausziehen und umsatteln und arbeitet nun als Magaziner in der Firma Mettler.

So war das bei der Familie S. Der Vater Verdingbub in
Hettlingen, wo er mehr Prügel als anderes bekam (sagt
Otto), die Mutter früh zuckerkrank und arterienverkalkt,
immer fleißig am runden Stickrahmen und dann die Stickerei in die Stadt hinauf gebracht, im Sommer gestohlene
Fische, Krebse, Äpfel, Kartoffeln auf dem Tisch, im Winter
manchmal ein paar Blutwürste, die der Vater aus dem

In der Färberei Sitterthal

Tschopen kramte: Kindheit im Sittertobel, großer Familienzusammenhalt, malerische Landschaft, manchmal Hungertuch, periodisch blutrot gefärbte Sitter durch die Chemikalien aus der Färberei, aber sonst konnte man baden. Ernst sei ein prächtiger Schwimmer gewesen, auch gut gewachsen, für einen Cervelat und ein Bürli sei er vom Dach der gedeckten Brücke ins Wasser gesprungen und habe sich nie verletzt dabei. Er sei sehr sportlich gewesen. Überhaupt ein begabtes Bürschchen, sagen die Brüder Emil, Otto und Karl. Die andern Geschwister sind gestorben oder mindestens verschollen.

*

Was wissen wir über Ernst S., und woher? S. wurde zur Unperson, nachdem er erschossen war. Er ist das Gegenteil einer »Persönlichkeit« im bürgerlichen Sinn. Man wollte ihn vergessen, verdrängen, Gras über ihn wachsen lassen, es gab nur schwülstige Mythenbildung über ihn. Trotzdem ist die Quellenlage nicht schlecht. Wer sich bemüht, kann den zweiunddreißigseitigen Bericht des Offiziers und Psychiaters Dr. H. O. Pfister, Nervenarzt FMH, weiland Direktionsmitglied der Appenzellisch-Außerrhodischen-Heil- und Pflegeanstalt, danach Stadt- und Platzkommandoarzt von Zürich, aufstöbern.

S. wäre unter normalen Umständen nicht zum Psychiater gegangen, dazu hatte man im Sittertobel kein Geld, aber weil er in die Rädchen der Militärjustiz geriet, wollte man ihn doch psychiatrisch untersuchen, der Zivilisation halber, bevor man ihn erschoß [8].

Pfisters Gutachten stützt sich »materiell auf die Untersuchungsergebnisse von sieben ausgedehnten Sitzungen (25., 27., 30. Juli und 1., 6., 18. und 20. August 1942), die wegen Fluchtgefahr und ausgewiesener Fluchttendenz des Exploranden im ausbruchsicheren Gefängnis des Untersuchungsrichteramtes St. Gallen stattfanden. Außerdem stellten Sie mir Ihre Akten [9] samt der Tatbestandsdarstellung des Untersuchungsrichters und dem motivierten Beweisdekret zur Verfügung.« Pfister hat außerdem dankenswerterweise die Biographie des Ernst S. in seinem Gutachten rekonstruiert, und zwar recht minutiös, so daß wir genau wissen, in welchen Fabriken er wie lange gearbeitet hat. Davon ausgehend kann man sich heute in den Fabriken nach den Arbeitsbedingungen von damals erkundigen (was der Psychiater nicht tat). Pfisters Gutachten ist auch deshalb wertvoll, weil er alle Leumundszeugnisse, Zertifikate, Führungszeugnisse und Ähnliches gesammelt hat, mit denen der kurze Lebensweg des Ernst S. gepflastert war. Daneben gibt Dr. Pfisters Gutachten auch Aufschluß über Dr. Pfister, das heißt, über den Zustand der damaligen Psychiatrie, oder doch über jenen Teil, der reibungslos mit der Militärjustiz und ähnlichen Organen kollaborierte. Dr. Pfister hat im Irrenhaus von Herisau auch den Dichter Robert Walser behandelt [10].

Pfister Hans-Oscar, Jahrgang 1905, war 1942 Regimentsarzt im 19. Regiment der 8. Division im Hauptmann- oder Majorsrang, so genau kann er sich an den Rang nicht mehr erinnern [11], hatte eine psychiatrische und neurologische Ausbildung in Berlin genossen. Vor dem Militärgericht sei er eine Stunde lang ausgequetscht worden in bezug auf sein Gutachten. Ein Offizier habe »übrigens geschlafen während dieser Gerichtssitzung«, daran könne er sich genau erinnern. Pfister ist heute Alt-Stadtarzt von Zürich. Sein Gutachten sei nicht nach moralischen, sondern nach rein wissenschaftlichen Kriterien abgefaßt, sagt er heute, und in seinen Beziehungen zu S. sei er »Mensch, das heißt, Psychiater gewesen«. Wenn einer nicht »solid« gutachtet, dann wird er nicht beamteter Psychiater, sagt er. Zu S. habe er sich nicht wie die Obrigkeit zum Untertan verhalten, sondern wie ein Mensch zum Menschen. Über sein Gutachten Auskunft geben dürfe er nur, wenn er vom

Oberauditor der Armee die Erlaubnis bekomme [12].
Da die Verhandlungen des Militärgerichts damals geheim
waren, und nach Ansicht des Oberauditors auch weiterhin
bleiben sollen [13], mag es für das Volk heute aufschluß-
reich sein, ein paar Einzelheiten zu erfahren. Denn S. war
ganz demokratisch zu Tode gebracht worden, unter Einhaltung des Instanzenweges.
Andere wichtige Akten, das Zivilleben des Ernst S. betreffend, liegen im Archiv des Bezirksgerichts St. Gallen. Dort
war man weniger zugeknöpft als im Oberauditorat. [14]
Auch die Vormundschaftsbehörde St. Gallen steuerte einiges Wertvolle bei [15]. Nur im sankt-gallischen Militärdepartement, wo ein Herr Matzig, bei dessen Vater Ernst S.
in die Schule ging, die Akte S. verwaltet, wollte man nach
einem Telefongespräch mit Herrn Bernasconi vom Militärstrafwesen (Oberauditorat) keinen Einblick gewähren. Die
Akte S. lag schon auf dem Pult, griffbereit, aber zugleich
unendlich fern. Berna locuta, causa finita. Bern hatte die
Akten in St. Gallen eingesperrt. Weitere Dokumente wurden von Otto und Karl S. zur Verfügung gestellt, den
beiden Brüdern im Weichbild St. Gallens: ein Beileidsbrief,
Entwürfe des Gnadengesuchs, Briefe des Leiters der Erziehungsanstalt Langhalde, Photographien und anderes
Anschauungsmaterial. Die Gemeinde Hettlingen ZH war
wenig freigebig. Nur mit großer Mühewaltung war es möglich, die Namen und Zivilstandsdaten der Angehörigen von
Ernst S. (und sonst nichts) dort auf der Gemeindekanzlei
beim subtilen Herrn Keller in Erfahrung zu bringen. Allgemein läßt sich sagen, daß die Informationsfreudigkeit von
oben nach unten zunahm: Offiziere, zumal höheren Rangs,
waren stets zugeknöpft bis verstopft, als ob sie etwas zu
verbergen hätten. (Hauptmann-Pfarrer Geiger, Major Dr.
Eberle, Major oder Hauptmann Dr. H. O. Pfister.) Soldaten und Unteroffiziere gaben meist gern Auskunft. Die
Offiziere waren oft sehr pikiert, wenn man von S. sprach,

manche waren verstimmt oder gar beleidigt [16], andere hat es gewurmt.

*

Ernst S. ging in St. Gallen-Schönenwegen zur Primarschule, beim Lehrer Matzig. Lachen-Schönenwegen war und ist ein Quartier, wo Arbeiter und Kleinbürger leben. Ein trauriger Mief herrscht vor. Der Kabarettist Walter Roderer hat dort zur selben Zeit wie S. die Schulbank gedrückt, in seinen Darbietungen kommt die vertrackte Spießbürgerwelt sankt-gallischen Zuschnitts hübsch zur Geltung. In der Lachen, wie die St. Galler sagen, wohnen nur wenig begüterte »Mitbürger«. Sträßle, der die Färberei Sitterthal besaß zu Ernst S.'s Zeiten, residierte oben in der »Burg«, einem schloßähnlichen Gebäude. Sein Sohn, Mitbesitzer der Färberei Sitterthal, wohnt immer noch dort. Dann Steinmann, der Kohlenhändler, auch das Transportgeschäft Peter Louis, und der Textil-Bersinger, die hatten und haben ihre Villen mit Gärten, auch ihre Reitställe in der Lachen. [17] Die Damen Louis sah man hoch zu Roß, man vergönnte es ihnen aber nicht, obwohl sie doch wie jedermann mit dem Tram in die Stadt fuhren. Mit diesen Reichen habe man als nicht so Reicher nur zu tun gehabt, wenn man fürs Bürgerheim sammelte, für die Ferienkolonie oder für die »Herberge zur Heimat«. Da gaben sie allemal einen schönen Batzen. Sonst lebten sie ziemlich eingezogen. [18] Hier wohnte auch der begüterte Pfarrer Kutter vom evangelischen Pfarramt St. Gallen-Bruggen, der Jakob und Otto S. zu einem Gespräch einlud, das sich um die Berufslehre des Ernst drehte. Er soll sie aber nach kurzer Diskussion als »schändliche Kommunisten« traktiert und aus seiner Studierstube hinausgeworfen haben. [19] Aus der Primarschulzeit des Ernst S. sind keine besonderen Vorkommnisse bekannt. Er hatte einen weiten Schulweg,

175

fiel nicht auf, soll ein »Saubueb« wie andere gewesen sein. [20] Er ist nie sitzen geblieben, konnte aber dreimal nur bedingt »promoviert« werden [21]. Ein »himmeltrauriger Schüler« sei er in den ersten Klassen gewesen, nicht etwa wegen Dummheit, er habe bloß in der Schule immer andere Gedanken gehabt. (Vielleicht hat ihm Herr Matzig nicht gefallen?) Sich jeweils über die Probezeit zusammenzunehmen, sei ihm nicht schwer gefallen. [22] Jedoch, er war ein sexueller Frühzünder, liebte zudem die Abendstunden, schlenderte gern durch den schönbaumigen Sitterwald. Das ist ihm nicht gut bekommen. Der Psychiater Dr. Hans-Oscar Pfister schildert die frühe Unordnung so: *Die ungünstigen häuslichen Verhältnisse und das häufige nächtliche Herumstreifen führten schon früh zu einer* Ver-wahrlosung *(von Pfister unterstrichen). Er geriet in schlechte Gesellschaft, wurde als Jüngling von seinen halb-wüchsigen Geschwistern und ihren Kameraden schmutzig aufgeklärt. Größere Mädchen hätten ihn schon als Schul-knaben zum Onanieren und anderen sittlichen Vergehen verleitet. Auch junge Männer haben angeblich schon früh versucht, an ihn heranzugelangen, er habe aber dagegen immer eine Abscheu gehabt.* [23]

Als ich Otto S. diese Stelle aus Pfisters Gutachten vorlas, sagte er: »Was soll der Klimbim? Hat der Dr. Pfister vielleicht nie gedökterlet, als er noch klein war? Was ist das für eine verkehrte Welt, wo Onanieren ein Vergehen und die Ausbeutung der Arbeiter normal ist? Der Ernst wurde nicht schmutziger oder sauberer aufgeklärt als andere Kinder in der Lachen.«

Item, wie dem auch sei, »gegen Ende der Schulzeit nahm ihn seine Schwester in Abtwil zu sich, um ihn dem Einfluß des Vaters zu entziehen. Er hatte dort etwas bessere Erziehung und mehr Ordnung, brauchte nicht mehr dem widerlichen Verhalten des Vaters nachzusinnen und wurde so angeblich einer der besten Schüler seiner Klasse. Nebenbei arbeitete er im landwirtschaftlichen Heimwesen seines Schwagers. Nach der Schulentlassung war er kurze Zeit in der Färberei Sitterthal als Hilfsarbeiter tätig. Er lebte damals wieder mit seinem Vater zusammen, mußte ihm kochen und den Haushalt besorgen. Stets lebten sie wegen finanzieller Angelegenheiten im Streit. Expl. verkam von neuem« [24].

Mit den finanziellen Angelegenheiten aber war es so bestellt: Ernst verdiente in der Färberei Sitterthal 35 bis 40 Rappen die Stunde als Laufrahmenbub. Das war von April bis August 1934. Ernst war damals vierzehneinhalb Jahre alt. Es brauchte eine Spezialbewilligung, damit er in die Fabrik durfte [25], aber die Fabrik erhielt die Bewilligung ohne Schwierigkeiten. Damals gab es die 52-Stunden-Woche, Samstag wurde bis Mittag gearbeitet. In dieser Fabrik, sagt der Prokurist Solenthaler, wird gebleicht, gefärbt, mercerisiert, appretiert, transparentiert, opalisiert. Man nennt das in der Textil-Branche einen Veredelungs-Betrieb. S. wurde trotz der um ihn äußerst besorgten Fabrik hier nicht veredelt, sondern verkam von neuem. Es handelt sich um die größte Färberei auf dem Platz St. Gallen, damals etwa 300 Arbeiter, die Hälfte von Abtwil und der sonstigen Landschaft, ländliches Halbproletariat, ein Viertel Frauen. Unterdessen wurde rationalisiert, die Belegschaft ist heute auf 190 geschrumpft, davon sind 40% Fremdarbeiter. Es ist immer noch ein Familienbetrieb, keine Publikumsaktien, keine veröffentlichten Bilanzen, stabile Besitzverhältnisse, und höchst maschinenintensiv, wie Solenthaler meint. Die Geschäftsleitung sei nicht auf Expansion, sondern auf Ausbau des Bestehenden erpicht. Man habe das riesige Fabrikareal hier unten für einen Pappenstiel gekauft, tue aber auch etwas für die Arbeiter, indem man ihnen Wohnungen baue. Sträßle, der alte Prin-zipal, sei streng aber korrekt gewesen, katholisch, Schulrat, Verwaltungsrat einer Bank, halt eine Persönlichkeit. Er habe auch damals, als die Geschäftslage flau war, in seiner Sorge für die Arbeiter stets Arbeit beschafft. Zum Beispiel habe er den Hügel dort hinter der Fabrik abtragen lassen. Damals habe man gearbeitet, bis man umgefallen sei, auch Achtzigjährige hätten noch geschafft. Solenthaler muß es wissen, er ist seit 1936 in der Firma tätig, aber immer im Büro, wo er sich hinaufgeschafft hat.

Arbeitskämpfe im Sitterthal? Wohl hätten die Arbeiter diese Fabrik oft »Jammerthal« genannt, jedoch habe seit der Firmengründung nur *ein* Streik stattgefunden, dazu noch ein wilder, denn die Gewerkschaften waren nie stark gewesen hier unten. Streikposten wollten die arbeitswilligen Abtwiler von der Fabrik fernhalten und nicht über das Sitterbrüggli kommen lassen, das war im kalten Winter anno 29, als Stein und Bein gefror bei 30 Grad unter Null. Aber der Heizer ließ den Fabrikschlot qualmen, das war ein Zeichen für die am andern Ufer, daß die Arbeit schon warm sei und auf sie warte. Da seien die Leute dann über die zugefrorene Sitter gekommen, und die Streikposten am Brüggli hätten nichts genutzt. Nach der Niederschlagung des Streiks mußten etliche Entlassungen vorgenommen werden. Seither habe man Ruhe, wenn auch die Geschäftslage nicht unbedenklich sei. Es sei doch trostlos, daß die Kinder der einheimischen Arbeiter nicht mehr in Sitterthal arbeiten wollten, die gingen alle ins Büro. So sei man denn auf die Italiener angewiesen und habe nur noch alte Schweizer, aber junge Italiener in der Fabrik. Die Arbeit, welche Ernst S. verrichtete, wird jetzt von Italienerinnen gemacht: Frauenarbeit, Ausländerarbeit.

Die ersten Italienerinnen seien 1948 gekommen, aus Deutschland, wohin sie als Zwangsarbeiterinnen verschlagen worden waren. Eine schöner als die andere, das war noch die Crème, sagt Solenthaler. Da war eine wie ein Filmstar, groß, sah aus wie die Loren, die hat dann einen »hohen Firmenchef« geheiratet. Circa 1960 fing es an mit den Bodensurri aus Süditalien, die waren nicht mehr so groß. Die älteren Schweizer mögen die Italiener nicht. Denen geht's nur ums Geld, die könnten auch irgendwo anders schaffen, keine Verbundenheit mehr mit der Firma. Und die passen auch nicht so auf. Aber da gibt's noch gute alte Schweizer, die regen sich furchtbar auf, wenn ein paar Meter Stoff kaputtgehen. Unter den Italienern, hat Solenthaler so ein Gefühl gehabt, gab es hie und da auch Agitatoren. Beweisen konnte er nichts. Der alte Sträßle selig hat die Gewerkschaften nicht geliebt, und vor allem die christlich-sozialen (die gemäßigten, weichen) hat er als Katholik immer als Verräter empfunden, das waren katholische Kommunisten für den alten Sträßle. Auch er, Solenthaler, sei, ehrlich gesagt, gar kein Freund der Gewerkschaften. An den S. kann er sich erinnern, nicht an den Ernst, an den Otto. Der sei ein guter Arbeiter gewesen, aber etwas »eigen«.

Otto S. sagt: Es war nicht leicht. Die wollten keine Gewerkschaftler im Betrieb. Wenn einer frisch eingestellt wurde, hat man sich hintenrum erkundigt, ob er organisiert sei. Man konnte auch den Kollegen nicht trauen. Das waren meist ganz untertänige Arbeiter, ohne politisches Bewußtsein, die es als Gnade betrachtet haben, wenn sie hier arbeiten durften. Man wurde von ihnen bei der Direktion denunziert, wenn man etwas verbessern wollte. Das war eine Stimmung wie in Hitlerdeutschland, man mußte den Schnabel halten. In der Mercerisierung hat es immer kräftig nach Chemikalien gestunken, da verging einem der Appetit. In der Knitterfrei-Macherei war auch eine schlechte Luft, die Ventilatoren, von Lauge und Säure angefressen, liefen oft nicht. Hier unten, muß man leider sagen, war niemand politisiert, die haben nur Courths-Mahler gelesen. Wenn man agitierte für ein paar zusätzliche Ferientage, fünf statt drei Tage im Jahr, mußte man sich von alten Arbeitern, die vierzig Jahre im Betrieb waren, sagen lassen: Bisher ist es auch gegangen, wir haben immer genug Ferien gehabt. Viele haben zwar die Ausbeutung gespürt, sagten aber nur: Wa wötsch denn mache? Das war der Refrain.

In der Fabrik durfte man nicht wissen, daß Otto S. Kommunist war, man hätte ihn entlassen. Der Prokurist Solenthaler weiß es heute noch nicht. Otto hat am 18. Februar 1956, anonym, einen Artikel im *Vorwärts* erscheinen lassen unter dem Titel: *Das schlechte Gewissen – Zu kleine Löhne in der sankt-gallischen Textilindustrie.* Darin heißt es u. a.:

Kein Zweifel, die St. Galler Textilindustriellen werden zurzeit mordsmäßig vom bösen Gewissen geplagt. Da kamen sie neulich, am 13. Januar 1956, eingeladen von der »Vereinigung für freies Unternehmertum«, im Hotel »Schiff« zusammen und übten während zweier Stunden seufzend und jammernd Kritik und Selbstkritik. (. . .) Im Drange, möglichst viel Geld aus ihren Arbeitern zu pressen, bekommen es nämlich die biedern St. Galler Textilherren von Jahr zu Jahr mehr mit der Angst vor dem Kommunismus zu tun. Sagte doch bereits zitierter Mr. Niederer (er hat in Amerika während langer Zeit »wirtschaftliche Studien« betrieben, daher wird er es uns kaum übel nehmen, wenn wir ihn mit »Mister« titulieren) höchstselbst: »Was die Lohnhöhe betrifft, so setzen heute noch viele Gesamtarbeitsverträge den Mindestlohn auf Fr. 2.– für Männer und Fr. 1.45 für Frauen fest. Wenn aber eine mehrköpfige Familie von 400 oder 500 Franken im Monat leben soll, dann darf man sich nicht wundern, wenn die Radikalisierung Wurzeln faßt« (. . .) In dem Fall werden jetzt die St. Galler Textilbosse zweifellos die Löhne gewaltig heraufrücken, jetzt, da ihnen die drohende »Radikalisierung« der Arbeiter so schwere Herzbeklemmungen zu bereiten beginnt. Oder am Ende doch nicht? Nein, von Lohnerhöhungen vernahm man an jenem Abend im »Schiff« nicht viel, dafür umso mehr von einem Vorschlag, der dahin zielte, in Zukunft »zwei Geschäftsberichte zu publizieren, einen für die Aktionäre und Geschäftsfreunde und einen für die Belegschaft« . . . *Des weiteren empfahl man den angstgepeinigten Fabrikanten, wieder etwas mehr ans Christentum zu denken, bzw. vor allem ihre Belegschaften ans Christentum zu erinnern, auf daß im Zeichen des Kreuzes der Kommunismus, der böse, von den stillen Fabriktälern des St. Gallerlandes ferngehalten werden könnte (. . .)* [26]

Otto S. hat die Textilindustrie lange am eigenen Leib erfahren, Sitterthal, Färberei Kunz (Oberst Kunz), Bischoff-Textil, wo er die letzten zwölf Jahre als Vorarbeiter und Fergger verbrachte. Ein bißchen resigniert, weil er aus politischen Gründen immer von neuem die Stelle wechseln mußte, hat er schließlich bei Bischoff-Textil ganz auf die Politik verzichtet und setzte sich so für die Firma ein, daß er wegen Überarbeitung dreimal einen Herzinfarkt erlitt. Vor einigen Jahren mußte er vorzeitig pensioniert werden. Nach zwölfjähriger Betriebszugehörigkeit zahlte ihm die Bischoff-Textil eine einmalige Abfindung von 7800 Franken aus, was nicht ganz der Hälfte seines letzten Jahreslohns entspricht. Er lebt heute von der Invalidenrente, AHV-berechtigt ist er noch nicht. Schwer asthmakrank, muß er auf den vierten Herzinfarkt gefaßt sein. Mit einer Halbtagsarbeit versucht seine Frau das magere Budget aufzubessern. Die beiden sind vor kurzem aus St. Gallen weggezogen nach Abtwil, weil ihre alte Wohnung in der Felsenstraße vom Eigentümer Dr. Bärlocher renoviert und verteuert wurde. Jetzt leben sie wieder dort, wo schon der Vater war. Der Friedhof ist auch in der Nähe, und die subversiven Grabsprüche sind immer noch verboten. Hier ruht der Fergger S. . . .

Ernst S. jedoch, frisch gebleicht, gefärbt, appretiert, transparentiert, opalisiert durch seinen Einstand im Fabrikleben, verkam und nahm sich Freiheiten heraus, die einem

Lumpenproletarier nicht zustanden. Zu hoch nicht hinaus, es geht übel aus! S. verließ die Färberei Sitterthal. Man beobachtete ihn, wie er müßig umherschlenderte. Dr. Pfister beschreibt die Folgen: »So wurde das evangelische Pfarramt Bruggen-St. Gallen auf ihn aufmerksam und erreichte am 6. November 1935 seine Einweisung in die Erziehungsanstalt Langhalde, Gemeinde Gaiserwald« [27]. Man konnte ihm zwar kein Delikt nachweisen, allein, sein Müßiggang war in dieser fleißigen Stadt verdächtig genug. Er wurde oft im unbeschäftigten Zustand angetroffen, hatte gar das Verlangen geäußert gegenüber Pfarrer Kutter, »nur die Lehre würde er annehmen, die er wünsche« [28]. Er wollte nämlich unbedingt Flugzeugmechaniker werden. Da griff Pfarrer Kutter energisch durch, veranlaßte den Entzug der Vaterschaft, die Emil S. senior bisher an Ernst ausgeübt hatte, und die Bestellung Leonhard Spreiters zum Vormund. Bisher hatte Ernst bei seinem Schwager Keller-S. an der Moosmühlenstraße 50 gewohnt, und der begüterte Pfarrer Kutter hat drei Monate lang je 30 Franken an die Unterhaltskosten beigesteuert, weigerte sich aber, »weiter zu zahlen« [29]. Die politische Gemeinde Gaiserwald beantragte darauf, »S. sen. die elterliche Gewalt zu entziehen, denn der Vater wirkt auf den Burschen keinesfalls autoritär. Es gilt, den Jungen durch Bevormundung und deren Folgen noch zu einem brauchbaren Glied der menschlichen Gesellschaft zu machen« [30].

In der Erziehungsanstalt Langhalde in Abtwil scheint es S. nicht schlecht gefallen zu haben, er blieb jedenfalls anderthalb Jahre dort. Auf dem Giebel der Anstalt, die damals Herr und Frau Widmer leiteten, steht geschrieben:

Der hat sein Leben
Am besten verbracht
Der die meisten Menschen
Hat frohgemacht.

Er sei ein Romantiker gewesen, sagt Frau Widmer, und wäre gern ohne Mühe ein großer Herr geworden. Die Anstalt Langhalde wird finanziell getragen von einem Verein, der dem Pietismus nahesteht. Eingewiesen wurden fast nur Arbeiterkinder, die »moralische Schwierigkeiten hatten, Schuldiebstähle begangen oder eine mangelnde Schulintelligenz besaßen« [31]. Auch viele Bettnässer, die man nirgendwo sonst versorgen konnte, kamen in die Langhalde. Schon 1840, im Zuge der Industrialisierung, als Arbeitsplatz und Wohnort immer weiter auseinandergerissen und die Folgen für das Familienleben sichtbar wurden, gründete man an der Wassergasse in St. Gallen die erste derartige Anstalt. Damals nannte man sie Rettungsanstalt, dann Erziehungsanstalt, Erziehungsheim und schließlich Kinderheim. Um halb sieben war Tagwacht und Frühturnen, um sieben Morgenessen mit Beten, Choral und Losungsspruch, dann Hausarbeit, von 8–12 Uhr Schule im Haus. Nachmittags durften die Zöglinge im Garten jäten oder landwirtschaftlich tätig werden, heuen und dergleichen. Schließlich wurde noch Studierzeit eingeschaltet, und um halb neun gings ins Bett. Es waren damals 36–40 Insassen im Heim, Jungen und Mädchen, aber es kamen nicht, wie heute üblich, Liebeleien vor, die eventuell gar in Geschlechtsverkehr ausarten. Schwärmen war jedoch gestattet, und das zeigte sich dergestalt, daß die Mädchen, welche in der Haushaltlehrschule Socken flickten, die Socken ihres heimlichen Schatzes stopfen durften. So etwas habe man ihnen eingeräumt. S. war in der Langhalde wohlgelitten, durfte in die Blechmusik Abtwil eintreten, benützte jedoch seine Trompete dazu, einer Insassin der Langhalde, in die er sich verliebte, vom Waldrand aus Ständchen zu bringen nach dem Lichterlöschen. Frau Widmer kann sich erinnern: vorzüglich habe er trompetet, meist Melodien wie »Es wär zu schön gewesen, es hat nicht sollen sein« oder »Wie die Blümchen draußen zittern«.

Seine Musikalität sei überdurchschnittlich gewesen, und so sei eine Praktikantin der Anstalt auf die Idee gekommen, ihm Gesangstunden in der Opern- und Gesangschule Baerlocher-Keller (St. Gallen) zu finanzieren. Das habe ihm dann vielleicht ein wenig den Kopf verdreht. Jedoch habe er zu keinen besonderen Beanstandungen Anlaß geboten. Das Leben in der Anstalt sei windstill und ruhig gewesen. Während seiner ganzen Regierungszeit, sagt Herr Widmer, seien nur drei Zöglinge in die Fremdenlegion abgehauen. (S. machte auch einen Versuch, aber erst später.) Nach der Konfirmation habe man Ernst dann entlassen. Er sei immer gern zu Besuch gekommen und habe sich dankbar gezeigt.

Am 24. November 1936 kehrte er nach St. Gallen zurück. Die amtliche Jugendschutz-Kommission St. Gallen-West bezeichnete ihn damals als

... der äußern und innern Verwahrlosung anheimgestellt. Es fehlte ihm die Ordnung, es mangelte ihm die Zucht, und nirgends fand er Liebe. Seine Lebensordnung verwilderte, Empfinden und Gemüt wurden von grober Selbstsucht und triebhafter Willkür überwuchert. Ernst S. fand nie mehr ein geordnetes, andauernd treues Verhältnis zu seiner Umwelt, weder zu Sachen noch zu Personen. Er hat dem Heim (Langhalde) und der um ihn äußerst besorgten Leitung wenig Dank gewußt. Er hat durch seine Disciplinlosigkeit, seinen unwahren und hinterhältigen Charakter das Heim schwer belastet. [32]

Er war in St. Gallen längere Zeit arbeitslos, sein Vormund Spreiter (vormals Hungerbühlerstraße in Bruggen, heute Pestalozzistraße in Rorschach) versuchte, ihn als Maurer oder Pflästerer unterzubringen, aber man wollte ihn nicht. »In der Langhalde war man ein wenig streng und ein wenig fromm mit den Gofen«, sagt Frau Spreiter heute, »das ist der Lauf der Welt, wenn man nicht arbeitet, hat man kein Geld«. Der Lehrer Spreiter hat im Lauf seines Lebens etwa achtzig Mündel gehabt, konnte also nicht genügend auf jeden einzelnen aufpassen. Welcher Vater kann achtzig Kinder betreuen? Ein hübscher Bursch sei er gewesen, sie hätten ihn nie vor der Tür abgefertigt, sondern immer in die Stube gebeten. Jedoch,»werchen« wollte er nicht gern, wollte immer hoch hinaus. Dann habe man ihn durch Vermittlung von Pfarrer Kutter im Arbeitslager Carona (Tessin) untergebracht, wo es ihm nur zu gut gefallen habe, denn dort lernte man nichts, man»hatte nur den Plausch« [33]. Später meldete er sich freiwillig in ein Arbeitslager am Campolungopaß,»wo er wieder volle Befriedigung gefunden habe« [34]. In Schulhäusern, Wirtshäusern, und in der»Herberge zur Heimat« habe er Böden geputzt, um sich notdürftig durchzuschlagen. In dieser Herberge, an der Wassergasse, die ursprünglich als Unterkunft für Handwerksburschen gedacht war, habe er eventuell Taugenichtse, Landstreicher und andere Arbeitsscheue getroffen, die ihm nicht gefrommt hätten.

Im Sommer 1937»wurde der Versuch einer Berufslehre unternommen« [35]. Die Heimatgemeinde Hettlingen lehnte aber von vornherein jede Kostendeckung ab und begründete dies am 6. Juni 1937 folgendermaßen:

S. Ernst ist uns als ein ganz abgefeimter Junge bekannt. Für eine Berufslehre taugt er nicht. Wir haben ihm vor ca. 1 1/2 Jahren zu einer Lehrstelle als Schreiner ferhelfen wollen, aber er hat sich selber zu uns persönlich geäußert, daß er doch nicht aushalten könne. Er war 1 Jahr in der Erziehungsanstalt Langhalde untergebracht. Auf unsern persönlichen Besuch von 2 Mitglieder der Armenpflege in der Anstalt erhielten wir vom Direktor die schlechtesten Aussagen. Er mußte ihn entlassen, weil er ihm noch die andern Jungen ferdarb. Übrigens muß man ein solcher Kerl nur anschauen, so weiß man was mit ihm los ist. Es ist schade für jeden Rappen, welche wir für ein solch miserablen Kerl ausgeben mußten. – Nach der Entlassung aus der Anstalt war er bei seinem Schwager Keusen untergebracht, aber auch dort konnte man ihn nicht gebrauchen, weil er eben ein arbeitsscheuer Bursche ist. Für uns kommt nur noch eine Zwangsfersorgung in Frage. Der Präsident: Johann Angst, der Aktuar: W. Schwarz. [36] Da er nicht die Lehre machen wollte, zu der ihm die Heimatgemeinde Hettlingen ›ferhalf‹ und weil man ein solch ›miserabler‹ Kerl nirgends brauchen konnte, da er noch die andern Jungen ›ferdarb‹, mußte der nunmehr ganz abgefeimte Ernst mit Saisonstellen vorlieb nehmen. Er schaffte im Sommer 1937 als Hilfsarbeiter in der Konservenfabrik St. Gallen-Winkeln. Das war eine damals noch junge Fabrik, die im Sommer dreimal soviel Leute beschäftigte wie im Winter (Gründungsjahr 1931). Die Saisonarbeiter, welche damals noch Schweizer und Schweizerinnen waren, verdingten sich im Winter in die Webereien oder machten Heimarbeit. Im Juni wurden Erbsen gerüstet, im Herbst Äpfel. Bohnen und Karotten wurden in Heimarbeit ausgegeben, die Frauen putzten diese Produkte zu Hause und wurden pro Kilo bezahlt. Es ist nicht bekannt, ob Ernst S. mit dem Ausladen von Früchten und Gemüsen oder in der Dosenfabrikation beschäftigt war, wo den ganzen Tag Ösen und Henkel an den Confitürenkübeln befestigt wurden. Eine ehemalige Arbeiterin, die unterdessen ins Büro aufgerückt ist, sagt, die Saisonarbeiter hätten damals von morgens 4 Uhr bis abends 10 Uhr geschafft, oft aber auch bis Mitternacht, denn es habe pressiert. Die Männer verdienten zu Zeiten von S. zwischen 80 Rappen und 1 Franken, die Frauen 45 bis 55 Rappen. Im Winter zählte die Belegschaft 50–100 Arbeitskräfte, im Sommer 300. Manchmal sei man überhaupt nicht zu den Kleidern herausgekommen. Es gab damals anderthalb Stunden Mittagszeit, keine Pensionskasse, nach dem ersten Jahr Betriebszugehörigkeit drei Tage Ferien. Die »St. Galler Konserven«, die hier fabriziert wurden, hatten dank ihrer

Qualität einen vorzüglichen Ruf. Nur das »höhere Personal« wurde im Monatslohn bezahlt. Die ersten Fremdarbeiter kamen 1947, die Familie Scandola (Mitinhaber der Fabrik) verfügte über gute Beziehungen zu Italien, »ein Lieferant, der Gemüse lieferte, hat die erste Serie Fremdarbeiter geschickt« [37]. Heute ist die Konservenfabrik Winkeln kein Familienunternehmen mehr (vormals Scandola-Hueblin-Müller-Matile), sie wurde in den Hero-Konzern eingegliedert, und statt der industriellen Reservearmee, die früher aus den Dörfern des Fürstenlandes in die Fabrik strömte und nach der Saison abrupt entlassen wurde, arbeiten heute 70% Fremdarbeiter für die »St. Galler Konserven«. 1937 gab es hier keine Gewerkschaften, dafür war die Firma noch zu jung. Erst 1938, als die Ravioliproduktion anhub, setzte auch eine relative Stabilität in der Belegschaft ein: Ravioli konnte man das ganze Jahr über fabrizieren, man mußte nicht mehr so viele Saisonniers im Herbst entlassen. Italiener, Spanier und Portugiesen verrichten heute die Arbeit von Ernst S. Früher war jeder dankbar, wenn er ins permanente Personal aufgenommen wurde. So wurde die Belegschaft gefügig gehalten. Die Unternehmer konnten auswählen. Auch Fünfzehnjährige durften damals in der Fabrik arbeiten, aber »nur die gewöhnlichen neun Stunden« [38], der 18- oder 20stündige Arbeitstag war immerhin den Erwachsenen vorbehalten.

Wählerisch wie immer mochte S. nicht bei den Äpfeln, Erbsen und Confitürenkübeln bleiben. Es sei eine »sauschwere Arbeit gewesen mit viel Überstunden und Nachtschicht« [39], meinte er. Der Vormund Leonhard Spreiter von der Hungerbühlerstraße schrieb damals an die Armenverwaltung St. Gallen:

Nach einigen Wochen aber lief Ernst wegen irgend eines nichtigen Vorfalls aus der Arbeit und wurde entlassen. Dann wurde er Ausläufer bei der Bäckerei Ackermann,

Rosenbergstraße 77. Da er vor einigen Tagen nicht zur Arbeit erschien, wird es nötig sein, ihn polizeilich suchen zu lassen. Unter Berücksichtigung der vorstehend geschilderten Verhältnisse komme ich zum Entschluß, der Vormundschaftsbehörde zu beantragen, es sei Ernst S. sofort nach Feststellung seines Aufenthalts in einer Anstalt unterzubringen. [40]

Darauf bat der Stadtrat Dr. R. Keel das Tit. Polizeiinspektorat St. Gallen, »den Burschen auszuforschen und bei Auffinden ihn uns zuführen zu lassen«. Bald war S. ausgeforscht und zugeführt, und der Armenverwaltung erschien »es notwendig, den jungen Mann anstaltlich zu versorgen, da er zumeist aus eigenem Verschulden sich an einer Arbeitsstelle nicht halten kann und einen Hang zum Herumschlendern zeigt (...). Da sich S. in der Freiheit nicht bewährt hat, kann als Versorgungsort nur noch eine Anstalt in Frage kommen«. S. hatte immer noch nicht begriffen, daß »Herumschlendern« ein Delikt war oder doch ein Grund zur Versorgung. Er gab Dr. Keel zu Protokoll:

Aus der Konservenfabrik lief ich davon, weil ich den Verleider hatte. Bei Ackermann lief ich weg, weil ich nach meiner Ansicht zu wenig Essen bekam. Zu vieren bekamen wir, was ich alleine hätte essen mögen. Wenn man will, mag man mich in einer Anstalt versorgen, ich habe ja doch nichts dazu zu sagen. [41]

Jedoch das Herumschlendern in St. Gallen genügte ihm nicht. Da er ein Romantiker war, zog es ihn fort ins Tessin, das er im Arbeitslager Carona schätzengelernt hatte. »Da habe er sich nach dem Schlaraffenleben im Tessin gesehnt, das er nach der Entlassung aus dem Arbeitsdienst einige Wochen kennen gelernt habe. Es übe einfach einen sonderbaren Reiz auf ihn aus, so in einer wildfremden Stadt, wo er nichts verstehe und niemand ihn kenne, herumzutreiben. Damals habe er in der Jugendherberge Locarno-Muralto logiert und sei von seinen Brüdern [42] unterstützt worden. Am 1. August 1937 habe er sich von einem Auto bis Biasca mitnehmen lassen, sei dann als blinder Passagier in einem leeren Kohlenwagen der Gotthardbahn bei strömendem Regenwetter bis nach Erstfeld gefahren, von dort am 2. August frühmorgens zu Fuß bis nach Walchwil marschiert, von wo ihn wieder ein Personenauto mit nach Zürich geführt habe. Bei seinem Bruder in Zürich schlief er sich aus, nahm dann wieder den Weg unter die Füße, um nach St. Gallen zurückzukehren. In Wil verschlief er sich auf einer Bank, erweckte damit bei einem Homosexuellen Mitleid, ließ sich von ihm Essen und Tranksame zahlen, bekam dann aber plötzlich derartigen Abscheu vor dessen Liebesanträgen, daß er kurzerhand ein Fahrrad stahl und nach St. Gallen fuhr, dies, obwohl er in Wil einen begüterten Onkel hatte, bei dem er bestimmt hätte Unterkunft oder Fahrgeld erhalten können. Das Velo sei ihm dann in St. Gallen auch wieder gestohlen worden, worauf er in nicht leicht verständlicher Weise zum Gemeindeammann in Abtwil lief, um diesen Diebstahl des von ihm gestohlenen Fahrrades anzuzeigen« [43]. Darauf wurde S. vom Bezirksgericht Wil wegen qualifizierten Diebstahls (Fahrraddiebstahl) bedingt zu vierzehn Tagen Gefängnis bei drei Jahren Strafaufschub und drei Jahren Schutzaufsicht verurteilt. (Urteil vom 10. Januar 1938.)

Nun wurde ein frischer Vormund ausprobiert, Dr. Wolfer aus Winterthur (weil S. im zürcherischen Hettlingen beheimatet war) und eine frische Anstalt, das Pestalozziheim Neuhof in Birr (Aargau). S. erkannte endlich, daß die Freiheit, in der er sich nicht bewährt hatte, unbekömmlich war. Der Vormund Dr. Wolfer berichtet:

Zunächst war sein ganzes Trachten nur darauf abgestellt, möglichst bald wieder herauszukommen. Deshalb konnte er sich zu einer Berufslehre auch lange nicht entschließen. Schließlich drängte er hartnäckig darauf, eine Schneider-

lehre zu machen, obschon ihm etwas anderes nahegelegt
wurde. Die beruflichen Leistungen waren gut. Aber S. war
ungewöhnlich heftigen Gemütsschwankungen unterwor-
fen. Im Frühling 1939 befand er sich in einer erschüt-
ternden Hoffnungslosigkeit und Mutlosigkeit. Ich hatte die
Entlassung vorgesehen, zur Plazierung in einer freien
Schneiderlehre. Er wehrte sich mit allen Kräften gegen die
Entlassung, indem er sagte, er sei sicher, es gehe draußen
nicht, er tauge zu nichts. Es fehlte ihm an allem Lebensmut.
Ich sah damals eine psychiatrische Begutachtung vor. Da
die Gefahr bestand, S. werde zu einem Fürsorgeneurotiker,
wurde er zu einem guten Schneider in Wauwil Ende Mai
1939 versetzt. (...) Er verkaufte bereits am 11. Juni 1939
ein Paar neue Schuhe und entwich zu seiner Schwester nach
St. Gallen. [44]

Beim guten Schneider von Wauwil wurde S. von eigenarti-
gen Empfindungen durchzuckt. Er schrieb seinem zweiten
Vormund am 2. Juni 1939 einen Brief.

... Ich möchte Ihnen jetzt doch einmal über meine Sache
Klarheit verschaffen, also meine Lehre möchte ich unter
keinen Umständen fertig machen, es ist ja schrecklich, ja
sogar eine Gemeinheit, einem in ein solches Negerkaff zu
verbannen, man hört den ganzen Tag nichts als das mono-
tone Geratter der Eisenbahn, und dazu fahren die Züge
nach Mailand, Rom, Berlin und Paris, und jagen einem ein
fürchterliches Reisefieber ein. (...) Ich suche mir eine
Arbeit, bei der ich etwas verdienen kann u. wenn Sie mich
dort wieder abschleppen lassen, so werde ich halt eben ein
Zuchthäusler, das macht mir jetzt nichts mehr aus, man
will es ja so haben ... wenn es nicht anders geht, so werde
ich mich an der ersten besten Starkstromleitung aufhängen,
oder mir den Kopf abkarren lassen ... Militärdienst mache
ich auch keinen mehr, ein solch ohnmächtiges Vaterland
werde ich nie u. nimmer verteidigen, in andern Ländern
kann ich auch ausgeplündert werden ... Ich habe das

Recht frei zu sein, oder dann gehe ich zum Hitler, es wäre
recht, wenn er käme, und den Sklavenhandel ausrotten
würde. Ich würde »Ihn« mit offenen Armen empfangen,
bevor ich nun mein Quartier im Zuchthaus beziehe, werde
ich einen Artikel über Sklavenhandel und Vogtei in der
Zeitung erscheinen lassen. – Achtungsvoll und doch
wütend grüßt Ernst S. (Sklave), Wauwil (Negerviertel), Kt.
Luzern. [45]
Diesen Brief würde jemand, der keine akademische Ausbildung genossen hat, auf dem Hintergrund der Erfahrungen
von S. vielleicht als erfrischend bezeichnen. Die Schwan-
kungen zwischen Anpassung und Widerstand, Auflehnung
und Todeswunsch sind begreiflich, wenn man soviel erlebt
hat wie Ernst S. Der Gutachter Dr. Pfister hat in dem Brief
nur »unbeherrschte Zwiespältigkeit« gesehen; und »noch
bezeichnender für die unbeherrschte Zwiespältigkeit des
Exploranden ist sein letzter an den Vormund Dr. Wolfer
gerichtete Brief vom 4. April 1940« [46]:
Ich bin nun schon der 9. Monat im Militär, und bald 21
Jahre alt. Ich hätte jetzt gerne einmal meinen Freiheitsbrief,
u. die Akten, in denen meine Verbrechen verewigt sind.
Oder wollt Ihr mich noch länger vogten? ... Ich sage
Ihnen Herr Dr. Wolfer, ich könnte manchmal bersten vor
Wut, daß ich mir das habe gefallen lassen, daß man mich so
vogtete. Sie waren zwar noch gut mit mir, denn bei einem
andern, der überhaupt nicht nach mir gefragt, und nur
nach seinem Willen gehandelt hätte, dann hätte ich gerade
aus purem Zorn und Trotz mich nicht gebessert, od. wenig-
stens überall gestreikt. Also sie waren ein guter Mensch und
sind es heute noch, und daß Sie es gut meinten, das habe ich
auch gemerkt, aber ich hasse Sie trotzdem, gerade weil Sie
mein Vogt sind. Als Mensch sind Sie gut und ich bin Ihnen
dankbar für die Mühe, die Sie sich für mich genommen
haben, ich höre heute noch, als Sie damals in St. Gallen ins
Tram gestiegen sind, als Sie sagten: »Heb di guet«, das hat

mir gut getan, und ich denke noch öfters daran. Daß aber solche Prachtsmenschen dem unmöglichen Problem der gewaltsamen Menschenbesserung verfallen, das ist eine unverzeihliche Sünde vor Gott . . . [47]
Dr. Hans-Oscar Pfister, vermutlich in einer beherrschten Einspältigkeit behaust, so daß er diesen Brief des S. als unbeherrscht zwiespältig bezeichnen konnte, muß eine bemerkenswerte Seelenstruktur aufweisen. Leider wurde Dr. Pfister nie von Ernst S. untersucht, so daß wir nicht wissen, ob der junge Hans-Oscar im Alter von 21 Jahren (da saß er vermutlich seine ersten Semester ab, während S. in der Anstalt saß) ebenso scharfsinnig-analytische Briefe schrieb wie Ernst S. Mit einer entsprechenden Ausbildung versehen, wäre der ausdrucksfähige S. vermutlich Journalist oder Schriftsteller geworden. Item, nachdem man lange genug auf Ernst herumgetrampelt war, hat er sich angepaßt, wenigstens verbal, »man wollte es ja so haben«, und er hatte »ja doch nichts dazu zu sagen«.

*

Ernst S. ist kein Kuriosum. Er ist auch keine Antiquität. Er ist die Lackmusprobe: er zwingt die Gesellschaft, Farbe zu bekennen. Er macht Strukturen sichtbar. Da lehnt sich einer behutsam auf, verhält sich ein wenig anders als seine Klassengenossen, und schon schlägt die Gesellschaft mit voller Wucht zu. Sie schlägt nach unten, mit Vorliebe nach ganz unten, auf die Lumpenproletarier. S. war normal, unerlaubt normal, aber nicht genormt. Er wollte, wenn auch nur in vorsichtigen Zügen, das Leben genießen. Das war ein »Vergehen«, wenn man nicht zu den Privilegierten gehörte und kein Geld hatte. Er wollte sich nicht ohne weiteres verwursten lassen. Das war verdächtig. Mit dem Onanieren fängt es an, mit dem Landesverrat hört es auf. Dazwischen die Weigerung, sich in der Fabrik ausbeuten zu lassen und der Wunsch, herumzuschlendern. Oder gar die

Lust auf eine Flugzeugmechanikerlehre! Die Institutionen, welche diese Lüste austreiben sollen, sind miteinander verknüpft, die Schule mündet ins Pfarramt, das Pfarramt in die Erziehungsanstalt, die Vormundschaftsbehörde in die nächste Erziehungsanstalt, die Fabrik in die Armee. Parieren oder krepieren. Vom Exekutionspeleton erhält alles rückwirkend seine eigentliche Farbe: Fabrikpeleton, Schulpeleton, Vormundpeleton. Man sage nicht: S. ist die Ausnahme. Der gewaltige Apparat, den es brauchte, um ihn zu dressieren, hat auch andere kujoniert. Schon seine Existenz hat Tausende eingeschüchtert. S. ist vielmehr die Regel für das, was einem Lumpenproletarier oder einem Proletarier passiert, wenn er sich auflehnt. Daß den meisten nichts passiert, beweist demnach, daß sie sich klaglos unterdrücken lassen. Die Institutionen, die S. das Fürchten gelehrt haben, gibt es alle noch. Sie funktionieren meist reibungslos, wenn auch weniger brutal, doch an ihrem Mechanismus hat sich nichts geändert. Sie passen sich den veränderten Produktivkräften an, können aber jederzeit wieder mit der alten Blutrünstigkeit funktionieren. Im Kriegsfall kann der Bundesrat, wenn eine rechte Hsyterie wütet, die Todesstrafe wieder einführen, dann gibt es wieder geheime Militärgerichtsverhandlungen, und es wird die Vorbestraften, die Ausgeflippten treffen, diejenigen, die keine gesellschaftliche Macht haben. (Vielleicht würde es auch ein paar kommunistische Fremdarbeiter treffen, die jetzt die Arbeit des S. verrichten, wegen »Sabotage« oder so?) Die Gesellschaft, die heute funktioniert, ist ohne die »große Einschließung«, wie der Historiker Michel Foucault das nennt, nicht denkbar: Vagantentum ist deshalb ein Verbrechen, weil es der Produktion Arbeitskräfte entzieht. Der herrschenden Klasse entglitte die Herrschaft über die Produktionsmittel, wenn die Arbeiter faulenzten oder gar nach ihren eigenen Vorstellungen produzierten. S. hat das nicht versucht, er war zu jung um politisch aktiv zu werden, in dieser entpolitisierten St. Galler Welt war das in seinem Alter kaum möglich. Er hat vorerst einmal die Unterdrückung gespürt, dazu war er sensibel genug. Er schlenderte umher. Diese Sensibilität wollte man ihm austreiben, und das gelang teilweise. Sie kam jedoch immer wieder zurück. Hätte er länger gelebt ... Vielleicht wäre er ausgewandert oder politisch militant geworden oder ein großer Tenor? Ich hätte ihn gerne gekannt. Er hat in derselben Stadt gelebt wie ich, und doch in einer ganz verschiedenen Welt, auf denselben paar Quadratkilometern, und doch auf einem fernen Archipel. Er im untersten Stock, ich im mittleren, und eine Stiege gab es nicht. Das St. Gallen meiner Kindheit war ein friedliches, betuliches, wenn auch grotesk-skurril-burleskes Städtchen, die Klassengegensätze habe ich nur schwach gespürt, und konnte sie erst im Nachhinein analysieren. Wir waren sehr behütet. Das *mörderische* St. Gallen habe ich erst entdeckt, als ich die Stationen des Lebenswegs von Ernst S. besuchte. Zwei Hälften einer Stadt, die nicht zusammenpassen. Wir zu Hause konnten immer noch lachen, wenn uns diese Stadt zu sauer wurde. S. und alle Arten von S. haben gar nichts mehr zu lachen. Ich habe ähnliche Anlagen wie S., aber weil ich im Kleinbürgertum geboren bin, hat man mir nachgesehen, was man dem S. nicht verzieh. Salut et Fraternité, Ernst!

✳

Es ging dann weiter mit ihm, wie es gehen mußte. Rekrutenschule, die er wegen zu vieler Krankheitstage (Grippe, Impffolgen) gleich zweimal machen durfte, ein schlechtes militärisches Führungszeugnis (»Schwieriges Subjekt, Einzelgänger, Lügner, Psychopath«), disziplinarische Bestrafung wegen »ungebührlichen Benehmens gegen Vorgesetzte, Nachlässigkeit bei der Arbeit und zu spätem Einrücken, nachträgliches Pferdeputzen« und anderes mehr. Ein

Abstecher zur Firma Ganzoni, ein Schändungsversuch an der Sitter, ein Gastspiel als Provisionsreisender bei der Firma H. A. Opitz, ein paar Wochen bei der Stadtgärtnerei, wo er dazu beitrug, daß die »Stadt im grünen Ring«, wie St. Gallen gern genannt wird, sauber grünte. Und dann noch die Weiterbildung seiner Singstimme in der Gesang- und Opernschule Baerlocher-Keller. Und als Statist am Stadttheater ist er auch eingesprungen. Damals hat er bei der Frau Lüthy das Zimmer gehabt, Zeughausgasse 20, im Schatten der Klostertürme. Ein Zimmer, das man »den Kasten« nannte, weil es so klein war »Dä isch scho lang verfuulet«, sagt Frau Lüthy. Er sei immer gut angezogen gewesen, und die Artikel, die er für die Firma Opitz vertrieb, waren nichts wert. Schon von weitem habe man ihn kommen hören mit seiner schönen Tenorstimme, singend sei er immer gekommen, ihr Schwiegersohn hat S. auf dem Klavier begleitet, wenn er Arien aus Léhars »Land des Lächelns« sang. Sie haben an der Beerdigung teilnehmen wollen, doch die Kantonspolizei sagte: Da gibt es keine Beerdigung. Sie haben ihn gerngehabt. Es sei ein Justizmord gewesen. Damenbesuch war nicht erlaubt im Kasten.

Deshalb mußte S. sich an der Sitter vergnügen mit dem Mädchen, welches damals seine Freundin war. Gut gewachsen, nur das Gesicht nicht so schön, sagt der Schneider A. [48], der sie gekannt hat, noch jung, aber schon gänzlich erblüht, eine sechzehnjährige Realschülerin. Sie hätten sich geliebt, auch seien sie nackt in der Sitter geschwommen. In Dr. Pfisters Sprache übersetzt heißt es:

Während eines Urlaubes im Sommer 1941 hat S. gegenüber einem 16jährigen Mädchen auf einem Badeplatz an der Sitter einen Schändungsversuch unternommen. Durch Zufall wurde der Tatbestand den polizeilichen Instanzen bekannt. Das Bezirksgericht St. Gallen II verurteilte ihn am 3. No-

vember 1941 bedingt zu einer Buße von Fr. 50.– bei einem
Strafaufschub von 2 Jahren. Expl. bemerkt dazu, es habe
sich eben um ein »verführerisches Krötli« gehandelt. [49]
Der Lehrer des verführerischen Krötlis hatte jedoch Unrat
gewittert und Ernst S. angezeigt. Die Zimmerdurchsu-
chung förderte einen Liebesbrief der Gertrud K. an S.
zutage, der leidenschaftlich und »sexuell hemmungslos«
war, die Strafuntersuchung begann. S. und die Gertrud K.
wurden gesondert untersucht, mit dem Millimetermaß
wurde geprüft, was da wie weit eingedrungen war, die
Leidenschaft wurde juristisch erfaßt. Das Bezirksgericht
hat »in tatsächliche und rechtliche Würdigung gezogen«:
1. Auf Grund eines bei Ernst S. vorgefundenen Briefes
bestand Verdacht, daß zwischen S. und der Realschülerin
Gertrud K. Unsittlichkeiten vorgekommen waren. Die
Verdächtigte gab daraufhin in der Untersuchung an: Mon-
tag den 14. Juli 1941, an ihrem ersten Ferientag, sei sie zum
Baden in die Sitter gegangen. Auf der Wiese beim Rechen-
steg sei sie von dem ihr damals noch nicht bekannten Ernst
S. angesprochen worden. Dieser habe sie dann eingeladen,
mit ihm auf der Nordseite der Sitter flußaufwärts zu
spazieren. Hierauf hätten sie wieder die Sitter überquert
und seien auf der andern Seite in den Wald hineingegan-
gen, wo sie abgesessen seien. Nach anfänglichem »Schmu-
sen« sei dann Ernst S. auf sie hinaufgelegen und habe unter
ihrer Badehose seinen Geschlechtsteil an den ihrigen
geführt. Er habe versucht, sein Glied in ihre Scheide einzu-
führen, was ihr aber Schmerzen verursacht habe, so daß sie
abgewehrt hätte. Ob es zu einer innerlichen Vereinigung
der Geschlechter und ob es beim Burschen zum Samener-
guß gekommen sei, wisse sie nicht bestimmt. (...) Der
daraufhin einvernommene Ernst S. gab die ihm vorgewor-
fene Verfehlung mit Gertrud K. zu. (...) Er habe den
Eindruck gewonnen, daß das Mädchen zu einem
Geschlechtsverkehr zu haben sei und ihr daher vorgeschla-

gen, über die Sitter an das bewaldete Südufer zu gehen.
Dort hätten sie dann miteinander »geschmust«, wobei er
darauf seinen Geschlechtsteil entblößt und ihn unter ihrer
Badehose an den Geschlechtsteil der Gertrud K. geführt
habe. Beim Versuch, den Geschlechtsakt auszuführen, habe
das Mädchen ihn aber mit der Bemerkung »Hör uf!«
weggestoßen, worauf er nichts weiter mehr unternommen
habe. Zu einer innerlichen Vereinigung der Geschlechter sei
es nicht gekommen, sondern nur zu einer äußerlichen
Berührung. Es sei auch kein Samenerguß eingetreten. (. . .)
[50]
(Es war eine Vorwegnahme: Ebenso minutiös wird der
Autopsiebefund später festhalten, wo und wie weit die
Kugeln in den Körper des Ernst S. eingedrungen waren.)
Item, Ernst S. und Gertrud K. haben alles zugegeben,
möglicherweise sei sogar eine »immissio penis« erfolgt,
doch »der Beweis, daß im konkreten Fall alle zur Unzucht
nötigen Handlungen von seiten des Ernst S. erfolgt seien,
ist laut ärztlichem Gutachten trotz der vorhandenen Deflo-
ration nicht geleistet, denn die Einrisse des Hymens können
ebensogut durch die vom Mädchen zugestandene Onanie
entstanden sein«. Unbekannt ist, ob S. wirklich den Ausdruck »Geschlechtsverkehr« und nicht das volkstümliche
»Vögeln« brauchte, als er ausgequetscht wurde, und ob er
»Geschlechtsteil« sagte anstatt »Schwanz«. Vermutlich
wurden ihm und Gertrud K. klinische Ausdrücke in den
Mund gelegt, die sie aus eigener Kraft nicht gebraucht
hätten. Auch wird er seine »Handlungsweise« nicht als
»Unzucht« empfunden haben, mußte aber vor dem Gericht
heucheln, wollte er glimpflich davonkommen. So wurde er
»des Schändungsversuchs schuldig erklärt und zu 50 Franken Geldstrafe verurteilt, bei Ansetzung einer Bewährungs-
frist von zwei Jahren«. Außerdem bezahlte der Angeklagte
die Kosten, insgesamt 73 Franken 50 Rappen. [51]
Dieser außerordentlich preiswerte Schändungsversuch hat

Ernst S. und Gertrud K. dazu bewogen, es fortan heimlicher zu treiben miteinander, sich tiefer in den Mischwald an den seichten Ufern der Sitter zu verziehen. Heute käme er übrigens nicht mehr so billig davon, sagt Bezirksgerichtspräsident Morger in St. Gallen, für dieselbe Tat müßte man nach dem neuen Strafgesetz mit drei Monaten Gefängnis rechnen. S. hat klugerweise seine Unzucht noch begangen, solange das kantonale Strafgesetz in Kraft war. Derselbe Straftatbestand würde heute ebenso hochnotpeinlich untersucht, und ungefähr in derselben Terminologie, nur das Latein wird heute eingedeutscht, es heißt vermutlich »Eindringen des Geschlechtsteils« statt »immissio penis«. So sagt Dr. Morger. Das Latein geht wirklich unaufhaltsam zurück.

Was S. als Statist am Stadttheater erlebte, ist schwer zu eruieren. Damals wurde ›Gilberte de Courgenay‹, das Dialektstück zur geistigen Landesverteidigung, mit großem Erfolg und immer wieder aufgeführt. Im Ensemble befanden sich vier Mitglieder der NSDAP (Nationalsozialistische Deutsche Arbeiterpartei), die jedoch gut Dialekt sprachen, so daß die ›Gilberte de Courgenay‹ nicht darunter litt. Heute ließe sich wegen der Überfremdung im Ensemble ein solches Stück kaum mehr aufführen, sagt Heinz Huggler, der Tenor am Stadttheater. Die vier NSDAP-Mitglieder sind dann nach dem Krieg entlassen worden, drei Chorsänger und der Komiker Fritz Bois, der sich auf den Verkauf von Staubsaugern verlegen mußte. Er war in St. Gallen ganz assimiliert und hat anderswo keine Anstellung mehr gefunden. [52] Politische Emigranten aus Deutschland, wie am Schauspielhaus Zürich, habe es am St. Galler Theater nicht gegeben, jedoch zahlreiche Auslandschweizer. Es wurde damals nicht politisiert am Theater, sagt Huggler, weder so noch so. Es war ein neutrales Theater.

Einige von den damals herrschenden St. Gallern waren nicht so neutral. Der phantasiereiche Textilbaron Johann Arnold Mettler, freisinniger Politiker, verheiratet mit einer geborenen Specker, wurde im Volksmund »Hitler-Spekker« genannt, weil er sich so heftig für die Zustände in Deutschland erwärmte. [53] Sein Sohn Hannes Martin Mettler hat sich in die Waffen-SS eingereiht, ist in der Sowjetunion für den Führer gestorben, am 6. 10. 1941 war die Todesanzeige im *St. Galler Tagblatt*: »... hat am 14. September 1941 bei Kiew den frühen Tod gefunden«. Der Ingrimm des Volkes über Mettler-Speckers Deutschlandbegeisterung war 1939 derart angeschwollen, daß die Geschäfte darunter litten und Mettler-Specker abgehalftert werden mußte. Am 5. Januar 1939 veröffentlichte die Firma eine Erklärung: In einer außerordentlichen Generalversammlung sei der Verwaltungsratspräsident Arnold Mettler-Specker wegen »politischer Verwirrung« durch seinen Sohn ersetzt worden. Die Firma habe mit der Politik des Arnold Mettler-Specker nichts zu tun ... [54] Der zurückgetretene Verwaltungsratspräsident Mettler, geboren 1867, und 1945 termingerecht verblichen, lebt im Andenken seiner Mitbürger als Wohltäter fort. Im »St. Galler Bürgerbuch« figuriert er so: »Schulrat und Kantonsrat, hat als Freund von Kunst und Wissenschaft die kulturellen Institutionen der Stadt, vor allem die Museen, durch wiederholte Vergabungen tatkräftig unterstützt und war ein großer Förderer des Schulwesens, verdient auch um den Wildpark Peter und Paul.« Was hat er sonst noch gefördert? Das steht nicht im »Bürgerbuch«, sondern wird in der sozialistischen *Volksstimme* vom 5. Januar 1939 vermutet: Ob die Geldgeber, die eine deutschhörige Partei aufziehen wollten, Mettler-Specker und einige andere St. Galler seien?

Auch der Altwarenhändler und Kantonsrat Mario Karrer, der als Lumpensammler begonnen und früher dort sein

Lager hatte, wo jetzt die Konservenfabrik Winkeln steht, war politisch recht aktiv, war Führer der rechtsgewickelten »Nationalen Opposition«, wurde erst im Mai 1943 mit allen Stimmen, bei einer Stimmenthaltung, aus dem Kantonsrat ausgeschlossen [55]. Denn »die polizeilichen Erhebungen wegen verbotenen Nachrichtendienstes hatten ergeben, daß die »Nationale Opposition« die demokratischen Grundlagen unseres Landes bekämpft und Ziele verfolgt hatte, die eine ernstliche Gefährdung unserer Unabhängigkeit bewirkten« [56], und so war denn Mario Karrer für das Kantonsparlament untragbar geworden. Ob allerdings die »polizeilichen Erhebungen« mit allem Nachdruck geführt wurden, ist nicht sicher. Bis 1939 war nämlich die sankt-gallische Polizei unter dem Kommando eines Inspektors gestanden, der sich auf die Bekämpfung der wenigen St. Galler Kommunisten spezialisiert hatte und für die zahlreichen Nazis eine unverhohlene Sympathie entwickelte. Dieser Inspektor Carl Kappeler war »im Volksmund als arroganter Typ, Nazi und Nürnberg-Reisender bekannt« [57]. 1938 hatte er dem Nürnberger Parteitag der Nationalsozialistischen Deutschen Arbeiterpartei beigewohnt, »um sich etwelchen Einblick zu verschaffen in das Wesen und die Entwicklung des Nationalsozialismus, vor allem aber in die gesamte Organisation (Verkehrsregelung, Verpflegung, Unterkunft usw.) dieser gewaltigen Veranstaltung. Maßgebend war also das fachkundliche Interesse an der Sache« [58], wie Inspektor Kappeler dem Stadtrat gegenüber zu Protokoll gab. Das »fachkundliche Interesse« Kappelers war allerdings groß, denn vielleicht mußte bald auch in der Schweiz eine Art Nürnberger Parteitag durchgeführt werden, Österreich war bereits von den Nazis annektiert, und Kappeler hat nach dem Einmarsch der Nazis in Österreich »in einer Wirtschaft seiner Abneigung gegen die österreichische Regierung und seinen Gefühlen für das Regime des Dritten

Reiches in einer Weise Ausdruck verliehen, daß er damit den energischen Protest eines Gastes herausforderte« [59]. In der *Volksstimme* vom 11. November 1938 veröffentlichte Kappeler eine Erklärung, worin festgehalten wurde, daß er nicht zusammen mit Mettler-Specker, sondern ganz allein den Parteitag in Nürnberg besucht hatte . . . Auf die Idee, den Nazi-Parteitag zu besuchen, war Kappeler vom deutschen Konsul in St. Gallen gebracht worden, als dieser seinen »Antrittsbesuch« beim Polizeiinspektor machte. Der deutsche Konsul hat sich erboten, ihm eine Eintrittskarte zur Kongreßhalle und eine Quartierkarte zu beschaffen. [60] Inspektor Kappeler wurde auf Grund dieser Vorkommnisse im Volk sehr unbeliebt, die sozialistische *Volksstimme* griff ihn an, der Stadtrat erteilte ihm schließlich einen schriftlichen Verweis, und Anfang 1939 wurde Kappeler (Diensteintritt 1911) auf eigenes Ersuchen frühzeitig pensioniert, »aus gesundheitlichen Gründen«. Die öffentlichen Anfeindungen hatten seine Gesundheit unterminiert. Es wurde ihm eine Invalidenpension bewilligt, als ob er ein Kriegsversehrter wäre, der im Dienste des Vaterlandes ein Glied verloren hatte. Als Pensionierter bezog er 65% seines letzten Gehalts.

So glimpflich (und noch glimpflicher) kamen die Herrschenden und ihre Werkzeuge davon. Wenn man alle diese Beziehungen zu Faden schlägt, erhält man eine echte St. Galler-Stickerei, ein charmantes Gewebe aus den dreißiger- und vierziger Jahren, und manchmal ist ein Hakenkreuzlein eingestickt. Es ist alles sehr verknüpft. »Wendigsein und Bereitsein ist alles«, sagte Dr. Bauer von den Textildirektoren. Die St. Galler Bourgeoisie war in einem fort wendig. In derselben Familie Mettler setzte man auf zwei Pferde: Mettler-Specker auf das faschistische Modell des Kapitalismus, sein Sohn auf das liberale Modell. In den dreißiger Jahren schien Hitler sehr geeignet als Garant des Besitzstandes. Anfangs der vierziger Jahre sah man als aufgeklärter, weitgereister Bourgeois, dank der Beziehungen zur angelsächsischen Welt, die man als Stickereifabrikant hatte, daß der Faschismus im internationalen Kontext nicht mehr so viele Chancen hatte. In der Bourgeoisie hat man es ziemlich schnell gemerkt. Im Kleinbürgertum, das nicht so weltläufig war, dauerte es etwas länger. Noch 1943 soll es in St. Gallen einen harten Kern von 3–4000 Nazi-Sympathisanten gegeben haben, die sich jeweils im »Schützengarten« versammelten. Ganz unten, im Lumpenproletariat, waren die Verhältnisse wieder anders, da flackerten manchmal Sympathien für »den Hitler« auf, »der hoffentlich bald kommt und den Sklavenhandel hier ausrottet«, wie Ernst S. seinem Vormund schrieb. Ganz oben erhoffte man einen Schutz der Privilegien durch Hitler, ganz unten manchmal einen Abschaffung der Privilegien durch ihn. Oben nannte man es »politische Verwirrung«, wie bei Mettler-Specker oder »fehlende Rücksichtnahme auf das Urteil der Öffentlichkeit« (sagte der Stadtrat im Fall Kappeler). Unten nannte man es »Landesverrat«, wie bei Ernst S. Oben wurde pensioniert, unten wurde füsiliert. Da die Wut des Volkes über die Nazi-Sympathisanten groß war, und da man oben nicht erschießen konnte, ohne das System zu sprengen, mußte man die Wut nach unten ableiten, mußte gesellschaftlich ohnmächtige Individuen finden, die sich als Sündenböcke eigneten. Man konnte schlecht den Bundespräsidenten Pilet-Golaz erschießen, welcher 1940 in einer Radioansprache die Schweizer aufgefordert hatte, sich den neuen Verhältnissen in Europa anzupassen. Nicht zufällig kamen vierzehn von den siebzehn erschossenen Landesverrätern aus sogenannten »sehr einfachen Verhältnissen« (Kleinbauernsöhne, Angestellte, Hilfsarbeiter, Mechaniker) und bekleideten niedere Dienstgrade (Fouriere, HD-Soldat, Trompeter, Fahrer, Mitrailleur, Gefreiter, Füsilier etc.). Auch unter den drei erschossenen Offizieren gab es keine Großbürger: Major P. war der Sohn eines

Lehrers in Thun, Leutnant K. war als Adoptivkind bei Verwandten aufgewachsen, und nur Oberleutnant R. kam, immerhin ein Trost, aus dem mittleren Bürgertum, als Sohn eines Fabrikdirektors. [61]

*

Ernst S. sei kein Nazi gewesen, sagen übereinstimmend Dienstkameraden (Wörnhard, Scheu, Kahn) und seine Brüder, die politische Bildung habe ihm gänzlich gefehlt, man könne ihn nur als »lustigen Schnuderi« bezeichnen. Was er getan hat, geschah um Geldes willen. Er verdiente nie genug, die 110 Franken monatlich als Provisionsreisender bei der Firma Opitz reichten ihm nicht, und die Gesang- und Opernschule Baerlocher tat's auch nicht mehr, er wollte jetzt seine Singstimme sogar in Zürich ausbilden lassen. Die Firma H. A. Opitz, chem.-techn. Produkte, für die er mit Bodenwichse und Kölnisch Wasser hausierte (heute ein Frauenberuf), hat auch ein Urteil über S. abgegeben: *Unkundig im Fach schickten wir S. zum Kundenbesuch in der Stadt St. Gallen, bei welcher Gelegenheit derselbe ganz ordentlich verkaufte, so daß wir S. die rote Reisekarte samt dem Bahnabonnement St. Gallen – Muolen besorgten. – Nun stellte es sich aber bald heraus, daß es S. am nötigen Willen und Ausdauer fehlte zum Kundenbesuch, von Neuacquisitionen ganz zu schweigen. Paßte S. das Wetter einmal nicht, blieb er zu Hause, ging dann wieder einen halben oder auch einen ganzen Tag. Während der übrigen Zeit drückte er sich im unbekannten Dunkeln herum und lebte fortwährend von Vorschuß, welchen er allerdings auf Zureden hin immer erhielt von der Firma.* [62]

Immer dieser mangelnde Wille. Dem Dr. Pfister ist es auch aufgefallen, und um die Abwesenheit desselben zu unterstreichen, und nicht, um auf die gesanglichen Fähigkeiten des S. zu verweisen, zitiert er ein »leider nicht datiertes Zeugnis« der Gesang- und Opernschule Baerlocher-Keller.

»Ich führe es in diesem Zusammenhang nur an, weil auch daraus S.'s mangelnde Zielstrebigkeit und Ausdauer zwischen den Zeilen herausgelesen werden kann«:

Auf Ansuchen von Herrn Ernst S. . . . bestätigt Unterzeichnete, daß er eine unzweifelhaft ausbildungswürdige Tenorstimme und genügend Musikalität besitzt um durch das Gesangstudium befriedigende Erfolge zu erzielen. – Herr S. hat den Unterricht bei mir ca. 1 Jahr mit großen Unterbrechungen genossen. Eine gesangliche Ausbildung hat aber nur einen Sinn, wenn er auch die notwendigen persönlichen Eigenschaften mitbringt, wie Fleiß, Ausdauer und charakterliche Zuverlässigkeit. Ohne hartnäckigen Fleiß von seiten des Schülers kann keine Prognose gestellt werden. [63]

Ob Bodenwichse, Singstimme, Appretur, Gärtnerei, Schneiderei, Färberei, Konservenfabrik, Bandweberei, Landwirtschaft: *ohne* Willen war alles für die Katz, und *mit* Willen war auch nicht viel zu machen, wenn man aus dem Sittertobel kam, das hatte er bei seinen Geschwistern beobachtet, die recht viel Willen hatten und doch alle arm geblieben sind. Auch Vater und Mutter hatten Willen gehabt, guten Willen, besten Willen. Was hätte er wollen sollen?

In der Bandweberei Ganzoni, wo auch die Frau seines Bruders Karl 1940 schaffte, hatte er wieder kein Sitzleder. Frau S. erinnert sich, daß die Frauenlöhne damals zwischen 15 und 20 Rappen in der Stunde schwankten. Im Vertreterzimmer von Ganzoni hängt eine Urkunde, welche die Beteiligung dieser Firma an der Landesausstellung, der sogenannten ›Landi‹ von 1939, bezeugt:

. . . bestätigen wir, daß die Firma Ganzoni in der Abteilung: Vorbeugen und Heilen, als Aussteller an der nationalen Schau zugelassen wurde und diese durch ihre Leistung bereichert hat . . . ist die Landesausstellung zu einem erhebenden Werk vaterländischen Geistes und schweizerischen Schaffens geworden. Sie hat im ganzen Volk das Gefühl

der Zusammengehörigkeit, die Liebe zur Heimat und das
nationale Selbstvertrauen geweckt und gefestigt.
Damals war der Hauptsitz der Firma noch in Winterthur.
Die Produktion wurde aber zunehmend nach St.
Gallen verlagert, Ganzoni konnte dort mit bedeutend niedrigeren
Löhnen produzieren. In Winterthur mußte Ganzoni sich
den Löhnen der Maschinenindustrie anpassen, in St. Gallen
den Stickereilöhnen, die bis zur Hälfte niedriger lagen. Die
Lebenskosten der Arbeiter waren in St. Gallen aber kaum
niedriger als in Winterthur . . . Damals wurde bei Ganzoni
gewoben, geflochten, gestrickt und konfektioniert. Die
Weber waren Männer, für die einfacheren Arbeiten hatte
man Frauen. Diese waren in der Mehrzahl. Es wurden
Korsette, Hosenträger (Marke »Samson«), Sockenhalter,
Strumpfhalter, Leibbinden, Gummilitzen, Skigamaschen
hergestellt – eine versunkene Welt – zum Teil auch in Heimarbeit. Die Firma ist gänzlich im Familienbesitz, Ganzoni
& Cie AG, die Bilanzen werden nicht veröffentlicht. Dank
der Erfindung des medizinischen Kompressionsstrumpfes
»Sigvaris«, welcher sehr rentiert, konnte die Firma ab 1963
die verzettelte Produktion der andern Artikel einstellen.
Wenn man die Außenstellen dazurechnet, produzieren
heute Fremdarbeiter aus zwölf Nationen für die Familie
Ganzoni den medizinischen Kompressionsstrumpf »Sigvaris«, will heißen, für die leidende Menschheit, die schlecht
auf den Beinen ist, Leute, die von Berufs wegen immer
stehen müssen, brauchen »Sigvaris«-Strümpfe, also z. B.
Färber, Weber, Trämler, kinderreiche Mütter. Heute tut
man alles, um Arbeiterinnen zu bekommen, sagt Werner
Ganzoni junior, der die Firma leitet, wir haben einen
Kindergarten, eine Kantine und anständige Löhne. Die
Frauen in der Stickerei verdienen etwa 1400 Franken im
Monat, ein Stricker mit Nachtschicht 1900. Der Stundenlohn wurde 1972 abgeschafft, aber seit der Monatslohn eingeführt ist, gibt es Arbeiterinnen, die das ausnützen, Frauen

mit Periode bleiben dann länger weg, weil es nicht mehr auf eine Stunde mehr oder weniger ankommt. Der Absentismus nimmt zu. Junge Schweizerinnen gibt es nicht mehr in der Fabrik, nur solche mittleren Alters. Werner Ganzoni, der damals noch nicht in der Firma war, weiß trotzdem genau, was 1939–40 *produziert* wurde. Die *Löhne* von damals hat er aber nicht im Kopf. [64] Auch in der Firmengeschichte, welche in der Zeitschrift »Uesers Dorf Bruggen« zum hundertjährigen Bestehen 1964 erschienen ist, liest man nichts von Löhnen. Hingegen »sahen wir uns an der Jahreswende 1937/38 zu dem schweren Entschluß genötigt, die beiden Betriebe weitgehend oder gänzlich in der sankt-gallischen Fabrik konzentrieren und die Fabrikation in Winterthur aufgeben zu müssen«. Die Firma besaß in den dreißiger Jahren auch ein Zweigwerk in St. Louis, Frankreich. In der Broschüre *Hundert Jahre Ganzoni-Elastic* wird dazu vermerkt:

1937/38, St. Louis. In diesen beiden Jahren übersteigen Produktion und Verkauf nochmals das zuvor erreichte Niveau. Aber es geschieht unter hektischen Bedingungen, weil der französische Staat Ferien, Arbeitszeit, Löhne und Preise vorschreibt. – Das Ministerpräsidium Blum wird im Juni 1937 von Chautemps, dieses wieder von Blum, letzteres im April 1938 zum zweiten Mal abgelöst von Daladier, dessen Regierung sich hält und beruhigend wirkt. Die außenpolitische Gefahr hält die Linksextremisten insofern in Schach, als ein auf den 30. November 1938 von ihnen angesagter Generalstreik nicht zustande kommt.

In St. Gallen herrschte damals nicht die Volksfront, eine Blum-ähnliche Figur gab es nicht, man konnte unter wenig hektischen Bedingungen produzieren. Löhne, Preise, Ferien und Arbeitszeit waren nicht vorgeschrieben. Aber die außenpolitische Gefahr hielt auch hier die »Linksextremisten« in Schach, die Arbeiterschaft wurde mit dem Hinweis auf das gleiche Boot, in dem alle sitzen, diszipliniert. Dabei konnte man zugleich die schönsten Geschäfte mit Deutschland tätigen. Es herrschte der allertiefste Arbeitsfriede. (Herrschte? Herrscht.) Und zugleich konnte man, wie Johann Arnold Mettler, der phantasiereiche Textilbaron mit dem Spitznamen »Hitler-Specker«, ungestraft für das Dritte Reich schwärmen. Hitler war wirklich praktisch. Er jagte den Arbeitern Angst ein, begeisterte sie für die Landesverteidigung, im Militärdienst konnte man Leute endgültig korsettieren, die in der Fabrik noch zu wenig Disziplin gelernt hatten. Die kamen dann in den militärischen Kompressionsstrumpf. Zugleich wußten die Arbeiter, daß die Unternehmer im Zweifelsfall immer Hitler dem Sozialismus vorziehen würden, weil er das Privateigentum an Produktionsmitteln garantierte. Dadurch wurden die Arbeiter gedrückt.

Es ist nicht bekannt, ob S., nachdem er »Samson«-Hosenträger gebastelt hatte, ein Gefühl der Zusammengehörigkeit mit Ganzoni entwickelte. Wenig ist auch bekannt über die Liebe zur Heimat, die er in der Färberei Sitterthal, und den vaterländischen Geist, den er bei den »St. Galler Konserven« spürte, einmal abgesehen vom nationalen Selbstvertrauen, das ihm die Hausiererei für H. A. Opitz einflößte. Auch über die Entwicklung seines Naturgefühls während der Tätigkeit in der Stadtgärtnerei St. Gallen fließen die Quellen nur spärlich. Herr Obertüfer, der seit 1939 dort schafft und den man im Botanischen Garten antreffen mag, sagt: Hecken schneiden bis zum Gübsensee, Alleebäume stutzen, Park und Pärkli pflegen, Anlagen hegen, all das sei »kein Schleck«, vielmehr »ein Chrampf«, auch wenn die Bürger sich es idyllisch ausmalen. Es sei körperlich strenger als in der Fabrik, wenn auch abwechslungsreicher. Strenge Aufsicht. Wenn einer geschafft hat, hatte er es räct. Der Chef wollte eine Leistung sehen. Zuerst war man Saisonarbeiter, auf fünf bis sechs Monate angestellt, es gab damals keine Sicherheit, auf die Olma [65] hin wurde man gewöhnlich entlassen. Darauf ging man stempeln. Wenn dann

*»der Winter St. Gallen zur weißen Stadt machte und sie
sich unter dickverschneiten Dächern in ihrem kalten
Nebeltal zusammenkuschelte oder aber – immer wieder ein
Wunder! – die Sonne das Grau durchstoßend sie zum glit-
zernden Wintermärchen machte«* [66],
verdingten sich die auf die Straße gestellten Gärtner zum
Schneeschaufeln. Drunten an der Schochengasse seien im
November und Dezember jeweils Hunderte von Schnee-
schaufler-Anwärtern Schlange gestanden. Zuerst seien die
mit großen Familien angeheuert worden, man habe ausgerufen: acht Kinder, sechs Kinder, vier Kinder, damit waren
die achtkindrigen Familienväter gemeint. Die Ledigen
haben oft das Nachsehen gehabt. Man schaufelte zehn
Stunden pro Tag und mehr, hatte 90 Rappen bis 1 Franken
20 in der Stunde. Es seien Leute jeder Art gekommen, stel-
lenlose Schreiner, Bäcker, Wagner, Metzger oder solche,
die falliert hatten. Es sei »verrückt streng« gewesen. Das
bestätigt auch Otto S., der vom Sitterthal herauf mit
mangelhaftem Schuhwerk bis nach St. Georgen wanderte,
um Schnee zu schaufeln. Eventuell habe der Ernst S.,
obwohl der Friedhof der Polizeiverwaltung und nicht der
Stadtgärtnerei unterstand, in jener Zeit auch Gräber aushe-
ben müssen auf dem Friedhof Kesselhalde.

*

*Gehe nicht so schnell vorüber
Halte ein, betrachte mich
Sieh, wie wund sind meine Glieder
Wie blutet auch mein Herz für Dich.*
(Inschrift, auf einem Wegkreuz bei Notkersegg-St. Gallen
zu lesen)
Zum Tod durch Erschießen, wobei die Glieder des Ernst S.
mannigfaltig durchbohrt worden sind, kam es durch fol-

gende Umstände: Gestützt auf die Aussagen von Theodor Löpfe, Zimmernachbar des Ernst S., wurde dieser am 2. und 3. Januar 1942 auf dem Polizeiinspektorat St. Gallen wegen Spionagetätigkeit angezeigt.»Es erscheint nach Angaben des Exploranden als wahrscheinlich, daß diese Verzeignung als Racheakt des von S. abgewiesenen homosexuellen Löpfe aufzufassen ist.« Bei seiner Verhaftung am 5. Januar 1942 gestand S. gegenüber der Spionageabwehr seine Delikte. In der Einvernahme durch den Untersuchungsrichter am 20. Januar 1942 widerrief der Explorand jedoch dieses erste Geständnis (. . .). [67]

Der Darstellung des Untersuchungsrichters entnimmt Dr. Pfister,»daß S. im Frühjahr 1941 auf dem deutschen Konsulat in Beziehung getreten ist zum Mitbeklagten Schmid. Zum Teil aus eigener Initiative, zum Teil auf Veranlassung des Schmid sei Expl. bereit gewesen, Angaben über alles militärisch Wissenswerte zu verschaffen. Er erhielt dafür bis Ende 1941 in wiederholten Zahlungen ungefähr Fr. 500.– Um seine Bereitwilligkeit zu bezeugen, gab er einige selbstgemachte und ungenaue Skizzen von Artilleriestellungen, Depots, Bunkerstellungen und Drahthindernissen« [68].

Das Deutsche Konsulat in St. Gallen befand sich damals in einer prunkvollen Villa am Höhenweg, gleich hinter dem Kinderfestplatz, zu dem die St. Galler Kinder am Tag des Kinderfests hinaufpilgern, wobei die Mädchen etwelche Kreationen der Stickereiindustrie zur Schau tragen. Ganz oben auf dem Rosenberg, wo die Reichen wohnen. Die Villa hatte seinerzeit einen beträchtlichen Umschwung. Unten wohnte anschließend der Textil-Mettler in der Villa »Freya«, hatte dort seine Reitpferde stehen. Die Villa war um 1910 für einen Textilboß gebaut worden, der gewaltige Reichtümer angehäuft hatte. Sie soll mehr gekostet haben, als die St. Galler Tonhalle und hieß damals »Haus Wahnfried«, und genauso wagnerisch mutet sie auch an. Der

erste Besitzer soll in der Stickereikrise, als der große Kladderadatsch die Euphorie der Gründungszeit unterbrach und der Stickereiexport von 415 Millionen (1920) auf 13 Millionen (1932) zurückging [69], Hand an sich gelegt haben, nachdem er ins Irrenhaus gekommen war. Deshalb nannten die St. Galler das Haus fortan »Villa Wahnsinn«. Die Villa liegt sehr gut, das Deutsche Konsulat mietete sich ein und errichtete eine Funk- und Spionagezentrale für die Ostschweiz. Das Gebäude repräsentiert auf eine bombastische, dem Faschismus gemäße Art, wie viele Villen am Rosenberg. Innen die große Freitreppe und die hohe Balustrade, die teuren Materialien in der Halle, die aufwendige Verarbeitung. Man hat später, nach 1945, leere Mikrophongehäuse in den Wänden gefunden. Wenn S. hier verkehrte, muß er beeindruckt gewesen sein, verglichen mit dem »Kasten« bei Frau Lüthy war hier alles schön groß, und die Leute vom Konsulat auch sehr zuvorkommend, nicht wie die Vormünder. Er konnte nicht wissen, daß dieser Schmid nur gepreßt für das Konsulat arbeitete. Schmid war im Restaurant »Schaugenbädli« aufgewachsen, an der Straße gegen Rehetobel, hatte einen deutschen Paß, war jedoch wie seine ganze Familie in St. Gallen assimiliert. Das Deutsche Konsulat scheint ihn vor die Alternative gestellt zu haben, entweder in den Hitlerkrieg zu gehen oder schweizerische Spione für Deutschland anzuwerben. (Ob Herr Möbius oder Herr Heilig vom Konsulat ihn anstifteten, bleibt dahingestellt.) Jedenfalls hat S. hier zum ersten Mal in einer Umgebung verkehrt, welche Reichtum und für sein Auge wohl auch Schönheit ausstrahlte. Kam man vom Lande, von kleinen Hütten . . .
Der Schneider A., der damals bei der Central-Garage in der Pension »Negerheiland« [70] oft mit S. am gleichen Tisch aß, sagt, S. habe dem Schmid bewußt einen »Seich« aufgeschrieben und immer Angaben gemacht, die der Landesverteidigung nicht schaden konnten. Er war auf die

paar Fränkli angewiesen und habe sich nichts gedacht dabei. Der Schneider A. wurde vom Polizei-Fahnder Graf angestiftet, seinen Freund zu überwachen und auszuspionieren, hat das jedoch abgelehnt. Das ist ihm nicht gut bekommen, sein Name muß irgendwo in den Akten im Zusammenhang mit S. figuriert haben, und deshalb wurde er kurz nach der Verhaftung des S. auch eingesteckt, blieb sechs Monate in Untersuchungshaft, obwohl ihm nicht das geringste nachzuweisen war, wurde dann freigesprochen und ohne Haftentschädigung entlassen. So streng waren damals die Bräuche. Der Schneider A. schneidert heute Mäntel für das Militär.

A. hat S. etwa ein Jahr lang frequentiert. Als er einst mit ihm in der »Harfe« saß, habe der sorglose S. ein paar Banknoten auf's Mal hervorgenestelt, die Serviertochter sei aufmerksam geworden, und im Januar hätten sie den Ernst dann geschnappt. Er habe ihm stets geraten, nach Zürich abzuhauen, solange es noch Zeit sei, und dort seine Singstimme ausbilden zu lassen. Wenn sie ihn doch wegen der Unzucht eingelocht hätten, dann wäre er durch das Gefängnis vor dem Erschießen bewahrt worden, seufzt der Schneider A. Bei der ersten Gerichtsverhandlung im Juli, wo sie ihrer sechs aufgetreten seien, und A. dann freigesprochen wurde, habe S. noch einen frechen Latz gehabt, das sei auch nicht günstig gewesen für den S. Ein Bauer sei als Zeuge dagewesen, der S. beobachtet habe beim Granatendiebstahl im Glarnerland. Er sei gleich zusammen mit seiner Frau gekommen, weil ihm vom Militär die Reise vergütet worden sei. Wenigstens seien der Bauer und seine Frau so noch zu einer Reise gekommen.

Mit dem Granatendiebstahl verhielt es sich so:

Während des Ablösungsdienstes vom 6. Mai bis 6. Juni 1941 kam er mit Schmid überein, und zwar nach Angaben Schmids aus eigenem Antrieb, nach Angaben des Expl. jedoch auf Veranlassung von Schmid, Artilleriemunition zu

*beschaffen. Schmid besuchte S. im Felde, besprach mit ihm
die Einzelheiten des Granatendiebstahls und stellte ihm
zum Transport einen Handkoffer zur Verfügung. Ungefähr am 20. Mai 1941 drang S. nächtilicherweise durch ein
Fenster in das Munitionsdepot seiner Einheit ein, nahm aus
einem Munitionskorb vier Granaten, entfernte, um die Last
zu erleichtern, von zwei Geschossen die Granaten, warf sie
in einen Bach, versorgte die zwei leeren Hülsen und die
zwei intakten Geschosse im mitgebrachten Koffer, gab diesen als Passagiergut auf der Bahn nach Herisau auf und
sandte den Empfangsschein sofort per Zivilpost an die Pri-
vatadresse des Schmid. Kurz darauf ist S. auf Verlangen
des Schmid neuerdings ins Munitionsdepot gestiegen, hat
dort eine Panzergranate entwendet, sie im wieder zur Verfügung gestellten gleichen Koffer versorgt und ist damit am
folgenden Tag nach vorheriger telefonischer Benachrichti-
gung des Schmid per Bahn nach St. Gallen gefahren, um
Koffer samt Inhalt zu übergeben. Auch nach dem Ablö-
sungsdienst vom Mai 1941 blieb Expl. mit Schmid in
Verbindung. Er offerierte den Yaleschlüssel eines militärischen Depots während dieser Zeit. Im Dienst vom 11. August bis 5. September 1941 stellte er dem Schmid eine Karte
mit Bleistifteintragungen zu. Ferner übermittelte er zwei
Filme mit Aufnahmen des Mitbeklagten Hofmänner, für
welche er ungefähr Fr. 100.– erhielt zum Ankauf eines
Photoapparates. Es bestand der Plan, in Oerlikon oder in
der Festung Sargans Arbeit zu übernehmen, um auf diese
Weise militärisch Wissenswertes zu erfahren und eine
Tankbüchse verschaffen zu können. Explorand trat auch
mit dem deutschen Konsulatsangestellten Heilig in Verbindung zur Beschaffung militärischer Nachrichten. Er hat für
offenbar nicht sehr wertvolle schriftliche Nachrichten und
Skizzen vom 19. Dezember 1941 bis 5. Januar 1942 total
Fr. 400.– erhalten. Expl. hat im Sommer 1941 den Mitbeklagten Hofmänner angestiftet, photographische Aufnah-*

men von militärischen Objekten zu machen und ihm zur Weiterleitung abzugeben. Im Herbst 1941 brachte Expl. den Mitangeklagten dazu, sich ebenfalls dem deutschen Nachrichtendienst zur Verfügung zu stellen, übermittelte ihm einen Auftrag des Heilig, half ihm bei der Anfertigung einer Skizze und überbrachte diese dem Heilig. [71]

Während S. in aller Heimlichkeit das Deutsche Konsulat auf eine handwerkliche Art mit insgesamt fünf Granaten belieferte, begann die Waffenfabrik in Oerlikon bei Zürich, die deutsche Armee offiziell im industriellen Ausmaße mit Granaten zu versorgen. Diese Granaten wären im Kriegsfalle auf die schweizerischen Soldaten zurückgefallen. Weil der Krieg gegen die Schweiz dann nicht ausbrach, fielen die Oerlikoner Granaten nur in Ungarn auf die Rote Armee und behinderten ihren Vormarsch, wie der unverdächtige, bürgerliche Historiker Edgar Bonjour in der bürgerlichen *Neuen Zürcher Zeitung* bezeugt [72]. Was mit den Granaten des S. genau passierte, wie groß ihr waffentechnischer Stellenwert war, ist schwer festzustellen. Es handelte sich um vier Stahlgranaten Momentanzünder für Feldkanonen und um eine Panzergranate Bodenzünder für Feldkanone 7,5 cm.

Nach der Erschießung des Ernst S. kam unter Soldaten das Gerücht auf, welches sich bis heute hält, daß diese Granaten eine überdurchschnittliche Durchschlagskraft gehabt hätten und die deutsche Rüstungsindustrie nichts Vergleichbares produziert habe. »Wenn einer erschossen wird, muß er etwas ungeheuer Wichtiges verraten haben« – in diesem Gedankenschema scheint das Gerücht zu wurzeln. Das Eidgenössische Militärdepartement konnte jedoch nicht bestätigen, daß die bewußten Granaten einzigartig und von überdurchschnittlicher Durchschlagskraft waren: »Was den militärischen Wert der von S. den Deutschen zugespielten drei Artillerie-Granaten betrifft, mußten sowohl die Stahlgranaten als auch die Panzergranate als militärisches Geheimnis gelten – gleichgültig ob dem Ausland ihre Konstruktion und Wirkung ganz oder teilweise bekannt waren oder nicht.« Lediglich war es »für den deutschen Nachrichtendienst von erheblichem militärischen Interesse, insbesondere eine der damals noch relativ neuen Panzergranaten in die Hand zu bekommen, um aus ihrem Gewicht, ihrer Sprengladung, dem Geschoßkörper usw. auf die Leistungen, insb. die Durchschlagskraft des Geschosses schließen zu können« [73].

*

S. war bei der Artillerie eingeteilt, als Fahrer war er für zwei Pferde verantwortlich. Es gab nicht viel zu tun. Ein Gewehr soll er nicht gehabt haben, als Fahrer beschäftigte er sich vornehmlich mit Pferdepflege. Seine Dienstkameraden Wörnhard, Kahn und Scheu sagen: die von S. gestohlenen Granaten paßten auf Feldgeschütze des Baujahres 1902. Für diese Granaten bestand keine besondere Geheimhaltung. Scheu sagt zudem, diese Granate sei damals neu für die Schweiz gewesen, aber kaum für die Deutschen (die schon drei Jahre Kriegserfahrung mit Panzergranaten hatten). Im Dienst habe man sich gelangweilt, wußte nicht, was tun, hatte die Nase voll. Der Sold betrug 2 Franken pro Tag. S. bewegte die Rosse, putzte das Pferdegeschirr. Manchmal kam ein Feldprediger und hielt einen Vortrag über Vaterlandsliebe. Als es mit S. zu Ende ging, weigerten sich die Telefonsoldaten der Batterie, die als einzige mit einem Gewehr bewaffnet waren, ihn zu erschießen. Sie sagten: Wir haben mit ihm die Pferde geputzt, miteinander im Stroh gelegen, den erschießen wir nicht. Deshalb mußten die Telefonsoldaten des Regimentsstabes abkommandiert werden, welche S. nicht kannten. Das sei nicht direkt eine Meuterei gewesen, aber doch eine Weigerung. Es sei ihm zu Ohren gekommen, S. habe den Feldprediger Geiger spöttisch angelächelt, als er, schon angebunden am Exekutionspfahl, von diesem gefragt wurde, ob er noch einen letzten Wunsch habe. Alfred Kahn, der Batteriepöstler, sagt, im Mai 1940, als man den Einmarsch der Deutschen erwartete, seien verschiedene Offiziere der Batterie, welche allgemein verhaßt waren, plötzlich nirgends mehr sichtbar gewesen. Kahn erklärt das mit einer deutlichen Angst dieser Offiziere, bei Ausbruch der Feindseligkeiten nicht von den Deutschen, sondern von den eigenen Soldaten gekillt zu werden. Diese Angst habe durchaus zu Recht bestanden, bei der Arroganz mancher Herren. Man hätte allerdings vorgehabt, diese umzulegen, bevor noch ein Schuß auf den äußeren Feind abgefeuert würde. Am Morgen nach der Exekution des S. habe die Batterie in Balterswil bei Bichelsee gelegen. In der Frühe sei Oberst Birenstihl mit Major Dreiss eingefahren. Dreiss, auf einer Lafette stehend, brüllte: »Feldbatterie achtundvierzig, Achtung steht. Fahrer S. wurde gestern nacht erschossen, starb als tapferer Soldat, sehe soeben, Geschütze sind nicht geputzt. Schweinebande, Saubande, habe die Mittel, euch zu zwingen.« Darauf habe Kahns Nachbar ihm ins Ohr gesagt: »Schlag dem Siech den Kolben über den Grind, daß sein Hirn zu den Ohren herausspritzt.« Das hätten sie jedoch bleiben lassen.

*

In einem Rechtsstaat wird man nicht einfach so erschossen. Es muß alles seine Ordnung haben. S. saß sieben Monate in Untersuchungshaft, kam am 14. Juli 1942 erstmals mit andern Angeklagten vors Divisionsgericht, wurde auf Ersuchen des Gerichts psychiatrisch untersucht, kam am 9. Oktober das zweite Mal vor Gericht, wurde zum Tode verurteilt, konnte, nachdem keine Kassationsbeschwerde eingereicht wurde, immerhin noch ein Gnadengesuch an die Vereinigte Bundesversammlung einreichen, deren Begnadigungskommission das Gesuch behandelte, und wurde erst nach Ablehnung des Gnadengesuchs durch die eigens zusammengetretene Vereinigte Bundesversammlung erschossen. Es ging mit rechten Dingen zu, er wurde von einer Instanz zur andern gereicht. Vor allem der Psychiater hat seine Arbeit gründlich gemacht. S. hat sich über die psychiatrische Expertise in einem Brief an Polizeiwachtmeister Graf so geäußert: *Es besteht vielleicht auch die Meinung, daß ich aus Todesangst u. Feigheit ein Geständnis abgelegt habe. Das ist aber nicht so. Ich wußte schon in der ersten Viertelstunde, daß man mir an Hand dieses psychiatrischen Gutachtens ein Geständnis abdrücken wollte, darum habe ich von der ersten Minute der Gerichtsverhandlung jegliches Gutachten samt meinem Verteidiger als unerwünscht abweisen wollen.* [74]

S. wußte die Wissenschaftlichkeit, mit der er im Gefängnis behandelt wurde, nicht genügend zu schätzen. Als Beweis dafür kann seine von Dr. Pfister sogenannte Affektlabilität gelten, die sich dahingehend äußerte, daß er »nicht davor zurückschreckte, mir verschiedene Male, wenn Konflikte und Spannungen zur Sprache kamen, in rüpelhafter Reizbarkeit alle möglichen Frechheiten an den Kopf zu werfen. Die Aufforderung, mich von dannen zu machen, mußte ich einige Male hören, man könne jetzt mit meinem Verhör aufstecken, er sei nicht verrückt und könne sich auch nicht verrückt stellen, er lasse sich nicht für verrückt anschauen. Sein Leben sei ohnehin verwirkt, er habe sich mit dem bevorstehenden Tode abgefunden, man solle ihn erschießen, ohne daß er sich vorher noch einmal blamieren müsse. Kurz nach solchen Wutausbrüchen konnte er sich wieder vollständig beruhigen. Es gelang sogar nicht selten, diese emotionelle Inkontinenz im Sinne gehobener Stimmung darzustellen«, schreibt Dr. Pfister. Reizbarkeit und Affektlabilität trieben S. sogar zu Tätlichkeiten, nicht gegen Personen, sondern gegen das Gefängnismobiliar: »In diesem

Zusammenhang sei auch eine Art Zuchthausknall erwähnt, den S. wohl ebenfalls aus seiner Affektgespanntheit heraus am 23. Juni 1942 durchmachte. Er verweigerte ein- bis zweimal die Nahrungsaufnahme, riß ein Eternitbrett hinunter, warf in seiner Zelle alles, was nicht festgemacht war, auf den Boden, lag beim Erscheinen des Gefangenenwartes mit Gesicht nach unten auf dem Boden, den Kopf gegen einen Winkel der Zelle gerichtet [75].« Diese Zerstörungswut war folgerichtig, hat doch bereits die Amtliche Jugendschutz-Kommission St. Gallen West anno 1935 festgestellt, daß S. auch »zu Sachen kein andauernd treues Verhältnis mehr findet«. Dabei war die »Intelligenz des Expl. in Anbetracht seiner dürftigen Schulfortschritte recht gut«, obwohl das »Erinnerungsvermögen für Daten allerdings recht ungenau war, was aber nicht auf organische Gedächtnisschwäche zurückgeführt werden darf, sondern bei der Mannigfaltigkeit seines Vagantenlebens einigermaßen begreiflich ist und zudem zusammenhängt mit der krankhaften Eigenart des Expl., alles Unangenehme zu vergessen, bzw. ins Unbewußte zu verdrängen«. Dr. Hans-Oscar Pfister, der vielleicht die eigenen Unannehmlichkeiten ins Über-Ich zu verdrängen pflegte, beschreibt sodann die »infantil-feminine Konstitution [des S.], seinen hysteriform haftenden Blick, seinen im Grunde weiblich-schmiegsamen, völlig unselbständigen Charakter« [76]. Da war es nicht zu vermeiden, daß S. auch »unselbständig den Verlockungen der Außenwelt gegenüber« sich zeigte. »Sexuellen Verführungen ist er schon seit frühester Jugend widerstandslos erlegen. Auch in den Erziehungsanstalten und im Militärdienst hatte er stets schon in den ersten Tagen intime Verhältnisse. Er rühmt sich geradezu seiner sexuellen Ausschweifungen.« Aufschneiden, das wäre noch erträglich, jedoch: »zahlreiche, diesbezügliche Briefe in den Akten bezeugen, daß es sich dabei nicht bloß um Prahlereien handelt« [77].

Kaputte Innenwelt, verlockende Außenwelt. Und die Moral im allgemeinen? »Schwer feststellbar ist seine Fähigkeit moralisch zu werten. Beispielsweise ist es ein leichtes, in seinen zahlreichen und weitschweifigen schriftlichen Äußerungen Stellen zu finden, in denen er über das Vaterland lästerlich schimpft und andere, in denen er seinen Landesverrat als schwerste Gemeinheit verdammt. Dies ist zweifellos bedingt durch eine gewisse psychopathische moralische Minderwertigkeit, moralischen Schwachsinn leichteren Grades, hängt bestimmt aber auch zusammen mit der Flüchtigkeit und Oberflächlichkeit seiner Gefühle, die bewirken, daß er zu nichts eine tiefere innere Bindung erlangt [78].«

Nachdem S. sich in mehreren Sitzungen hatte ausquetschen lassen, überkamen ihn, wie bereits in seinem früheren Leben, Reueschübe. Er hatte den Granatendiebstahl zuerst abgestritten, schrieb dann jedoch an den Fahnder Graf: »Ich log auch darum, weil ich es nicht vor den Richtern übers Herz gebracht hätte, es zuzugeben; weil ich mich ganz einfach unsterblich blamiert hätte. Ich darf nun mit gutem und frohem Gewissen erklären, daß ich nun nichts mehr auf dem Gewissen habe«. Kurz nach diesem »beinahe kriecherischen Reuebekenntnis«, wie Dr. Pfister es nennt (wer hatte S. kriechen lassen?), folgt eine andere Feststellung, die Dr. Pfister eine »sehr selbstzufriedene« nennt. Ernst schrieb: »Ich habe nämlich begonnen, anderes zu denken, u. fühle mich zufrieden und froh, denn es mußte alles so kommen, sonst hätte ich nie eingesehen, auf welchen Pfaden ich wandle. Ich versuchte aber doch immer wieder, zu arbeiten; der Hauptfehler war, daß ich mit den Weibern zuviel fuhrwerkte, das hat mir viel gute Kraft genommen, u. der Mangel an solchen ließ mir auch nichts gelingen. Ich bin der Ansicht, daß das Zuchthaus der geeignetste Ort ist, mich der Weiber zu entwöhnen, es ist jetzt schon viel besser mit mir ... Ich habe das Gefühl, daß für mich bessere Zeiten beginnen, ein neuer Abschnitt in meinem Leben« [79]. Man hatte S. zerknirscht. Als die Zerknirschung perfekt war, bezeichnete Dr. Pfister sie als »sehr selbstzufrieden«. Der Psychiater kommentiert: »In diesen Zeilen lassen sich gleich nebeneinander seine uneinsichtige Selbstüberschätzung, seine Tendenz, häufig die Schuld anderen in die Schuhe zu schieben, um sich damit reinzuwaschen, und seine Fähigkeit, Unangenehmes neurotisch zu verdrängen (in diesem Fall die drohende Todesstrafe) erkennen ... Moralische Minderwertigkeit kombiniert mit dem Wunsche, sich dadurch in besserem Lichte erscheinen zu lassen, sind wohl die Ursache davon.« S. mit seiner schmiegsam-weiblichen, infantil-femininen Natur hat völlig unbeherrscht die drohende Todesstrafe verdrängt. Vielleicht hätte ihm der Psychiater erklären können, wie man so etwas sublimiert?

Die Familie, aus der ein solch moralisch minderwertiges Subjekt stammt, mußte auch entsprechend sein. Der Psychiater schildert sie, ohne Geschwister und Eltern je gesehen oder gesprochen zu haben [80]:

Von den fünf Brüdern war einer auf einer Farm in Mexiko tätig, hat keinen eigentlichen Beruf erlernt und arbeitet jetzt offenbar als Hausbursche. Ein zweiter, jetzt angeblich Grenzwächter, sei früher ebenfalls ein Strick gewesen, kam in der ganzen Welt herum und wechselte damals beständig die Stellen. Ein dritter habe ebenfalls den für die Geschwister charakteristischen Wandertrieb gezeigt, war in Kairo und Frankreich tätig, jetzt als Hilfsarbeiter in der Schweiz. Ein vierter trieb in Italien herum, betätigt sich jetzt in der Schweiz als Bauarbeiter. Nur der fünfte, landwirtschaftlich ausgebildet, scheint etwas seßhafter und in der Lebenshaltung solid zu sein. Keiner der Brüder sei Alkoholiker. Die älteste der drei Schwestern scheint arbeitsam und rechtschaffen zu sein. Die zweite ist nach Südamerika ausgewandert und hat seit Jahren nichts mehr von sich hören lassen. Die dritte hatte als Hotelangestellte ein uneheliches Kind, war in der Jugend auch unstät, soll sich jetzt aber nach der Verehelichung besser halten.

Eine recht unschweizerische Familie, welche die nationalen Tugenden wie Seßhaftigkeit, Strebsamkeit, Solidität nicht pflegt. Ein guter Humus für den Landesverräter Ernst. Nur einer ist der Scholle verbunden und »landwirtschaftlich ausgebildet« . . . Weshalb die Geschwister ausgewandert sind, hat sich Dr. Pfister nicht gefragt. Das ist für ihn eine psychologische, nicht eine ökonomische Frage. Dr. Pfister ist kein Materialist.

Item, für Dr. Pfister ist immerhin einleuchtend, daß S. die Granatendiebstähle in einem Zustand der »wesentlich beeinträchtigten Selbstbestimmung« beging. Es war nämlich so gekommen: S., der sich bekanntlich alle paar Monate (auch in der »Freiheit«) nach Unterordnung und Anpassung sehnte, wenn er einem seiner periodischen Reueschübe erlag, hatte erfahren, »daß man in Deutschland von Arbeitsstellen nicht davonlaufen dürfe«. Da er »aus dem Hurenleben und dem Sumpf herauskommen wollte«, ging er aufs Deutsche Konsulat wegen eines Visums. Dort traf er auf den Schmid, der ihm ein Visum versprach, dazu noch eine Bezahlung, wenn er schweizerische Granaten und andere militärische Unterlagen liefere. Schmid sei »sehr väterlich zu ihm gewesen und habe ihm Zigaretten angeboten«. Offenbar sei Schmid eine Art Vater für S. geworden. Nun attestiert Dr. Pfister dem Ernst S. aber ausdrücklich eine »verborgene Homosexualität«, die sich zeigt »in seinem widerstandslosen Verhalten gegenüber bestimmt vor ihm auftretenden Männern«. (Wie ist Pfister gegenüber S. aufgetreten?) »Tüchtigen Erziehern und Vorgesetzten gehorchte er blindlings, solange er sie vor sich hatte, aber auch dem üblen Einfluß von älteren Kameraden in den Erziehungsanstalten ist er restlos erlegen.« [81] Also hatte S. allen Grund, dem Schmid ausgeliefert zu sein.

Familie S.: der Vater (links), dann die Brüder Otto, Ernst und Karl und eine Schwester

Dr. Pfister ist überzeugt, daß »S. seine Granatendiebstähle unter dem starken psychischen Drucke Schmids einfach ausführen mußte. Die viel größere Verpflichtung dem Vaterland gegenüber war ihm voll bewußt, er konnte aber gegen die mit ihr konkurrierenden Kräfte der Hörigkeit gegenüber Schmid nicht mehr erfolgreich ankämpfen«.

Jedoch, das reicht noch lange nicht, um S. als »unzurechnungsfähig im Sinne von Artikel 10 MSTG« zu bezeichnen (dann hätte er eine Chance gehabt, der Todesstrafe zu entgehen), es war »lediglich seine Fähigkeit, gemäß seiner Einsicht in das Unrecht der Tat zu handeln, herabgesetzt« [82]. »Die für eine oder höchstens zwei der Deliktgruppen zu beantragende verminderte Zurechnungsfähigkeit soll in keiner Weise die Gemeingefährlichkeit von S. herabsetzen«, schließt der Psychiater-Offizier seinen Bericht. »In seiner Haltlosigkeit, moralischen Minderwertigkeit, affektiven Unbeherrschtheit und neurotischen Unberechenbarkeit würde er im freien Leben immer wieder zu verbrecherischen Entgleisungen neigen. Sein Charakter weist zwar auch gewisse sozialere Züge auf, die bei sachgemäßer Führung zur Geltung gebracht werden können. Dazu wäre aber notwendig, daß er dauernd von den Verlockungen des Alltags ferngehalten wird. Auf jeden Fall ist notwendig, daß die Allgemeinheit vor ihm geschützt wird, und zwar dauernd, da für seine schwerwiegenden psychopathischen Defekte eine Heilung nicht zu erwarten ist. Er gehört auch dauernd unter vormundschaftlichen Schutz, die Bedingungen für Art. 369 Z.G.B. wären erfüllt.« Und ganz zum Schluß fügt er bei, zu Handen dieses Gerichts, das über Leben und Tod entscheidet:

Es sei noch ausdrücklich darauf hingewiesen, daß eine Heilung dieser verbrecherischen Anlagen nicht zu erwarten ist. [83]

Damit hatte der Psychiater seine Arbeit abgeschlossen. Er war ein wichtiges Rädchen in der Maschine. In einer ersten

Etappe hatte die Maschine den Ernst S. zum Delinquenten gemacht. Er hatte in dieser Gesellschaft nur die Wahl: auszuflippen oder trostlos zu leben. Lebensgenuß war bei seiner gesellschaftlichen Lage gleichbedeutend mit leichter Kriminalität. In einer zweiten Etappe sperrte man ihn also ein: Anstalten, Heime, Fabriken, Vormundschaftsbehörden, Gefängnis. Einsperren genügt der Maschine aber nicht, das eingesperrte Subjekt muß noch zur Einsicht gebracht werden, daß es im Unrecht ist und daß die Einsperrung zu Recht erfolgt. Ernst S. mußte sich noch selber einsperren und die Ansichten der Gesellschaft über ihn zu seinen eigenen machen. In einer dritten Etappe hat man den Ernst S. deshalb zerknirscht. Weil Ernst ein harter Brocken war und seine natürlichen Triebe immer wieder durchbrachen, weil er sich erinnerte, daß er dem Vaterland nichts zu verdanken hatte, weil er die Auflehnung zum Lebensprinzip machte, genügte ein Feldprediger nicht, um Ernst zu zerknirschen (obwohl sich gleich zwei solche um ihn bemühten). Es mußte ein Psychiater beigezogen werden, der das fremde Über-Ich im Bewußtsein des Ernst S. einpflanzte. Das ist dem Psychiater gelungen, wenn auch immer wieder Rückfälle ins Es zu verzeichnen waren. Schließlich war Ernst reif: wie die Objekte der stalinistischen Schauprozesse, die erst dann umgebracht wurden, wenn sie mit ihrem Tod einverstanden waren, oder gar den Tod für sich selbst herbeiwünschten. Erst jetzt kann die Maschine mit ruhigem Gewissen töten. Kriminalisieren, internieren, liquidieren: in diesem Dreitakt hat die Maschine den Ernst S. verwurstet.

*

Das Divisionsgericht 7A unter dem Präsidium von Herrn Oberst Josef Lenzlinger, Großrichter, war wie alle Divisionsgerichte zusammengesetzt aus drei Offizieren und drei Unteroffizieren. Die Richter werden vom Oberauditor der

Armee ernannt. Die Offiziere sind unterdessen alle gestorben (Dr. Fenkart, Ständerat Locher, Dr. Baur), auch der Großrichter ist vom Ewigen Richter abberufen worden. Walter Wörnhard, Dienstkamerad des S. sagt, ihm sei zu Ohren gekommen: die Offiziersrichter hätten sich vor der zweiten Verhandlung im kleinen Kreis getroffen, um den Tod des S. zu besprechen. Diese inoffizielle Zusammenkunft habe einen vollen Tag gedauert. Da für die Ausfällung der Todesstrafe Einstimmigkeit erforderlich ist, wollten sie kein Risiko eingehen. Ständerat Locher von der Brauerei Locher in Oberegg (AI) habe sich gegen den Tod des S. gesträubt, stundenlang. Da hätten die andern auf ihn eingepickt »wie die Hühner auf die Körnlein«, und schließlich sei auch Locher weich, das heißt, hart geworden.

Von den drei Richtern im Range eines Unteroffiziers, die alle noch unter den Lebenden weilen, hört man etwas anderes. Während der Verhandlung sei es der Großrichter Lenzlinger gewesen, der eher »gebremst« habe, meint der Pfändungsbeamte Franz Germann, und von der vorgängigen Sitzung der Offiziersrichter wisse er nichts. Die zweite Gerichtsverhandlung, die ins Todesurteil mündete, habe einen Tag gedauert, von 9–12 Uhr und von 14–16 Uhr habe man getagt. Allerhöchstens könnten es zwei Tage gewesen sein. Jedoch eher ein Tag als zwei, »weil S. einer von den Ehrlichen war und alles zugab«. S. hat ihn, so glaubt Germann, bei der Verhandlung erkannt, denn der Pfändungsbeamte Germann hatte drunten im Sitterthal bei der Familie S. oft gepfändet. So saßen sich hier zwei alte Bekannte gegenüber. Weil es aber in Wirklichkeit nichts zu pfänden gab, habe er jeweils nur den Wohnungsbestand aufgenommen, die waren bekanntlich mausarm, und in den Akten wurde vermerkt: »Keine pfändbaren Aktiven vorhanden. Lohnpfändung nicht möglich.« Man wollte nicht den Landvogt spielen, etwa gar Tisch und Bett pfänden, man wollte menschlich denken. Einmal mußte er jenen

Malermeister betreiben, der als Gauleiter in St. Gallen vorgesehen war und die Steuern nicht bezahlte. Der habe ihn an der Gurgel gepackt, worauf er dem designierten Gauleiter eins an den »Jahrgänger« gewichst habe, daß er der Länge nach hinschlug. Darauf sei sofort ein Telefon vom deutschen Konsul gekommen: Germann würde nach Weißrußland deportiert, sobald die Deutschen in St. Gallen einmarschierten. Auch vom Polizeiinspektor Kappeler, der jeweils zu den Parteitagen nach Nürnberg gereist sei, habe er sich ähnlich beschimpfen lassen müssen; Kappeler sei vom deutschen Konsul avisiert worden. Einmal habe er auch den »Haldenhof« an der Wassergasse zusperren müssen, das bekannt Nazilokal, weil das Deutsche Konsulat die Miete nicht pünktlich bezahlte.

Den S. hätten sie einstimmig zum Tode verurteilt, ohne Divergenzen, weil man sich sagte: Jetzt muß einmal ein Exempel statuiert werden! Auch habe S., als man ihn nach der Urteilsverkündigung fragte, ob er noch etwas zu sagen habe, gesagt: Bin mit dem Urteil zufrieden, habe noch mehr angestellt als in den Akten ist, befördert mich jetzt bitte möglichst schnell in den Tod, ich bin ein Spitzbub. S. war ein Rassiger, sagt Germann, der dazu gestanden ist, hat sich anständig und recht aufgeführt während der Verhandlung. Die Expertise des Psychiaters hätten sie nicht gesehen, der Gerichtsschreiber hat einige Passagen vorgelesen, aber weil S. sich normal, das heißt rassig, aufführte, spielte die Expertise keine Rolle. Lenzlinger habe ihm später gesagt, es sei eine der bestorganisierten Exekutionen gewesen, anständig und ohne Theater. Weil wir das erste Todesurteil gesprochen haben, meint Germann, kriegten die andern dann auch die Rasse, solche Urteile zu sprechen. Nach dem Urteil ging Germann aufs Betreibungsbüro, er hat nicht gegessen und schlecht geschlafen. [84]

Fourier Gschwend, der damals unabkömmlich war und seinen Stellvertreter in die Verhandlung schicken mußte (den

Gemeindeschreiber von Ennenda), sich aber nachher orientieren ließ, sagt, der Großrichter habe Direktiven erhalten vom Oberauditor der Armee, man müsse jetzt durchgreifen, es gehe langsam ins dicke Tuch. Der Auditor Dr. Karl Eberle, welcher die Anklage erhob, sei immer auf der scharfen Linie gewesen, so schien es ihm. Oberst Baur sei auch ein Scharfer gewesen, während Oberst Fenkart eher ein Spezialist für Autounfälle im Militär war. Baur habe ein kolossales Auftreten und eine saloppe Art gezeigt. Jean Koch, der dritte Richter, spricht von einer sechs Tage dauernden Verhandlung, man habe es sehr ernst genommen. [85] (In der amtlichen Mitteilung vom 9. Oktober ist nur von einem Tag die Rede.)

Aus den Akten weiß man, daß der Auditor Dr. Karl Eberle tat, was ein Staatsanwalt gern tut: die Höchststrafe verlangen. »Der Auditor ficht die Durchschlagskraft des psychiatrischen Gutachtens an, begründet seine Zweifel in die Hörigkeitsthese, stellt fest, daß auch keine andere Anomalie vorliege, und stellt Antrag auf Todesstrafe, evtl. lebenslängliches Zuchthaus.« Diesem Antrag folgend, stellt das Gericht strafrechtliche Vollhaftung für sämtliche Straftaten fest, der Beklagte wird mit Einstimmigkeit zum Tode verurteilt. Der Verurteilte ist überdies »verpflichtet, die nachherigen Kosten der Verpflegung, des psychiatrischen Gutachtens und der heutigen Verhandlung, worunter eine Gerichtsgebühr von Fr. 50.–, zu tragen«.

*

Dr. Karl Eberle, der den Tod, evtl. lebenslängliches Zuchthaus, für S. verlangte, hat sich um die Renovation der St. Galler Kathedrale verdient gemacht. Er war Präsident des Katholischen Administrationsrates, Präsident des Domkonzert-Vereins, ist Verwaltungsratspräsident des Benziger-Verlages, Sekretär der Winkelried-Stiftung (die für Kriegerwitwen und -waisen sorgt), besaß eine gutgehende

Anwaltskanzlei, eine Zeitlang war er im Büro Hüppi-Furgler-Eberle, kurzum, er gehört zu den Honoratioren dieser Stadt St. Gallen. In der *Ostschweiz* vom 30. 12. 1971 lesen wir unter dem Titel *Du hattest stets etwas Grandseigneurales* folgende Lobpreisung des scheidenden Administrationsratspräsidenten Eberle (aus der Feder des bewährten Dr. Bauer):

(. . .) gerade was Du an Stiftserbe, an Barockem (und anderem) zu verwalten hattest, hat Dir etwas von den baufreudigen Fürstäbten gegeben, etwas Grandseigneurales, Freizügiges, Weltläufiges. Die Werke der Renovationen, Restaurierungen und Neubauten waren auf Deine so stark der Kultur zugetane Persönlichkeit wie zugeschnitten. Und der Barock lag Deinem lebens- und schönheitsbejahenden, aber auch transzendentalen Dimensionen aufgeschlossenen Wesen nach ganz besonders. Nicht umsonst pflegen auf Deinen Neujahrskarten jeweils so hübsche und geistvolle Puttenkinder auf klösterlichen Bezirken zu grüßen (. . .) Ein leidenschaftlicher Freund, Förderer und Erhalter der Musica sacra, von dem man in Domchorkreisen musikalisch-melodiös als vom »Don Carlos« zu reden pflegt (. . .) Noch viele, viele Jahre hoffentlich! Vielleicht nicht mehr so beschwingt, wie eines Deiner Neujahrskarten-Putti, aber bestimmt so freundlich und lebensbejahend wie eines von ihnen.

Wenn man Oberst Eberle (er wurde befördert) heute sagt, man interessiere sich für S., so findet er: lohnt sich das, ist S. eine derart wichtige Persönlichkeit? Und er will nicht über S. sprechen, müsse es überschlafen, in einer Woche könne man wieder anfragen. Beim zweiten Telefongespräch, und nachdem man seine Referenzen brieflich eingereicht hat, sagte er:

Ich habe es mir überlegt und bin zum Schluß gekommen: Laßt die Toten ruhn.

Wenn man trotzdem wissen möchte, warum S. unbedingt sterben mußte, sagt er:

Jetzt werden Sie aber unanständig!
und hängt auf. [86]
Doch zurück zu S., der auf den Tod wartete. Seine frei-
zügig-beschwingte, weltläufige Natur hatte sich unter fort-
gesetztem Druck ins Gegenteil verkehrt, er sehnte jetzt den
Tod herbei. Nach den vielen Einschließungen, die ihm das
Leben gebracht hatte, schien ihm eine Zuchthausstrafe
vollends unerträglich. Er wollte frei sein oder tot. Dem
stand nicht mehr viel im Wege. Ein Appellationsverfahren
gibt es im Militärstrafwesen nicht, nur eine Kassation. Am
21. Oktober schrieb Herr Widmer, Offizier, Anstaltsleiter
in der Langhalde, an Ernsts Schwager Keusen:
Herr Dr. Zollikofer (Ernsts Offizialverteidiger) hat mir
Montagabend telefoniert, daß die Urteilsbegründung über
Ernst eingegangen und derart sei, daß er die Einreichung
einer Kassationsbeschwerde für völlig aussichtslos halte, da
sich einfach keine stichhaltige Begründung finden lasse. Da
er auch keine Zeit sah, sich mit uns nochmals zu beraten
vor Ablauf der gesetzlichen Einreichungsfrist, entschlossen
wir uns, auf ein Kassationsgesuch zu verzichten und unver-
züglich das Begnadigungsgesuch einzureichen, von dem
mir Herr Dr. Zollikofer heute beiliegende Abschrift zu
Ihren Handen zustellte. Wollen Sie dieselbe auch den Brü-
dern zur Einsicht geben und mir heute abend oder morgen
vormittag nochmals anläuten, ob wir nun Dr. Zollikofer
nochmals kommen lassen wollen zur Abfassung eines
unterstützenden Bittgesuches der Angehörigen oder ob wir
ein solches selbst aufsetzen wollen. Leider ist meine Zeit zur
Behandlung der Sache nur noch sehr knapp, da ich Freitag-
morgen einrücken müß. Mit freundlichen Grüßen, H. Wid-
mer.
Nunmehr mußte S. nur noch auf die Vereinigte Bundesversammlung warten, die am 9. November 1942 in außerordentlicher Session zusammentrat, um »sein« Gnadengesuch
zu behandeln, das er nicht hatte unterschreiben wollen. Die

Gnadengesuche Z. und F. wurden in derselben Sitzung behandelt. Das Parlament folgte stets den Anträgen der Begnadigungskommission. Von einem Mitglied dieser Kommission war zu vernehmen,

daß sie jeweils knapp einen Tag gebraucht habe für die Beurteilung der einzelnen Fälle, ab neun Uhr morgens konnte man die Akten einsehen, die Sitzung war dann um vier Uhr nachmittags. Sie hätten die Akten aber oft kaum mehr richtig studiert, weil sie sich sagten: Wir müssen kein Urteil fällen, sondern nur begnadigen oder nicht. Da die Großrichter ihre Sache immer sehr ernst nahmen und man sich auf ihre Urteile verlassen konnte, war die Arbeit der Begnadigungskommission dadurch sehr erleichtert. Während den sehr kurzen Sitzungen im militärisch bewachten Zimmer 3 sei die Diskussion kaum benützt worden, der Präsident habe jeweils referiert und die Begnadigung immer abgelehnt, und dann hätten sie sich fast immer einstimmig seinen Ausführungen angeschlossen. Der Präsident der Kommission hieß Killer und war ein Sozialdemokrat aus Baden. [87]

Der Präsident lehnte ab, die Kommission lehnte ab, das Parlament lehnte die Begnadigung des Ernst S. mit 176 gegen 36 Stimmen auch ab. S. wird sich gefreut haben, daß nur fünf Sechstel der Bundesversammlung seinen Tod wollten und ein Fünftel für das Leben stimmte. Vielleicht erwartete er, nur zu fünf Sechsteln erschossen zu werden, damit die Demokratie bis zum Schluß triumphiere. Das Urteil war rechtskräftig geworden. Das war am späten Nachmittag des 9. November.

Pfarrer Geiger fragte bei Otto S. an, ob die Familie den Leichnam haben wolle am nächsten Morgen. Doch die Familie sagte: Ihr könnt den Leichnam jetzt selber versorgen, als Ernst noch lebte, habt Ihr uns auch nie gefragt, was mit ihm werden soll. Anläßlich der Beerdigung am 10. November 1942 sprach Feldprediger Geiger Worte des Trostes: Ernst sei wie ein Held gestorben, und er befinde sich jetzt in einem Land wo es keine Verräter mehr gibt. [88] Pfarrer Gut von St. Laurenzen, der ihn auch betreute, erzählte später im Religionsunterricht den Konfirmanden, S. habe noch auf dem Weg zur Hinrichtung nicht geglaubt, daß es ernst gelte. Die Trauerfamilie S. erhielt eine Beileidskarte von Gefangenenwart Gasser, der Ernst gern hatte: »Liebwerte Trauerfamilie, während den letzten 10 Monaten seines unglücklichen Erdenlebens hatte ich die Pflicht, Ihren Sohn und Bruder Ernst im Bezirksgefängnis zu betreuen. Sein tragisches Lebensende greift mir tief in die Seele, und hätte ich nicht die Genugtuung, für Ihn getan zu haben was in meinen Kräften lag, ich müßte verzweifeln. Hiemit entbiete ich dem lieben unglücklichen Ernst meinen letzten Gruß und den schwer geprüften Angehörigen mein tief empfundenes Beileid.« Es war die einzige Trauerkarte.

Postscriptum 1

Dr. Rolf Zollikofer, einem alten Geschlecht der St. Galler Bourgeoisie entstammend (Familienschloß in Altenklingen), das unter anderem den Verleger des freisinnigen *St. Galler Tagblatts* hervorgebracht hat, war der Offizialverteidiger des Ernst S. Im »Schloßhotel« von Pontresina gibt er am 4. August 1974 folgende Auskunft:
Ernst S. habe ihn als befangen abgelehnt, er wollte selbst einen Verteidiger aussuchen, wollte keinen Offizialverteidiger zugeteilt erhalten. Das Gericht habe dieses Ersuchen von Ernst S. geprüft und sei zum Schluß gekommen, daß Dr. Zollikofer nicht befangen sei und demnach Offizialverteidiger bleibe. Ernst S. habe auch gesagt, daß alle unter einer Decke stecken, Richter, Auditor und Verteidiger. Davon konnte keine Rede sein, sagt Dr. Zollikofer, der

Prozeß wurde äußerst korrekt geführt. Er habe den Großrichter Lenzlinger gut gekannt, sei im selben Quartier aufgewachsen. Ein äußerst angesehener Richter. Mit Auditor
Eberle sei er, Zollikofer, in derselben Gymnasiasten-Ver-
bindung gewesen, daher habe man sich geduzt. Eberle,
vulgo »Gong«, habe diesen Studentennamen seiner sonoren
Stimme zu verdanken, sagt Zollikofer, vulgo »Mungg«.
Die »Rhetoriker« waren eine Verbindung mit Bierkom-
ment, Fuchsenstall und farbentragend, präzis wie an den
deutschen Universitäten. Stammlokal war die »Falken-
burg«. Den Offiziersrichter Dr. Fenkart habe er auch
gekannt, habe dieser doch die ehemalige Villa Zollikofer
auf dem Rosenberg bezogen. Eberle residierte in der Villa
Thoma, die einem Stickereifabrikanten gehört hatte. Alles
prächtige Residenzen, wie die ehemalige Villa Wehrle, wo
sich das Deutsche Konsulat einquartierte. Ernst S. sei eher
ein »primitiver Typ« gewesen, habe ihm einen schlechten
Eindruck gemacht, stritt lange alles ab. Er, Zollikofer, habe
lebenslänglich beantragt für Ernst S., wie bei den andern
Landesverrätern, die er vorgängig schon verteidigt hatte
und welche zum Teil Delikte begangen hätten, die dem
Land mehr schadeten als Ernsts Vergehen. Jene seien mit
Gefängnisstrafen davongekommen. Als Ernst S. dann aber
so ruhig in den Tod ging, habe er alle Hochachtung vor
ihm bekommen, und S. habe ihm dann einen besseren
Eindruck gemacht. Als S. zum Tode verurteilt wurde, habe
keiner von den Offizieren, auch er nicht, das als ungerecht
empfunden. Die Angehörigen von S. hat Dr. Zollikofer nie
gesehen, nur einmal mit seinem Bruder Otto telefoniert. An
das Gutachten des Psychiaters kann er sich nicht erinnern.
Wie oft er den Delinquenten S. gesehen hat weiß er nicht
mehr genau, vielleicht drei oder vier Mal in der Untersuchungshaft? Es ist ja schon lange her. Nach dem Urteil hat
er dann eine Zeitlang nichts mehr von S. gehört, ist wieder
zu seiner Einheit verreist, bis er eines Tages im Winter den

dienstlichen Befehl erhielt, sich in Uzwil (oder war es Oberuzwil?) am Nachmittag des 9. November bei Oberst Birenstihl zu melden. Da wußte er: die Exekution steht bevor, und er muß beiwohnen. Es war damals ein schöner Wintertag, am Nachmittag noch ein Ritt der Thur entlang, abends Besammlung der Offiziere im »Rössli«. Der Meldefahrer, welcher den schriftlichen Bescheid überbringen mußte, ohne welchen die Erschießung nicht stattfinden konnte, hatte sich mit seinem Motorrad verspätet, weil dichter Nebel herrschte. Gegen 9 Uhr abends ist der Todesbote dann eingetroffen. Unterdessen hatte sich eine ganze Kohorte von höheren Offizieren, die mit der Hinrichtung nichts zu schaffen hatten, im »Rössli« versammelt. Es stellte sich heraus, daß Oberst Birenstihl, der Fabrikdirektor aus Winterthur, seine höheren Offiziersfreunde zur Erschießung geladen hatte. Bald war auch der Camion mit dem Exekutionspeleton zur Stelle. Der Konvoi setzte sich in Bewegung, vorn der Camion, anschließend eine ganze Prozession von Personenwagen mit den Offizieren drin und ihren Chauffeuren. Von Jonschwil sei man zu Fuß weitergegangen in den Wald, dort hätten sie den S. angebunden an einem Tännchen, dazu je zwei Fackeln links und rechts, welche die Szene erleuchteten. Ernst S. habe sich gar nicht gesträubt. Andere Exekutanden hätten geschrien und getobt in ihren letzten Momenten, Q. und R. zum Beispiel, deren Erschießung er auch beiwohnte. Ernst S. habe die Augenbinde abgelehnt, die Oberst Birenstihl ihm anbot, habe dann gerufen: Bin ein Sauhund, bin ein Landesverräter, der Herrgott nimmt mich auf, legt mich jetzt um. Es habe sich dann gezeigt, daß alle Schüsse rechts vom Herz eingedrungen waren, deshalb der Fangschuß in den Tränenkanal. Die Leiche habe vorn bleistiftgroße Einschußlöcher aufgewiesen, sei hinten jedoch »ganz aufgeschränkt« gewesen. Im Sarg war Sägemehl zum Blutaufsaugen. Die Stimmung sei gewesen wie in einem Märchen von Wilhelm

Hauff. Ein Käuzchen habe geschrien, und von der Kirche hörte man die Turmuhr Mitternacht schlagen. Nach der Exekution hätten sich die Offiziere noch im »Rössli« versammelt zu einem Trunk, da wollte keiner allein sein.

Postscriptum II

Um der Wissenschaftlichkeit Genüge zu tun, hatte der Psychiater Dr. Pfister mit dem Exploranden Ernst S. auch einen Rorschach-Test gemacht:
»Die Ergebnisse bestätigen die bereits geschilderten Befunde. Der ›Rorschachsche Formdeutversuch‹ ergibt die überdurchschnittliche Zahl von 45 Antworten, was für anregsame Intelligenz spricht. In zahlreichen (9) geographischen Antworten spiegelt sich der Hang zum Vagantentum. 7 Zwischenantworten weisen auf seine oppositionellen Tendenzen hin. Neurotisch verdrängte Konflikte offenbaren sich in 4 anatomischen und 2 Röntgenantworten, sowie in einem ausgeprägten Farbenschock. Düstere Farben brachten ihn beinahe zum Gruseln, die farbigen Tafeln erinnerten ihn an etwas Unheimliches, namentlich das Orangerot bezeichnete er in hysterisch anmutender, ganz unmännlicher Weise als grausig, wie eiterig, es friere ihn beim Anblick, denn immer komme ihm Blut in den Sinn oder er müsse sich an zerfetzte Wundränder erinnern [89].«

Anmerkungen zu Ernst S., Landesverräter (1919–1942)

1 Telefongespräch Mitte Juli 1974 mit Hauptmann-Pfarrer Geiger in Wil. Er müsse sich zuerst mit seinen Kollegen vom Stab besprechen, bevor er zu diesem Thema irgendetwas verlauten lasse, sagte er. Schließlich gab er im Verlauf des viertelstündigen Gesprächs doch einige Erinnerungen preis. Bei einem zweiten Anruf vier Tage später sagte Pfarrer

Geiger, er habe sich jetzt mit seinen Kollegen vom Stab besprochen und sie seien zum Schluß gekommen, daß Stillschweigen bewahrt werden müsse. – Feldprediger der Schweizer-Armee bekleiden im Dienst automatisch den Rang eines Hauptmanns und reden sich untereinander mit ›Kamerad‹ an. Hauptmann-Pfarrer Geiger hat S. auch im Bezirksgefängnis von St. Gallen betreut, als dieser in Untersuchungshaft saß und später dort auf den Tod wartete (auch Pfarrer Gut von der St. Laurenzenkirche hat S. dort regelmäßig besucht). – Dem Feldprediger obliegt es, die Exekutanden derart mit ihrem Schicksal zu versöhnen und aufs Jenseits zu vertrösten, daß sie ohne Aufhebens in den Tod gehen. Ein Exekutand, der sich sträubt und bis zum letzten Moment Widerstand leistet, könnte das Exekutionspeleton in Verwirrung bringen und das Exekutionsprotokoll stören. Deshalb darf keine Hinrichtung ohne Feldprediger stattfinden. Auch ein Sanitätsoffizier muß dabeisein, um den Tod festzustellen. Falls dieser nicht sofort eintritt, muß er den sogenannten Fangschuß anordnen, welchen ein Offizier mit der Pistole verabreicht, gewöhnlich in den Mund oder in die Schläfe. Protokollgemäß haben auch der Großrichter, der Einheitskommandant, der Auditor (= Staatsanwalt im Militärstrafprozeß) und, fakultativ, der Verteidiger der Exekution beizuwohnen. – Eine Frage, die ich diesem Feldprediger stellen wollte, lautete: Kann man als Gottesmann eine solche Arbeitsteilung akzeptieren und sich zu einem Rädchen der Hinrichtungsmaschine machen lassen, ohne über die Gerechtigkeit des Urteils nachzusinnen?

2 Auskunft Dr. Zollikofer von 4. August 1974.
Was die näheren Umstände der Hinrichtung betrifft, ist der Verfasser auf mündliche Quellen angewiesen; er konfrontiert Aussagen, die verschiedenen Interessenlagen entspringen. Offiziere haben andere Details im Gedächtnis behalten als die Soldaten des Hinrichtungskommandos. Entsprechend dem neuen Regulativ des Bundesrates betreffs Aktenbenützung im Bundesarchiv könnten zwar Akten, die mehr als 30 Jahre zurückliegende Vorgänge betreffen, konsultiert werden. (Die militärischen Strafakten liegen noch nicht im Bundesarchiv, sondern im Archiv des Oberauditorats, Abteilung Militärstrafwesen.) Das Oberauditorat teilte dem Verfasser jedoch mit Brief vom 23. Juli 1974 mit: »... wir

teilen Ihnen im Auftrag des Oberauditors mit, daß es uns, gestützt auf Art. 74 der Verordnung über die Militärstrafrechtspflege vom 29. Januar 1954, im Interesse der Geheimhaltung nicht möglich ist, Ihnen [in] das Dossier oder in Teile davon Einsicht gewähren. Mit vorzüglicher Hochachtung, Oberauditorat, Militärstrafwesen (Unterschrift unleserlich).«

Die Sperrung von Akten wird gewöhnlich mit der Rücksichtnahme auf die Angehörigen der Erschossenen begründet. Da der Verfasser jedoch eine schriftliche Erklärung der Angehörigen besitzt, wonach sie nichts gegen die Aktenkonsultation einzuwenden haben, muß die Sträubung des Oberauditors eventuell mit der Rücksichtnahme auf die damals beteiligten Justizoffiziere und Kommandanten erklärt werden. Außer den Exekutionsakten befindet sich eine Anzahl von Akten in Privatbesitz. Diese wurden dem Verfasser teils ausgehändigt, teils konnte er sie exzerpieren. Diese recht umfangreiche Dokumentation stellt der Verfasser dem Oberauditor der Armee gerne zur Verfügung, wenn er sich ein Bild von der Persönlichkeit des S. machen will.

3 Grütliverein: ein Vorläufer der sozialdemokratischen Partei. Eher gemäßigter Verein, was nicht hinderte, daß seine Anhänger auf dem Lande, und gar im stockkonservativen ›Fürstenland‹ (Abtwil), als Kommunisten verschrien wurden.

4 ›200 Jahre Union mit der Mode.‹ Festschrift zum zweihundertjährigen Bestehen der Union AG in St. Gallen, für welche Firma der Redaktor Bauer Public Relations machte.

5 Vgl. 4.

6 Otto und Karl S. haben dem Verfasser eine ganze Anzahl von Fotos zur Verfügung gestellt: die vollzählige Familie drunten im Sittertobel, Ernst im Arbeitslager Carona, mit Zipfelmütze im Wald bei Holzarbeiten, Ernst in Uniform bei der Blasmusik Abtwil, ein Paßbild von Ernst, Vater S. (vor dem Hof Wiehnachtshalde, mit Tabakpfeife), auf der Rückseite mit zittriger Schrift von seiner Hand vermerkt: ›Geb. 26. X. 1872, Übertritt ins 71. Jahr, 26. X. 1942, Emil S., Sen.‹, Otto in jungen Jahren vor der Gärtnerei Frank (›Gräber, Besorgung, Urnen, Dekoration‹), und andere mehr. Von Gärtner Frank beschimpft, hat Otto denselben einmal in einen Buchsbaumkübel gesteckt und wurde entlassen.

7 Aus der Feder von Dr. Bauer gibt es, obwohl er sich schon

längere Zeit in St. Gallen aufhält, keine präzisen Beschreibungen der Ausbeutungsverhältnisse in St. Galler Fabriken, keine Notizen zum Lohn der St. Galler Arbeiter im Vergleich zum Profit der Fabrikanten. Bauer hat sich auf die Restauration der Kathedrale spezialisiert. Dieser restaurative Journalismus wird vom *St. Galler Tagblatt* (freisinnig) eventuell noch übertroffen.

8 Soweit der Verfasser es überblicken kann, kam S. als Einziger von den siebzehn Erschossenen in den Genuß einer psychiatrischen Untersuchung.

9 Mit ›Sie‹ ist Großrichter Lenzlinger gemeint, an den Pfisters Schreiben vom 3. Oktober 1942 gerichtet ist. Dr. Josef Lenzlinger, Jurist, Oberst, Studium in Einsiedeln und Fribourg, Bezirksamtsschreiber in Kirchberg und Wil, dann Departementssekretär im sankt-gallischen Justizdepartement, Kantonsrichter, Gerichtspräsident, katholisch-konservativ. Wie sich Lehrer Lenzlinger an der Flurhofstraße in St. Gallen, der mit ihm verwandt ist, erinnert, hatte der nunmehr verstorbene Oberst manchmal im »unterhaltenden Ton« von der Exekution des S. erzählt, bei welcher er assistierte.

10 Der aber »zu jener Zeit schon ganz ausgelöscht« gewesen sei. (Telefon mit Dr. Pfister)

11 Telefon von Mitte Juli 1974 mit Dr. Pfister

12 Vgl. 11

13 Auch alle an der Exekution Beteiligten mußten Stillschweigen geloben. Nach 32 Jahren scheint es manchem von ihnen jedoch angezeigt, dieses zu brechen.

14 Schreiben des Justizdepartements des Kantons St. Gallen, signiert: Regierungsrat F. Schlegel, vom 17. Juli 1974, an den Verfasser: ». . . erteilen wir Ihnen hiemit die Bewilligung, in das Urteil des Bezirksgerichtes St. Gallen vom 3. November 1941 i. S. Ernst S. Einsicht zu nehmen . . .«

15 Bewilligung zur Einsichtnahme in die Vormundschaftsakten Ernst S.; vgl. 14

16 Als der Verfasser die Fakten zur Erschießung der Fouriere F. und Z. zusammenstellte (vgl. *Tages-Anzeiger-Magazin* Nr. 32 und 33, 1973), machte er andere Erfahrungen: Justizoffiziere, Feldprediger, Exekutionsoffiziere, welche die Hinrichtung im Eigental geleitet hatten, sprachen offenherzig vom »gerechten Urteil« und von der »sauberen Exekution, die reibungslos verlaufen war«.

17 Auskunft von L. Spreiter, dem ersten Vormund des Ernst S.

18 Auskunft von Frau Spreiter

19 Auskunft von Otto S.

20 Auskunft von einer Schulkameradin des Ernst S. (Frau Dr. Stäheli)

21 Gutachten Pfister, S. 4. Anführungszeichen vom Verfasser. Da es sich nicht um eine Universität handelte, wurde der Ausdruck »promoviert« kaum gebraucht.

22 Vgl. 21

23 Vgl. 21

24 Mit »Expl.« ist der »Explorand« gemeint (Ernst S.). Ungefähre Übersetzung aus dem Lateinischen: ›Der zu Erforschende‹.

25 Aus dem Archiv der Färberei Sitterthal; Lohnlisten 1934. Herr Solenthaler hat sie in verdankenswerter Weise hervorgesucht.

26 In der St. Galler Presse hätte der Artikel nicht erscheinen können, nicht einmal in der sozialdemokratischen *Volksstimme*, geschweige denn im *Tagblatt* (freisinnig) oder in der *Ostschweiz* (katholisch-konservativ).

27 Gutachten Pfister, S. 4

28 Brief von Pfarrer Kutter vom 13. 1. 37 an die Vormundschaftsbehörde der Stadt St. Gallen

29 Vgl. 28. Ob diese Summe aus persönlichen Mitteln oder aus Pfarramtsgeldern bestritten wurde, geht aus dem Brief nicht hervor.

30 Politische Gemeinde Gaiserwald ans Tit. Bezirksamt Gossau, 19. 1. 37.

31 Besuch bei Frau Widmer, Abtwil, Mitte Juli 1974

32 Gutachten Pfister, S. 5

33 Vgl. 31

34 Gutachten Pfister, S. 5

35 Vgl. 34. Hervorhebung im Original

36 Brief an die Vormundschaftsbehörde St. Gallen, Orthographiefehler im Original. Derselbe Brief wird von Pfister in seinem Gutachten zitiert, aber ohne Orthographiefehler . . . Die Orthographie des Ernst S. ist bedeutend korrekter als die Orthographie der ihm vorgesetzten Behörde in Hettlingen.

37 Besuch in der Konservenfabrik Winkeln, Ende Juli 1974. Auskunft einer Prokuristin, die schon jahrzehntelang in der Fabrik arbeitet.

38 Vgl. 37
39 Gutachten Pfister, S. 6
40 Brief Spreiters vom 11. September 1937 an die Armenverwaltung von St. Gallen
41 Protokoll Keel, Armenverwaltung St. Gallen
42 Jakob und Otto S., die im Tessiner Hotelgewerbe arbeiteten
43 Gutachten Pfister, S. 6 u. 7
44 Gutachten Pfister, S. 8
45 Gutachten Pfister, S. 8
46 Gutachten Pfister, S. 9
47 Gutachten Pfister, S. 9
48 Will nicht genannt werden, da er heute noch fürchtet, als
   Landesverräter apostrophiert zu werden, obwohl er im Prozeß freigesprochen wurde.
49 Gutachten Pfister, S. 10
50 Bezirksgericht St. Gallen, Urteil in Sachen Ernst S.
51 Vgl. 50
52 Telefonische Auskunft von Tenor Heinz Huggler, Ende Juli
   1974.
53 Auskunft Peter Fehr, Fehrsche Buchhandlung St. Gallen,
   Ende Juli 1974
54 *Volksstimme* vom 5. 1. 39
55 *Volksstimme* vom 11. 5. 43
56 *Volksstimme* vom 8. 5. 43
57 Brief Albert Scheurers an den Verfasser, 2. 9. 74
58 Aus dem Archiv des St. Galler Stadtrates: ›Beschluß des
   Sankt Galler Stadtrates‹
59 Vgl. 58
60 Vgl. 58
61 Brief von H. R. Kurz (Eidgenössisches Militärdepartement)
   vom 26. 7. 74 an den Verfasser
62 Gutachten Pfister, S. 11
63 Gutachten Pfister, S. 11
64 Gespräch mit Herrn Ganzoni (Firmenchef), Ende Juli 1974,
   im Vertreterzimmer der Firma Ganzoni
65 Olma = ›Ostschweizerische Land- und Milchwirtschafts-
   Ausstellung‹, welche jeden Herbst in St. Gallen stattfindet.
66 Eine Winterbeschreibung von Dr. Hermann Bauer
67 Gutachten Pfister, S. 12 u. 14
68 Vgl. 67
69 Telefonische Auskunft von Alt-Stadtrat Schlaginhaufen
   (Sozialdemokrat)

70 ›Negerheiland‹: Ein Lokal von ›Sektenbrüdern‹ soll sich nach Auskunft von A. im selben Haus befunden haben. Im Gefolge der Stickereikrise schossen die Sekten ins Kraut.

71 Gutachten Pfister S. 12 u. 13. Der Schneider A. bestreitet, je einen Finger für den militärischen Nachrichtendienst gerührt zu haben.

72 *Neue Zürcher Zeitung*, Nr. 392 vom 25. August 1974

73 Vgl. 61

74 Gutachten Pfister, S. 15

75 Gutachten Pfister, S. 17

76 Es wäre nicht uninteressant, Pfisters Verhältnis zu den Frauen (›weiblich-schmiegsam‹) zu untersuchen. Bemerkenswert auch die Copula ›infantil-feminin‹.

77 Gutachten Pfister, S. 18

78 Gutachten Pfister, S. 19

79 Gutachten Pfister, S. 20

80 Auskunft von Otto S.

81 Gutachten Pfister, S. 25

82 Gutachten Pfister, S. 31

83 Gutachten Pfister, S. 32, zweitletzter Satz

84 Besuch bei Germann in St. Gallen, Ende Juli 1974

85 Telefonische Auskunft von Koch und Gschwend, Ende Juli 1974

86 Telefonische Auskunft von Eberle, 19. Juli 1974

87 Tages-Anzeiger-Magazin, Nr. 32, 1973

88 Auskunft von Otto S.

89 Gutachten Pfister, S. 21

Erläuterungen

AUFENTHALT IN ST. GALLEN
Abwart: Hausmeister
Erstaugust: Schweizer Nationalfeiertag in Erinnerung an den Rütli-Schwur von 1291
Hl. Landesvater Bruder Klaus: Hl. Niklaus von Flüe, Eremit, der 1481 ein Auseinanderbrechen der Eidgenossenschaft durch seine Vermittlung verhinderte.

DIE AUFHEBUNG DER GEGENSÄTZE IM SCHOSSE DES VOLKES
›tüüf unedure‹: tief untendurch

HERR ENGEL IN SEENGEN (AARGAU) UND SEINE AKKUMULATION
Anfang des Krieges haben an die zweihundert Schweizer Bürger
(später bekannt als ›Die Zweihundert‹) vom Bundesrat verlangt,
daß sämtliche nazifeindlichen Redaktoren aus den Zeitungen
entfernt werden und daß der Bundesrat alle nazifeindlichen
Kommentare in der Schweizer Presse verhindert. Nach dem Krieg
wurden die Namen der ›Zweihundert‹ veröffentlicht, was großes
Aufsehen erregte. Im übrigen ist der Bundesrat auf die Forderung
in dieser Form nicht eingegangen.

GESPRÄCHE MIT BROGER UND EINDRÜCKE AUS DEN VORALPEN
Appenzell-Innerrhoden/Außerrhoden: Schweizer Halb-Kantone
Landammann: der kantonale Ministerpräsident
Ständerat: Die Schweiz hat ein echtes Zweikammersystem.
  Die sogenannte Bundesversammlung setzt sich zusammen aus
  dem Nationalrat (= Volksvertretung) und dem Ständerat
  (= Kantonsvertretung). Beide Parlamente sind absolut gleich-
  berechtigt. Der Nationalrat hat 200 Mitglieder, der Stände-
  rat 44 (= pro Kanton zwei Stimmen).
Der Große Rat: Kantonsparlament
Landsgemeinde: Volksversammlung, die jährlich einmal im
  Freien stattfindet und auf der mit Händemehr Wahlen und
  Abstimmungsgeschäfte erledigt werden.
Gemeindeammann: Gemeindepräsident

ERNST S., LANDESVERRÄTER, 1919–1942
Erschießung des Ernst S.: Das Todesurteil konnte verhängt wer-
  den, da die Schweizer Armee im Zweiten Weltkrieg mobili-
  siert war und sich im Aktivdienst befand, nicht im Friedens-
  dienst. Im Militärstrafrecht ist die Todesstrafe für den Kriegs-
  fall vorgesehen, im Zivilstrafrecht gibt es sie nicht.
Tobel: Tal
Fergger: Arbeiter in einer Textilfabrik, der die Fäden auf dem
  Webstuhl einzieht.
Oberauditor: Oberstaatsanwalt im Militärgericht
AHV: staatliche schweizerische Alters- und Hinterbliebenen-
  versicherung
Waffenfabrik in Oerlikon: Sie ist im Besitz der Familie Bührle
  und existiert heute noch.
Kassation: Es gibt im schweizerischen Militärstrafwesen kein Be-
  rufungsverfahren, sondern nur die Kassation, das heißt, daß
  der Oberauditor das Urteil kassieren kann.